华南师范大学文学院中国语言文学学科建设丛书

段吉方 蒋寅 主编

澳大利亚文化研究
问题、向度、审思

张成华 著

中国社会科学出版社

图书在版编目(CIP)数据

澳大利亚文化研究:问题、向度、审思/张成华著. —北京:中国社会科学出版社,2022.10

(华南师范大学文学院中国语言文学学科建设丛书)

ISBN 978-7-5227-0585-9

Ⅰ.①澳… Ⅱ.①张… Ⅲ.①文化研究—澳大利亚 Ⅳ.①G161.1

中国版本图书馆 CIP 数据核字(2022)第 133538 号

出 版 人	赵剑英
责任编辑	郭晓鸿
特约编辑	杜若佳
责任校对	师敏革
责任印制	戴 宽

出 版	中国社会科学出版社
社 址	北京鼓楼西大街甲 158 号
邮 编	100720
网 址	http://www.csspw.cn
发 行 部	010-84083685
门 市 部	010-84029450
经 销	新华书店及其他书店
印 刷	北京明恒达印务有限公司
装 订	廊坊市广阳区广增装订厂
版 次	2022 年 10 月第 1 版
印 次	2022 年 10 月第 1 次印刷
开 本	710×1000 1/16
印 张	17
插 页	2
字 数	221 千字
定 价	88.00 元

凡购买中国社会科学出版社图书,如有质量问题请与本社营销中心联系调换
电话:010-84083683
版权所有 侵权必究

华南师范大学文学院中国语言文学学科建设丛书编委会

主　编： 段吉方　蒋　寅

编委会成员：（以姓氏笔画为序）

马茂军　申洁玲　孙雪霞　李金涛

吴　敏　闵定庆　张玉金　张　巍

邵慧君　秦晓华　滕　威

总　序

近年来，在"双一流"学科建设背景下，中国语言文学学科发展迅速，学科研究范围不断扩大，学科内涵得到了深化，学科建设路径也日益多元；同时，随着经济的发展和社会的进步，高等教育的发展格局也对中国语言文学学科提出了更多的挑战。如何进一步夯实学科基础，积淀学科底蕴，彰显学科特色，是目前中国语言文学学科发展与建设工作的重要任务之一。

华南师范大学文学院中国语言文学学科历史悠久，早在1933年，著名教育家林砺儒创办勷勤大学师范学院，设立文史学系，就有了中国语言文学学科。88年前的勷勤大学师范学院曾有过辉煌业绩，她与当时的北平师范大学南北呼应，共同守护和延续了南中国高等师范教育的历史血脉，中国语言文学学科发挥了重要的作用。

八十多年来，华南师范大学文学院中国语言文学学科一路栉风沐雨，砥砺前行。老一辈知名学者李镜池、康白情、吴剑青、吴三立、廖苾光、廖子东等奠定了学科基础，后辈学人积极传承学科文脉，经过几代学者的薪火相传，得到健康发展，已形成了基础扎实、积累深厚、体系完备、特色鲜明的学科发展格局。

新时期以来，华南师范大学文学院中国语言文学学科取得了跨越式发展。1981年，获批全国第一批硕士点；2000年，中国古代文学专业获批博士学位授权点；2006年，获批一级学科硕士学位授权点，同年，中国现当代文学、汉语言文字学获批博士学位授权点，并设立中国语言文学博士后流动站；2007年，中国古代文学、中国现当代文学被评为广东省重点学科；2011年，获批中国语言文学一级学科博士学位授权点；2012年，入选第九轮广东省优势重点学科，并以"优秀"等级通过国家"211工程"三期建设验收；2015年，进入广东省高水平大学建设学科行列。现有学科方向有中国古典诗学与中国古代文学研究、中国现当代文学研究范式与批评、出土文献语言与方言研究、现当代西方文艺思潮与比较诗学研究、中国古代典籍与文献研究等。学科拥有国家语言文字推广基地、华南师范大学岭南文化研究中心、华南师范大学审美文化与批判理论研究中心等高端学科平台6个；以中国语言文学学科为基础的汉语言文学（师范）专业是国家首批"一流本科专业"。

  一个学科的发展需要几代人的守护与努力，同时也离不开同时代人的奉献与投入。华南师范大学文学院编辑出版这套"中国语言文学学科建设丛书"，即是我们在有限的能力范围内推动学科建设的一种努力。这套丛书的作者基本上以华南师范大学文学院的中青年学者为主，他们是学院学科发展与建设的希望所在，其相关研究成果有的是国家社科基金、教育部社科基金的结项成果，有的是博士论文、博士后出站报告的修订成果，均展现了他们多年来在学术研究中的努力与收获。我们希望，他们的研究能够受到学界的关注，同时恳请学界同道批评指正。

华南师范大学文学院

中国语言文学学科建设丛书编委会

2021年6月

目 录

绪论 …………………………………………………………（1）

第一章 澳大利亚文化研究：概述 ……………………………（24）
  第一节 澳大利亚文化研究的兴起 …………………………（24）
  第二节 澳大利亚文化研究：关涉维度 ……………………（40）
  第三节 民族视域下的澳大利亚文化研究及其"反英"本质 ……（49）

第二章 澳大利亚民族神话的建构和分析 …………………（58）
  第一节 民族文学、后殖民批评与澳大利亚本真性 ………（58）
  第二节 "理论"与澳大利亚民族神话建构分析 ……………（73）
  第三节 大众文化与澳大利亚民族话语的重构 ……………（88）

第三章 电影与澳大利亚民族表征 …………………………（100）
  第一节 电影史、文化差异与形象表征 ……………………（100）
  第二节 电影作为实现澳大利亚国家神话的实践 …………（119）
  第三节 《鳄鱼邓迪》与澳大利亚电影的跨文化接受 ………（130）

第四章 身份政治与澳大利亚性批判 …………………………（145）
　第一节　社会性别与父权制批判 ………………………………（146）
　第二节　"批判白人性研究"、土著性与差异政治 ……………（166）
　第三节　文化区隔、东方主义与族裔性研究 …………………（178）

第五章 澳大利亚文化研究的多元性：从约翰·佛柔谈起 ……（189）
　第一节　对文化研究学科逻辑的批判 …………………………（189）
　第二节　现代社会的话语逻辑与权力的同谋关系 ……………（218）

结语 ………………………………………………………………（247）
参考文献 …………………………………………………………（252）
后记 ………………………………………………………………（263）

绪　论

一　澳大利亚的文化与民族独特性

在文化研究领域，关于文化的普遍接受的定义是由雷蒙德·威廉斯界定的。在《漫长的革命》中，威廉斯从文化与社会的关系角度将文化界定为"整体生活方式中各因素之间关系"①。此外，威廉斯一篇文章的题目可以看作其对文化存在形态的判断——《文化是平常的》（Culture is Ordinary）。② 雷蒙德·威廉斯关于文化的界定在澳大利亚文化研究学者那里不断重复。例如，约翰·佛柔（John Frow）和墨美姬（Meaghan Morris）在《澳大利亚文化研究读本》（Australian Cultural Studies: A Reader, 1993）的"导论"部分如是对文化进行界定：

> "文化"，用雷蒙德·威廉斯的话来说，是一个能够表述一个社会群体（所有生活方式）的词，因为它按表征和权力来形成自己的结构。它不是一个孤立的领域，诸如玩一些高级的或是体现

---

① ［英］雷蒙德·威廉斯：《漫长的革命》，倪伟译，上海人民出版社2012年版，第55页。
② Raymond Williams, "Culture is Ordinary", in A. Gray and J. Mcguigan (eds), *Studying Culture: An Introductory Reader*, London: Edward Arnold, 1989, pp. 5–14.

"高雅"品味的游戏。它是一个表征系统，包括文本、意象、谈话、行为准则以及组织起这一切的叙述结构，这一切影响着社会生活的每个方面。①

文化首先不是孤立的领域，不能被限定在"高雅"的"品味游戏"中。约翰·哈特利在《文化研究简史》中同样追随雷蒙德·威廉斯将文化界定为"丰裕的"（plentiful）。② 因此，如果文化"是一个能够表述社会群体的词"，那么，一个社会群体的独特性标识就不只为高雅文化所表征，还为流行文化（大众文化）所展示。文学的叙述、绘画的展示、电影形象、电视剧、饮食、服饰、礼节……都成为展现群体（民族）文化独特性的方式。独特性展示了外显的差异，在这些外显的差异背后是内隐的观念、道德、认知方式、审美方式——从国家层面来说，指民族精神——的差别，也即"组织起这一切的叙述结构"。一般来说，外显的表征与内隐的精神之间存在一种对应关系。例如，凸显某些族群形象，将其进行正面塑造往往暗示着一个国家基本的阶级关系。形象并非一成不变。诸多原因会造成对族群形象的选择及其意义赋值。例如，随着资本主义的发展和全球扩张，商人形象不断被展示和曝光，而下层阶级则相对被隐没。外显形象的变化意味着或带动着内隐精神的改变。从对工人阶级的塑造和曝光转向对商人形象的塑造和曝光必然意味着内隐价值观念的转变。相较于外显的形象，内隐的观念、意义、精神、意识形态往往被看作民族独特性的实质。但是，内隐的民族独特性质必须通过外显形象塑造、传播和展示。外显形象的生产和创造往往意味着内在意义的生产和再生产。因此，在这里，

---

① John Frow and Meaghan Morris (eds.), *Australian Cultural Studies: A Reader*, Sydney: Allen & Unwin, 1993, introduction, viii.
② ［澳］约翰·哈特利:《文化研究简史》，季广茂译，金城出版社2008年版，"引论"第1—8页。

我们可以引入另外一个关于文化的定义。澳大利亚学者杰夫·刘易斯在《文化研究基础理论》中从传播学的角度如是界定文化：

> 文化是由集合而成的意义所构建的，这些意义与特定社会群体的价值观、道德规范、利益和意识形态相联系，受其影响并与其协调一致。文化可以通过物质文本（演讲、形象、声音、词语）和具体实践（人类行为、受众表现等）凸显出来……文化是动态的，充满了对意义的辩论和对主导意义地位的争夺。新的意义的形成，要在人类及其多种沟通形式的持续不断的互动中实现。①

"物质文本"和"具体实践"实际是外在的表征形态，而与意义相关的价值观、道德规范、利益和意识形态——实际就是意义，是内隐的精神。如果文化是"由集合而成的意义所构建的""充满了对意义的辩论和对主导意义地位的争夺"，那么，它首先表现在外在形象方面的差异、控制、争夺。外在形象约束着内在意义的表达。国家霸权的一个标志是文化符码的扩散和获得统治地位。

表征形象与意义是对应的，表征形象在不同领域的生产必然导致意义的扩展和增殖。这种增殖可能是重复性的再生产，这将稳固一种文化的主导地位。也可以说，文化霸权得以延续。当然，表征形象在不同领域的再生产往往会导致冲突，促使占主导地位的意义/民族精神的改变。文学、绘画、音乐表征的民族形象显然不同于电影、肥皂剧、大众传媒所表征的形象。尤其重要的是，以前以文学、绘画、音乐宣示的民族形象和民族精神在现代受到电影、肥皂剧、大众传媒所表征的民族形象和民族精神的挑战和冲击。在某种程度上说，后者战胜了前者。在当代，

---

① [澳] 杰夫·刘易斯：《文化研究基础理论》，郭镇之等译，清华大学出版社2013年版，第6页。

民族精神/文化独特性的宣示和扩张主要发生于流行文化、大众传媒领域。

正因为表征形象和意义（价值观、道德规范、利益和意识形态）是对应的，对表征的管理和控制实际上宰制了意义/民族精神的再生产。政府机构或曰意识形态国家机器往往通过对不同文化领域表征形象的管理、审查控制，引导价值观、道德规范、利益和意识形态的再生产。例如，澳大利亚政府针对广告业的规定要求，关于海外或由海外执导摄制的广告不能超过广告总数量的20%。因为表征形象和意义的增殖会对主导意义产生冲击甚至颠覆，因此，政府机构/意识形态国家机器对表征形象的管理实际是为了确保主导意义/意识形态的地位，也即文化霸权。当然，政府机构/意识形态国家机器的这种管理行为本身就将表征当作权力斗争的场所，期望通过控制表征的生产排斥其他国家对本国的文化侵入。同时，单从文化层面讲，政府的这种管理行为暗含这样的假设：生产者（意图）＝作品（表征）＝文化立场（民族独特性）。

文化独特性展现于文化生产的所有领域，民族独特性/民族精神也就存在于文化生产的每个领域。在这个意义上讲，高雅文化与大众文化之间的界限消失了。同时，因为政府机构/意识形态国家机器为了限制意义的增殖而渗透到文化生产的每一个领域，因此，国家与市民社会之间的界限也就不存在了。这也即是葛兰西在《狱中书简》中所要表达的国家领域如此被扩展到市民社会的深层，构成、维护和主导着整个社会的文化霸权。

与以上两种界限消失相伴随的是统治阶级意识形态延伸到日常休闲领域。统治阶级意识形态不再局限于政府宣传、教育、法律等领域，还通过政府机构/意识形态国家机器对全部文化生产领域的管理扩张到日常生活之中。吃饭、穿着、行为习惯、礼仪、娱乐等都在政府机构/意识形态国家机器的管理、控制、引导中再生产着民族文化独特性，也确认着占主导地位的意识形态。无论是在教室、法院工作还是在卧室、酒吧、电影院看肥皂剧，都隐藏着文化霸权的身影。

文化霸权虽然渗透到日常生活的每个领域，却很难得出所有人都受文化霸权操控的结论。正如表征形象在不同领域的生产会导致意义的扩张和冲突，表征形象的传播和接受同样会导致这样的结果。如同德里达对延异的界定。表征形象总是在不同语境中、在不同运用中改变自身意义，覆盖原来意义的痕迹。这实际上也是观众/接受者主动性和创造性的体现。米歇尔·德·塞托在《日常生活实践》中将生产与消费进行了区分，在塞托看来：

> 此处的"制作"（fabrication）是一种生产、一种创造（unepoiétique）——但却是隐藏的，因为它散布在（电视传播、城市规划、贸易等）"生产"系统所决定和占据的领域中，因为这些系统越来越具极权性的扩张不再为"消费者"留有任何空间，从而表明它们将这些系统的产品变成了什么。还有另外一种生产，它与合理的、扩张的，且集中、嘈杂、壮观的生产相对应，我们称之为"消费"。它是有计谋、四处分散的，但是它渗入到任何地方，悄悄地、几乎是不为人所察觉地渗入进来，因为它通过对占主导地位的经济秩序强加的产品进行使用的方式来凸显自己，而不是通过产品本身来显示自己。[①]

即使文化霸权和意识形态借助生产系统极具扩张，化为天罗地网，不留任何空间，我们还是不能从文化霸权和生产意图推演接受者/消费者的傀儡角色。接受/消费不像生产那样合理有序，但也并非完全受生产合理性的宰制。接受者/消费者可以通过对商品的挪用、再利用逃离

---

① ［法］米歇尔·德·塞托：《日常生活实践 1. 实践的艺术》，方琳琳、黄春柳译，南京大学出版社 2009 年版，第 33 页。

乃至颠覆生产的意图。这种挪用、再利用不像生产那样指向明确，却也在悄无声息中显示自身的主动性和创造性。主动性和创造性往往与接受者/消费者的主观意图联系在一起，将其看作接受者/消费者明确的颠覆性力量。不过，脱离生产霸权的实践在更多时候不是源自接受者/消费者积极的介入，而是来自商品（表征）自身的流动和接受。往往是在商品（表征）的流动和接受中，其被有意或无意地赋予不同意义，从而颠覆了生产者原本的意旨。

澳大利亚一直被看作"放错了位置的欧洲国家"。其民族身份认同一度来自对"母国"英国的忠诚。这种情况在19世纪末澳大利亚民族主义浪潮风起云涌之时发生了转变。1901年澳大利亚联邦成立，文化各领域成为塑造澳大利亚民族独特性的重要方式。当然，如上所言，文化各领域对澳大利亚的表征/叙述不同，其关涉的澳大利亚民族独特性也存在很大差异甚至彼此冲突。

（一）文学/绘画与澳大利亚本真性的表征

19世纪末，澳大利亚民族主义浪潮高涨。文学家、画家成为推动澳大利亚民族主义的重要力量。其推动力量源自对"真正的"澳大利亚的发现——表征本土独特形象与民族独立联系在一起。

《公报》——这一时期宣扬澳大利亚民族主义的核心刊物——的两任编辑A. G. 斯蒂芬斯（A. G. Stephens）和阿奇博尔德（J. F. Archibald）在将澳大利亚本土社会和环境独特形象与民族主义情绪联系在一起方面发挥了巨大作用。A. G. 斯蒂芬斯指出："看开满花的桉树在微风中摇曳……就是在接受美学教育……一句话，让我们注视着我们的国家吧……透过明亮的澳大利亚人的眼睛，而不是透过因偏见而变模糊的英国眼镜，世界上再也没有这样漂亮的国家了。"[①] 文学和绘画就是

---

① 转引自［澳］里查德·怀特《创造澳大利亚》，杨岸青译，杨志达校，云南人民出版社1999年版，第126页。

"明亮的澳大利亚人的眼睛",而风中摇曳的桉树则是澳大利亚的象征。麦卡宾(Frederick McCubbin)在评论比斯特里顿的诗歌《紫色正午的透明的力量》时指出:"这首光和热的诗……如此强有力地使我们深切感觉到了点缀着牛羊的无边无际的牧场、人烟稀少的绵延起伏的平原、灌木覆盖的群山和我们这块大陆的紫色海洋。你几乎可以把这幅画当作一个民族象征。"①

如果澳大利亚文学家和画家是"明亮的澳大利亚人的眼睛",他们所看到的就必然不只是自然风光,还包括生活于其中的人与发生于其中的事。《公报》在这一方面又成为领航者。"阿奇博尔德带上来的作家们……他们的读者就是他们身边的人民群众,他们怎么想就怎么写,这种跟着感觉走的作品不可避免地就有一种天真率直,轻松自然,甚至在形式粗糙之时也是如此……任何多愁善感或假悲切的东西,要统统取缔:作品中的真情实感必须含在对事实的展示之中。"② 亨利·劳森(Henry Lawson),与《公报》关系密切的澳大利亚"本土之子",被认为如实描绘了澳大利亚人的生存境遇。"无法稳定拥有土地,采矿不安全,工作不稳定;贫寒的住房,与富人斗争,流散的散工,酗酒,厌女,欺诈,伙伴情谊,结婚,恶作剧,感伤,受伤和自杀。这是一片永恒存在的土地,尽管环境恶劣,伴随着火灾、洪水和干旱,但它绝不是'一片广袤而悲凉的荒野'。"③

在阿奇博尔德引导的《公报》的刊物格调中,在亨利·劳森等的创作中,浮现了最初的澳大利亚民族精神:

---

① 转引自[澳]里查德·怀特《创造澳大利亚》,杨岸青译,杨志达校,云南人民出版社1999年版,第135页。
② [澳]万斯·帕尔默:《澳洲民族形象:25个卓越人生》,郭著章、郭丽君译,武汉大学出版社2015年版,第139页。
③ [澳]瑞文·康奈尔:《南大洋的海岸——逐步迈向具有现代性特质的世界社会学》,詹俊峰译,载陶东风主编《文化研究》2013年第16辑,第37页。

壮实而又具男子气，幽默处要有恐怖效果，对于主题的总体处理要有冷嘲之风。造物是位严酷之母，其古怪脾气只能用忍受面对。对旱灾，人们总是忍耐；对洪水，总是要避开；对虫害，总是要斗争起来。作品注意力主要固定在丛林人形象上，这种人勇敢无畏，"不拘礼节"，在灾害面前乐观愉快，好咧嘴一笑。在阿奇博尔德指导之下的众作家给出的澳大利亚，不是宁静如画而是形容枯槁、面目凶狠的一块大陆，此大陆养育了人民，又不知怎的唤起了人民当中一种合乎人性的效忠之情。①

这一时期的作家和画家从两方面呈现了澳大利亚民族独特性：环境独特性：丛林、桉树、灌木丛、旱灾、洪水、虫害将澳大利亚大陆表征为"形容枯槁""面目凶狠"的"严酷之母"；人的独特性：丛林人、男子气概、忍耐、斗争、乐观精神、伙伴情谊表征了典型澳大利亚人的独特形象。这两方面独特性构成了澳大利亚民族话语的核心成分。不过，在对澳大利亚民族形象的最初表征中，不仅缺少女性形象，而且没有任何土著居民的地位。女性与土著在以后将为自己的表征权奋斗。

（二）历史与澳大利亚独特性的神话

19世纪90年代的文学被看作澳大利亚民族精神建构的最初尝试。在以后的岁月里，这一尝试不断被提及、重复、建构，以至被神话，侵入澳大利亚历史。澳大利亚历史学家往往会以19世纪90年代的传奇为核心铺陈澳大利亚民族精神。

两代历史学家在塑造澳大利亚民族精神方面做出了突出贡献。第一代历史学家出现于20世纪二三十年代。耐蒂·帕尔默（Nettie Palmer）的《当代澳大利亚文学》（*Modern Australian Fiction*，1924）、凯

---

① ［澳］万斯·帕尔默：《澳洲民族形象：25个卓越人生》，郭著章、郭丽君译，武汉大学出版社2015年版，第140页。

斯·汉考克（Keith Hancock）的《澳大利亚》（Australia，1930）、威廉·摩尔（William Moore）的《澳大利亚艺术故事》（The Story of Australian Art，1934）成为这一时期的代表，同时也是文学艺术侵入历史的开端。这些著作首先将19世纪90年代的文学艺术创作传奇化和神秘化，将其叙述的故事和表现的精神与澳大利亚民族主义联系起来，看作真正澳大利亚的开端。之后的一代出现于"二战"后澳大利亚民族主义再次兴盛之时。万斯·帕尔默（Vance Palmer）的《90年代的传奇》（The Legend of the Nineties，1954）、卢塞尔·沃德（Russell Ward）的《澳大利亚传说》（Australian Legend，1958）、菲利普斯的《澳大利亚传统》（The Australian Tradition，1958）开始继续将19世纪90年代的创作传奇化，并进一步在那些著作中挖掘真正的澳大利亚精神。

前后两代历史学家都是文学创作者或批评家，其在将文学介入历史时遵循这样的逻辑。"艺术的作用在于阐释自己所置身其中的环境的内在申明，澳大利亚的作家只要不潜心倾听澳大利亚民族生活的节拍，那他们的艺术就一定是虚假而不能长久流传的。"[1] 亨利·劳森、班卓·帕特森（Banjo Paterson）的创作恰恰能握住澳大利亚民族生活的脉搏，表现澳大利亚的独特性。这种独特性，在万斯·帕尔默看来，不同于英国的城市生活（城市居民），也不同于美国的乡村（乡村人），而独属于澳大利亚的丛林。帕尔默高度赞扬了班卓·帕特森，并在帕特森的创作中看到一个逝去的"黄金时代"。

> 他最擅长的是表现那种健康豪迈的男性世界，在那里，男人们说着令人捧腹的笑话，或者在陡峻的山边道路上策马奔跑，或者为了自己的伙伴勇敢地面对前来追捕的骑兵，为了衬托诗歌中的一点点戏剧性场面，他经常会创造出一个理想而浪漫化的背景，

---

[1] 王腊宝等：《澳大利亚文学批评史》，中国社会科学出版社2016年版，第74页。

这种背景不是现实主义小说中的噩梦国度,也不是那种英国式的溪流和森林,而是一片一望无际的风吹草低见牛羊的平原和奔流的大河,帕特森心目中的丛林便是这样新颖而令人神往。①

帕尔默等在历史著作中,将劳森、帕特森等人的故事重新表征、解释、神话,澳大利亚民族精神在历史著作的重释中得以确定。澳大利亚人关于过去的记忆在这些历史著作中被塑造和建构。

(三) 大众文化与民族独特性的日常表现

文学、绘画、历史表征了澳大利亚形象和精神的理想和范型。这种理想和范型在现实生活中延续、改变乃至被颠覆。杰弗里·博尔顿在《澳大利亚历史》中如是描述典型的澳大利亚家庭。"在一个家庭里,男人是家长,一个妻子,三个孩子,银行里有一张抵押契据,车库里有一辆霍尔顿牌汽车,冰箱里有福斯特啤酒……抽支考林伍德或者乔治牌香烟提神。"② 家庭结构、"霍尔顿汽车"、"福斯特啤酒"、"考林伍德或乔治香烟"成为展示澳大利亚人家庭生活独特性的重要标示。

澳大利亚大众文化生活的以下几个领域在标识澳大利亚独特性方面发挥了重要作用。

一是救生员、冲浪、海滩。20世纪30年代,海滨救生员成为澳大利亚民族英雄。1938年澳大利亚建国一百五十周年庆祝活动中,救生员替代了剪羊毛者和士兵成为澳大利亚民族形象的代表。冲浪救生运动被赋予独特的意义,它体现了真正的澳大利亚精神。"它具有沐浴在阳光之中的沙子和自在而狂暴的激浪的味道。在这里,我们看到了民主发挥了它本来的作用。没有教义、阶级或肤色的障碍。所有这

---

① 王腊宝等:《澳大利亚文学批评史》,中国社会科学出版社2016年版,第84页。
② [澳] 杰弗里·博尔顿:《澳大利亚历史》,李尧译,北京出版社1993年版,第117页。

些事情都在绝妙的人道主义的伙伴情谊的精神中被忘却了。"① 表征形象的转变意味着内在意义的转变。"救生员不像丛林居民和比恩描述的澳大利亚士兵,他被等同于城市(尤其是悉尼)而不是灌木地带。而且尽管他可以因传统美德……而受到赞赏——但是他的形象比起丛林居民或是澳大利亚士兵可塑性差,政治意义不太直接。"②

二是体育。唐纳德·霍恩(Donald Horne)指出:"对许多澳大利亚人来说,体育运动才是生活,其余都是空的。"③ 足球、赛马、板球、网球、高尔夫球、冲浪成为塑造澳大利亚独特性和身份认同的重要方式。作为斯里兰卡移民,苏文德尼·佩雷拉(Suvendrini Perera)在板球运动中发现自己所受到的排斥。"在那些周和那几个月里,我发现,除了去了解板球以外我别无选择——并且如果说我不能在关于板球的问题上表明立场,那是不行的……生活在澳大利亚,日常政治在我意识到之前就早已使我陷入了板球之中。"④

三是酒吧和啤酒。酒(朗姆酒)在澳大利亚殖民初期是垄断商品,并很快成为交换手段和导致腐败的根源。澳大利亚许多冲突和争论都围绕酒进行。比如,军治总督拉克伦·麦夸里(Lachlan Macquarie)通过禁酒限制殖民军人的权力;妇女解放运动试图通过禁酒净化家庭和公共生活,改变男性漫无节制的生活方式,以此提高女性地位、改善社会。酒吧在塑造澳大利亚性格方面具有十分重要的作用,它作为一个特殊空间排斥女性而成为男性专属领域,是澳大利亚底层白人男性排斥女性建立同性之间伙伴情谊的理想场所。

---

① 转引自[澳]里查德·怀特《创造澳大利亚》,杨岸青译,杨志达校,云南人民出版社1999年版,第195—196页。
② [澳]里查德·怀特:《创造澳大利亚》,杨岸青译,杨志达校,云南人民出版社1999年版,第196页。
③ 转引自[美]约翰·根室《澳新内幕》,符良琼译,上海译文出版社1979年版,第72页。
④ [澳]苏文德尼·佩雷拉:《"板球运动,要有情节":民族主义、板球和散居身份》,托比·米勒主编《文化研究指南》,王晓路等译,南京大学出版社2009年版,第433页。

（四）电影与政府对民族表征的控制

20世纪60年代末，澳大利亚政府开始采取一系列措施积极复兴澳大利亚电影产业。1970年，澳大利亚电影发展委员会（Australian Film Development Corporation，AFDC）成立，评估电影制作者想要拍摄电影的可行性并予以资助；1971年，澳大利亚电影和电视学校（Australian Film and Television School）成立，为澳大利亚电影业的复兴培育了足够的人才，在这一时期，一家澳大利亚人所有的小型发行公司路演（Roadshow）成立，支持澳大利亚本土电影的放映。在这些措施背后，有一种强烈的民族主义关涉。"20世纪60年代末……一种越来越强的国家主义神话开始把电影看做最理想的媒介，能够折射出体现当代澳大利亚文化与社会的新的自信和成熟的形象。"①

两种表征澳大利亚形象的电影先后出现："澳式低俗喜剧"（Ocker Comedies）成为第一批抓住澳大利亚观众的影片。《鹳》（*Stork*，1971）、《巴里·麦肯齐历险记》（*The Adventures of Barry McKenzie*，1972）、《阿尔文·玻波尔》（*Alvin Purple*，1973）等电影表征了日常生活的澳大利亚民众形象。这类影片将澳大利亚呈现为一个男性的、民粹主义的和愉悦低俗的国度，注重突出澳大利亚民族的独特性。啤酒、性和身体功能成为电影中经常出现的符码。这类电影对澳大利亚形象的表征一般被认为带有一种"文化谄媚"的意味，也即它在本国电影中吸收和重构了西方国家关于澳大利亚的"东方主义"观念。澳大利亚电影委员会（Australian Film Commission，1975年由澳大利亚电影发展委员会发展而来）资助的"AFC"电影，也即所谓的"优质"（quality）电影试图替代澳式低俗喜剧。"AFC"电影，运用低调的、高度美学化的视觉风格展示澳大利亚异国情调的景象；在选材上偏爱历史题材，以

---

① ［澳］格雷姆·特纳：《电影作为社会实践》，高红岩译，北京大学出版社2010年版，第187页。

从容的节奏和散乱的情节以及高度艺术化的形式展示澳大利亚的历史和传奇。这类影片的代表作有《悬崖上的野餐》(*Picnic at Hanging Rock*, 1975)、《我的光辉生涯》(*My Brilliant Career*, 1979)、《澳新军团》(*Anzacs*, 1985) 等。

政府机构对澳大利亚电影支持和引导的目标是管控电影对澳大利亚民族形象的表征，其根本则是对电影这一媒介表征意义的限制。澳大利亚政府试图通过限定和引导电影对本国风光、民众形象的表征，展示其独有的不同于其他地域的内涵，树立自身在国际上的有力地位。这种管控既能够引导本国意识形态，又具有民族独立意义。

（五）大众传媒与澳大利亚民族独特性的再造

澳大利亚的两个喜剧之王——罗伊·勒内（Roy Rene）和格雷厄姆·肯尼迪（Graham Kennedy）——塑造的形象完全不同于文学传统对民族形象的表征。他们的表演展示着小丑怪诞的身体（夸张的大眼、张开的大嘴、长长的舌头），以夸张的身体行为自我嘲弄和刺破庄严；蔑视权威，以虚夸的表演嘲弄社会名流、神圣的王室或政府人员；混淆性别，通过错乱着装进行两性形象转换；嘲弄种族，扮演不同种族的民众，开些半真半假的玩笑打破种族的禁忌和严肃性。勒内和肯尼迪的表演与澳大利亚文化史上聚焦丛林传奇，以白人和男性为中心，讲平均、分享、团体，反权威、浮华、虚伪的取向相抵牾，是澳大利亚文化中的颠覆性力量，代表了城市价值观的扩张。这种颠覆力量同样存在于20世纪80年代的大众媒介之中。

大众媒介在两个方面改变了澳大利亚民族形象。一方面是民族英雄形象的改变，从过去的丛林人、救生员变成商业巨子。约翰·艾略特（John Elliott）、约翰·斯帕尔文斯（John Spalvins）、艾伦·邦德（Alan Bond）、罗伯特·福尔摩斯（Robert Holmes）等澳大利亚商业巨头——特纳所谓的无赖资本家（Larrikin Capitalists）——在20世纪80

年代频繁以代表国家利益和民族精神的形象出现在新闻和商业媒体中。另一方面是通过报道两百年庆典这样的活动对澳大利亚进行全景展示。《澳大利亚狂欢》（Australia Daze，1988）是记录两百年庆典活动的影片。这部纪录片全景展示了澳大利亚社会两百年纪念日的民众反应与参与情况，并同时揭示出澳大利亚社会存在的状况，包括民众批评过多关注庆典活动而忽视了社会真正存在的贫富差距问题、移民们对民族同化政策的厌恶、坚持澳大利亚传统（丛林）精神的人对庆典的不满、土著黑人的游行以及土著黑人与白人的冲突，等等。不同群体获得表征凸显了澳大利亚民族构成的复杂性，使澳大利亚民族身份认同重新作为一个可以讨论的问题被提出。

无论是罗伊·勒内、格雷厄姆·肯尼迪的表演，还是商人形象的展示，抑或澳大利亚庆典的全景展示，都转变了澳大利亚传统的典型代表形象——丛林人。这种典型代表形象的转变必然内隐着澳大利亚民族精神和基本价值观念的变化。

澳大利亚文化研究学者对以上诸方面建构、生成、转变澳大利亚民族形象和意涵方面都给予足够重视和深入研究。比如，格雷姆·特纳（Graeme Turner）通过分析小说和电影的叙事阐述小说和电影文本对澳大利亚民族特性的建构［《民族、国家、文本：澳大利亚文化与媒介研究》（Nation，Country，Text：Australian Cultural and Media Studies，1993）］，通过研究大众媒介中民族形象的转变阐述大众媒介在重构澳大利亚民族形象方面的重要作用［《建构民族：民族主义和澳大利亚流行文化》（Making it National：Nationalism and Australian Popular Culture，1994）］；约翰·菲斯克（John Fiske）、鲍勃·霍奇（Bob Hodge）、格雷姆·特纳通过研究澳大利亚日常生活中各种现象透视其背后隐含的澳大利亚民族精神［《澳洲传奇：解读澳大利亚流行文化》（Myths of Oz：Reading Australian Popular Culture，1987）］，等等。不同作者依据研究领域转换写作的切入点：对文学、大众文化、大众媒介的研究主要关注表征问题，对电影的研究主要关注制度问题，女权主义、土著研究、移民研究则从自身立场建构自身特性以批判"白人性"的霸权。本书依据澳大利亚文化研究学者对不同领域研究之侧重结构章节和展开讨论。

二 国内外研究现状

澳大利亚文化研究在英国文化研究的直接影响下产生，并与英国和美国文化研究构成文化研究的"三A轴心"。不过，与英国文化研究主要关注阶级问题不同，澳大利亚文化研究主要关涉民族问题。这种民族关涉不仅仅裹挟强烈的民族情绪建构本土民族话语，还包括澳大利亚民族话语在不同领域的建构，政府机制对民族话语建构的管控，不同文化领域表征民族形象所造成的民族话语的转变，民族话语内隐的种族、性别意识形态结构，等等。

国内外著述中多有关于澳大利亚文化研究民族关涉的讨论。可以分两个方面予以概述。

首先，对澳大利亚文化研究独特性的确认。1993年出版的两个文本宣示了澳大利亚文化研究的独特性和贡献。约翰·佛柔（John Frow）、墨美姬（Meaghan Morris）合编《澳大利亚文化研究读本》（*Australian Cultural Studies: A Reader*）和格雷姆·特纳编《民族、国家、文本：澳大利亚文化与媒介研究》（*Nation, Country, Text: Australian Cultural and Media Studies*）。佛柔将这两个读本的出版与1992年澳大利亚文化研究协会（Cultural Studies Association of Australia）的成立看作20世纪80年代澳大利亚文化研究结束的标志，也是澳大利亚文化研究制度化进程的标志。[①]

[①] John Frow, "Australian Cultural Studies: Theory, Story, History", in *Australian Humanities Review*, Feb. 2007, Vol. 10, No. 1, p. 73.

约翰·塔洛克（John Tulloch）主编的"澳大利亚文化研究系列丛书"涵括了澳大利亚文化研究的主要著述，这些著述大多是民族/后殖民批评研究的著作：鲍勃·霍奇和韦杰·米什拉（Vijay Mishra）《梦的黑暗面：澳大利亚文学与后殖民意识》（*Dark Side of the Dream: Australian Literature and the Postcolonial Mind*）、格雷姆·特纳《民族虚构：文学、电影和澳大利亚叙事的建构》、戴安·鲍威尔（Diane Powell）《挣脱西方：悉尼西部郊区观察》（*Out West: Perceptions of Sydney's Western Suburbs*）。其他类型的研究也多与民族问题相关。如大众文化研究：菲利普·哈沃德（Philip Hayward）主编《从流行到朋克到后现代主义：1960到1990年代的流行音乐和澳大利亚文化》（*From Pop to Punk to Postmodernism: Popular Music and Australian Culture from the 1960s to the 1990s*）、约翰·菲斯克、鲍勃·豪吉以及格雷姆·特纳合著《澳洲传奇：解读澳大利亚流行文化》、格雷姆·特纳《建构民族：民族主义和澳大利亚流行文化》。电影、电视、广播研究：约翰·塔洛克和格雷姆·特纳主编《澳大利亚电视：程序、愉悦和政治》（*Australian Television: Programs, Pleasure and Politics*）、斯图亚特·卡宁汉（Stuart Cunningham）《描摹澳大利亚：查尔斯·肖韦尔的电影》（*Featuring Australia: The Cinema of Charles Chauvel*）、安德鲁·雅库波维奇（Andrew Jakubowicz）《种族主义、种族划分和媒介》（*Racism, Ethnicity and the Media*）、阿尔伯特·莫兰（Albert Moran）主编《持续关注：澳大利亚广播读本》（*Stay Tuned: The Australian Broadcasting Reader*）；还包括许多政策研究、文化政策研究的著作。这些著作不仅宣示了澳大利亚文化研究的成果，还凸显了澳大利亚文化研究的民族关涉。

将澳大利亚文化研究与其民族关涉联系起来的研究和讨论主要包括以下三个维度。

第一，强调澳大利亚文化研究的独特性和地域性，凸显其反抗英美文化研究霸权的意义,也即格雷姆·特纳所说:"澳大利亚文化研究对国际文化研究的贡献首先是挑战了 80 年代后半期北半球文化研究热中出现的一种不言自明的假设:英美的文化研究具有普遍性的,可以放之四海而皆准。"① 这一方面著述包括:格雷姆·特纳的文章《大洋洲》(收录于托比·米勒主编《文化研究指南》)、《"为我所用":英国文化研究、澳大利亚文化研究和澳大利亚电影》以及《民族、文化、文本:澳大利亚文化和媒介研究》的导言,还包括约翰·佛柔《澳大利亚文化研究:理论、故事、历史》("Australian Cultural Studies: Theory, Story, History", 2007)以及佛柔和墨美姬合编《澳大利亚文化研究读本》的导言。

第二,从反英立场和民族主义情绪方面探讨澳大利亚文化研究的产生、界定其基本特征。进行这方面阐述的以安德鲁·米尔纳的文章《文化研究和文化霸权:英国和澳大利亚比较》("Cultural Studies and Cultural Hegemony: Comparing Britain and Australia", 1997)为代表,还包括马克·吉布森的著作《文化与权力:文化研究史》、文章《澳洲文化研究的神话:澳大利亚的海滩和"英国"的平常》("Myths of Oz Cultural Studies: The Australian Beach and 'English' Ordinariness", 2001)。马克·吉布森与安德鲁·米尔纳认为,澳大利亚文化研究一方面受英国文化研究的影响,另一方面又构成了对英国文化研究的反叛。英澳文化研究的关系实际上折射的是澳大利亚对英国既依赖又试图摆脱其控制的复杂现实。

第三,区分澳大利亚文化研究与澳大利亚研究(Australian Studies),指出这两者虽然都具有强烈的民族关涉,但澳大利亚研究主要探求文化诸领域中对澳大利亚独特性的表征,澳大利亚文化研究则主

---

① [澳]格雷姆·特纳:《大洋洲》,托比·米勒主编《文化研究指南》,王晓路等译,南京大学出版社 2009 年版,第 209 页。

要探析澳大利亚民族话语的建构方式。格雷姆·特纳的《返归澳洲：民粹主义、学术和澳大利亚研究的未来》("Return to Oz: Populism, the Academy and the Future of Australian Studies"，1991)、《学科战争：澳大利亚研究、文化研究和民族文化分析》("Discipline Wars: Australian Studies, Cultural Studies and the Analysis of National Culture"，1996)以及墨美姬的《小份意面》("A Small Serve of Spaghetti"，1990)等文章主要进行这一方面阐述和研究。

  国内对澳大利亚文化研究的关注少而零散。王光林教授主编的《澳大利亚文化研究》辑刊，虽以文化研究为名，却几乎没有收录与文化研究相关的文章。以澳大利亚文化研究为主题的研究主要有三篇文章：徐德林《澳大利亚文化研究的系谱学考察》、《被屏/蔽的澳大利亚文化研究》和王光林《从文化自卑到文化自信：谈澳大利亚的文化研究走向》。徐德林的两篇文章概述性地介绍了澳大利亚文化研究产生的背景、发展历程及代表学者。而王光林的文章则与本研究相关，其核心内容"以澳大利亚文化中的'文化自卑'现象为切入点，梳理探讨澳大利亚的文化研究走向，重点指出澳大利亚文化研究的独特之处，即试图摆脱英国文化研究中的霸权主义和美国文化研究中的普遍性原则，将视角转到具有澳大利亚民族特色的文化特点上。澳大利亚的文化研究从文化输入，到文化营造，再到文化多元，逐步走向国际主义者的视角，加强了与亚太国家之间的联系和交往，从而逐渐走出了文化焦虑，增强了文化自信"[①]。国内另有一些著述也对澳大利亚文化研究有所关注，如徐德林《文化研究的全球播散与多元性》、陶东风《文化研究：西方话语与中国语境》、牟岱为《文化研究学派元析》、王宁《全球化语境下的文化研究和文学研究》、张平功《论文化

---

① 王光林：《从文化自卑到文化自信：谈澳大利亚的文化研究走向》，《甘肃社会科学》2015年第1期。

研究的兴起与发展》、王毅《文化研究向何处去?》和《文化研究的亚洲经验与范式构建》，等等。总体来说，这些著述在涉及澳大利亚文化研究时或者将其作为英国文化研究的延伸，或者以总结的姿态对澳大利亚文化研究状况进行泛泛的概括（往往将其和加拿大文化研究并列概括）。例如，张平功教授在《论文化研究的兴起与发展》一文中说："文化研究首先是在英美崛起并风靡全球的。在前殖民地国家如加拿大和澳大利亚，文化研究既有英美传统的影响，又带有明显的本国特色……与加拿大情形相似，澳大利亚的文化研究把研究重点放在本国问题上，突出其民族性（the national character），而民族构成话语在澳大利亚文化研究则融入多元化和跨学科的澳洲研究（Australian Studies）。"①

通过以上分析可以看出，国内外学界都已经意识到澳大利亚文化研究所取得的成果，并都对澳大利亚文化研究表现出足够的重视。同时，国内外学者也都已经开始关注澳大利亚文化研究相较于英美文化研究的独特性。这种独特性一般通过两个维度进行界定：第一，通过强调澳大利亚文化研究所取得的成就赋值其反抗英美文化研究霸权的意义。这一方面强调了澳大利亚文化研究所取得的成就，另一方面又将这种成就与澳大利亚民族情绪乃至第三世界的后殖民批评情绪联系在一起进行阐述。第二，比较澳大利亚文化研究相较于其他国家尤其是英美文化研究基本取向上的差异，强调澳大利亚文化研究对民族问题的关涉。这不仅涉及民族独立意义上的后殖民批评，更涉及对传统澳大利亚民族精神/民族性格的解构。

我们还需要指出的是，对澳大利亚文化研究进行回顾与阐述的学者基本上是澳大利亚文化研究的实际参与者。例如，格雷姆·特纳不仅编辑了《民族、国家、文本：澳大利亚文化与媒介研究》，写作了一系列梳理和阐述澳大利亚文化研究介绍性文章，还是《澳大利亚文

---

① 张平功：《论文化研究的兴起与发展》，《东南学术》2000 年第 6 期。

化研究杂志》最初的发起人，写作了一系列澳大利亚文化研究的代表性著作，如《民族虚构：文学、电影和澳大利亚叙事的建构》、《建构民族：民族主义和澳大利亚流行文化》等；墨美姬既与约翰·佛柔编辑过《澳大利亚文化研究读本》，同时对澳大利亚引进法国理论，促成澳大利亚文化研究的产生做出了重要贡献。

三 研究目标与写作计划

作为文化研究"三 A"轴心之一，澳大利亚文化研究涉及范围广泛并且取得了丰硕成果，对本学科的发展做出重要贡献。格雷姆·特纳、墨美姬、约翰·佛柔、约翰·哈特利、安德鲁·米尔纳以及移居澳大利亚后取得突破性进展的托尼·本尼特、约翰·菲斯克都是国际知名的文化研究学者。这些学者在电影研究、媒介研究、文化政策研究、女性主义研究、澳大利亚民族性及建构研究等方面都做出了重要贡献。当然，本书无意探究澳大利亚文化研究的所有细部，也无意罗列澳大利亚文化研究的所有成果。本书期望抓住澳大利亚文化研究的核心关涉、主要特征展开论述，以此连结和展开澳大利亚文化研究的不同面向。

首先，集中展示澳大利亚文化研究的独特性，即相较于英国和美国文化研究，澳大利亚文化研究的核心关涉是民族问题。如上所述，对澳大利亚文化研究民族独特性阐述的途径主要有两个。一是通过凸显澳大利亚文化研究的贡献赋值其反抗英美文化研究霸权的作用，强调其摆脱英国文化研究/英国控制的重要意义；二是比较澳大利亚文化研究与英美文化研究基本取向上的差异，强调澳大利亚文化研究对民族问题的关注。本书研究的核心问题是第二方面。不过，澳大利亚文化研究的产生不仅受到英国文化研究的直接影响，它还有其民族情绪根基。正如马克·吉布森指出的:"英国之外的文化研究,常常与前大英帝国内部的反殖民主义有关。尤其在澳大利亚,人们渴望找到一种替代传统的英式优越感与惯性的东西,一直长期保留着激进民族主义的传统……与英国文化研究领域的交流也主要是与'后霍加特时代'的伯明翰当代文化研究中心及其他地方的理论中心的交流。人们公认这些地方是反'英式'的。"① 当然,我们必须指出,这种激进民族主义传统并不必然导向澳大利亚文化研究,它的结果是澳大利亚研究(Australian Studies)。本书首先将阐述由澳大利亚研究向澳大利亚文化研究的转变,然后讨论澳大利亚文化研究不同维度关涉民族问题的不同路径。

其次,通过介绍澳大利亚文化研究展示文化研究的基本方法。格雷姆·特纳认为:"文化研究拥有而澳大利亚研究缺乏的是关于文化过程运行的方式、关于文化何以产生和分享它的意义的一种理论(或者,更准确的说,一组理论)。"② 西方结构主义/解构主义方法促成澳大利亚研究向澳大利亚文化研究的跳跃。本书将在不同章节展示结构主义/解构主义及与之相关的理论是如何在文化研究领域运用的。文本分析、符号学、叙事学、意识形态国家机器等理论构成澳大利亚文化研究学者分析和阐述各种文化现象的理论武器。通过对这些理论资源的运用,文化研究学者能够分析西方对澳大利亚民族形象表征的霸权意识、澳大利亚民族性的建构、不同文化领域在建构澳大利亚民族性上起到的作用、新媒体对澳大利亚民族性的冲击、政府对澳大利亚民族形象的管控与意义引导、不同群体对澳大利亚民族性的解构等诸多问题。本书在展示澳大利亚文化研究独特性及成果的同时,尤其注意

---

① [澳]马克·吉布森:《文化与权力:文化研究史》,王加为译,北京大学出版社2012年版,第98页。
② Graeme Turner, "Discipline Wars: Australian Studies, Cultural Studies and the Analysis of National Culture", *Journal of Australian Studies*, 1996, No. 50/51, p. 12.

对文化研究方法的凸显。

　　最后，审思澳大利亚文化研究的多面性及通过约翰·佛柔的研究审思文化研究的内在问题。本书的第五章将通过约翰·佛柔的例子阐述澳大利亚文化研究的多元性，并进一步审思文化研究的内在困境。相较于前面四章，第五章对约翰·佛柔的研究在一开始就不单纯是描述性的，整个研究试图将佛柔的理论放到话语理论介入社会理论建构的背景之中，并以此为基础对相关问题进行梳理、分析和阐释。以此为目标，本书实际上涉及两个相关的问题：对佛柔理论的介绍、解释和分析；以对佛柔的研究为切入点分析话语理论介入社会研究、文学研究、文化研究等领域时的状况及存在的问题。当然，由于学识所限，这一部分的研究还相对薄弱。

　　作为一个仅有两百多年历史的移民国家，澳大利亚的文化独特性也是本研究想要附带展示的重要方面。文学、电影、种族关系、男女关系、酒吧等负载和体现澳大利亚民族精神和文化独特性的图景将在本书写作中获得不同程度的呈现。

　　在具体论述中，本书的五个章节都不以文化研究学者为中心，也不完全介绍每一文化研究领域的所有细部。本书以澳大利亚文化研究的独特性为核心，着重探讨澳大利亚文化聚焦的主题、展开的领域、采用的方法以及存在的问题。依据目标设定，本书将主要分五个章节展开。第一章梳理澳大利亚文化研究发生的原因、发展的状况、关涉的基本维度以及具有代表性的学者。在全面概述澳大利亚文化研究发展状况的同时，本章将揭示澳大利亚文化研究兴起的民族情绪根源，澳大利亚文化研究诸领域如后殖民主义、电影研究、媒介研究、女权主义研究、土著研究、移民研究关涉民族问题的不同方式。第二章主要探讨澳大利亚文化研究关于民族形象表征、民族叙事与民族精神、民族性格关系的讨论。格雷姆·特纳、鲍勃·豪吉、约翰·多克尔等在揭示澳大利亚民族精神、民族性格建构特征的同时，也指出民族形象、叙事的转变对澳大利亚民族精神、民族性格的颠覆与转变。第三章关注澳大利亚学者对澳大利亚电影及政府政策的解读。澳大利亚政府通过电影发展委员会、影视培训学校、电影审查与发行的调控行为被澳大利亚学者看作限制电影表征和意义扩展以满足自身民族形象定位的有效方式。第四章主要讨论女权主义、土著研究、移民研究对澳大利亚民族性的解构与批判。这三种研究针对的都是澳大利亚性或白人性，主要抨击澳大利亚性或白人性对女性、土著、移民的想象、排斥和压制。第五章则以澳大利亚马克思主义者和文化研究学者约翰·佛柔为例，进一步阐述澳大利亚文化研究的多元性以及基于佛柔的观念审思文化研究的困境和问题。

第一章　澳大利亚文化研究：概述

通常来讲，文化研究发端于英国而后传播到美国和澳大利亚，形成所谓的文化研究"三 A 轴心"。不过，澳大利亚文化研究与英国文化研究的关系一如澳大利亚与英国的关系——依附英国，又不甘心做大英帝国的注脚，千方百计证明自身独特性。这成为澳大利亚与澳大利亚文化研究的情绪化执念，推动澳大利亚人与澳大利亚文化研究学者向着民族化方向前进。这种民族情绪既是澳大利亚文化研究的基本指向，也是其建构自身价值和意义的基本话语。

第一节　澳大利亚文化研究的兴起

雷蒙德·威廉斯宣称："我们现在所理解的文化研究脱胎于成人教育：在工人教育协会（WEA），在校外的扩展课堂上——这一点再怎么强调都不为过。"① 这一宣称更适合英国的文化研究。澳大利亚文化研究毫无疑问直接受到英国文化研究的影响。但是，摆脱英国/英国文化研究控制的民族独立情绪成为澳大利亚文化研究兴起的最终指向。

---

① 转引自本·卡林顿《消解中心：英国文化研究及其传统》，托比·米勒主编《文化研究指南》，王晓路等译，南京大学出版社 2009 年版，第 227 页。

第一章 澳大利亚文化研究:概述

一 澳大利亚研究与澳大利亚文化研究

澳大利亚一度被看作放错了位置的欧洲国家。尽管19世纪90年代的澳大利亚知识分子引领激进民族主义运动并最终于1901年建国，澳大利亚人民对英国的卑从、对英国文化的崇敬依旧是整个社会的集体无意识（或有意识）。1950年，菲利普斯（A. A. Philips）用"文化谄媚"（the cultural cringe）一词讽刺本国人民对英国的心态。① 也正是在这一时期，澳大利亚知识分子重新肩负起反抗英国文化统治的大旗，在先辈——19世纪90年代的知识分子——讲述的神话中挖掘本民族的性格、文化、传承。

与先辈依托报纸——《公报》——宣扬民族主义类似，20世纪50年代肩负起捍卫民族独立和文化建构重任的首先是两个杂志：《密安津》（Meanjin）和《全大陆》（Overland）。这两个杂志的评论文章成为销蚀大英帝国文化统治的最初尝试。菲利普斯的《文化谄媚》一文即发表于《密安津》上。② 而发掘民族传承、发扬民族精神的任务则由历史学家承担。万斯·帕尔默（Vance Palmer）《90年代的传奇》（The Legend of the Nineties, 1954）、卢塞尔·沃德（Russell Ward）《澳大利亚传说》（Australian Legend, 1958）、菲利普斯《澳大利亚传统》（The Australian Tradition, 1958）成为挖掘和展示澳大利亚独特性和民族精神的经典。这些历史著作消融了文学与历史之间的界限：《公报》上的社会素描、亨利·劳森（Henry Lawson）的虚构故事、班卓·帕特森（Banjo Paterson）的民谣被当作事实介入历史，激发着澳大利亚

---

① A. A. Phillips, "The Cultural Cringe", *Meanjin*, Vol. 9, No. 4, Summer 1950, pp. 299 – 302.
② 关于《密安津》对澳大利亚民族主义的推动作用，参见 A. M. Gibbs, "Meanjin and the Australian Literary Scene", *The Journal of Commonwealth Literature*, 4 March, 1969, pp. 130 – 138。

· 25 ·

历史学家的妙笔生花。澳大利亚民族文化和民族精神在历史与文学的融合中展示着自身形象。卢塞尔·沃德在《澳大利亚传说》一书开头勾勒的"典型澳大利亚人"（Typical Australian）成为澳大利亚民众形象的代表。

  依据神话故事，"典型澳大利亚人"是不修边幅的实干家，迫不及待地谴责别人任何虚浮的感情……尽管他能在紧急情况下付出很大努力，没有正当理由却一般不会有努力工作的冲动。他一贯轻言许诺、好赌成性，时常烂醉如泥。尽管他是"世界上最自信的人"，却通常沉默寡言而非夸夸其谈，坚韧不拔却不会忙忙碌碌。他脾气倔强，对一般的宗教、知识、文化追求的价值充满怀疑……他极端独立，憎恨管闲事和权威，尤其当这些品质体现于军事官员和警察身上时。但他非常好客，最重要的是，能与伙伴同甘共苦、不离不弃，即使认为他们可能是错的。在他的字典中，没有比"工贼"更恶毒的诅咒，除非是独属于澳大利亚俚语中表示"举报人"意思的"pimp"。①

当文学故事变成传奇，传奇侵入历史，也就构成了所有澳大利亚人的集体记忆。这一集体记忆不仅凝聚着澳大利亚人的民族性格，更引导着澳大利亚人的行为和思想方式，成为澳大利亚有别于其他国家/民族的独特标识。

  对澳大利亚民族独特性的探索和发扬同样成为高校教育和政府政策的重要组成部分。1974年的科廷大学（Kurtin University）和1978年的昆士兰大学相继成立澳大利亚研究中心。这两个中心的基本任务是搜罗文学、自传、音乐、政治描述等文本中关于澳大利亚的叙述，

---

① Russell Ward, *The Australian Legend*, Melbourne: Oxford University Press, 1966, pp. 1－2.

从其中挖掘和展示澳大利亚独特的民族形象和性格。科廷大学和昆士兰大学在后来都成为澳大利亚文化研究的重镇。这从一个侧面证实了澳大利亚研究与澳大利亚文化研究的密切关系。安德鲁·米尔纳对澳大利亚文化研究起源的推论证实了这种关系。在米尔纳看来："首先与澳大利亚文化研究接近的（……）往往是历史工作者的著作，后来与后—1956（post‐1956）的'新左派'结合——伊恩·特纳、史蒂芬·默里‐史密斯和《全大陆》文学杂志……很明显，澳大利亚文化研究实际上开始于《密安津》和《全大陆》的专栏中。"①

不过，很显然，《密安津》、《全大陆》、历史学家、"左派"知识分子和高校推动的对澳大利亚民族文化、民族性格——简言之，澳大利亚性（Australianness）——的研究只能称得上澳大利亚研究（Australian Studies）。在其基本方法上，这些研究是描述性的——挖掘各种材料中关于澳大利亚的独特描述，强调其与"母国"——英国的差异；当然，这些研究也必然是阐释性的，它们往往将这些独特描述与澳大利亚民族性联系在一起，将其阐述为澳大利亚独特的民族性格或精神。不过，相对于英国文化研究，这些对记录澳大利亚的文本的挖掘、描述和解释明显欠缺一些方法——文本分析的方法，对结构主义方法的运用、对权力问题的关注、对表征效果的分析。这些方法在英国文化研究的直接影响下传入澳大利亚，同时，也在澳大利亚学者译介和传播法国符号学理论、结构主义/后结构主义理论中为澳大利亚学者所接受。正是这些方法的引入促成澳大利亚研究向澳大利亚文化研究的跳跃。格雷姆·特纳在《学科战争：澳大利亚研究、文化研究和民族文化分析》（Discipline Wars: Australian Studies, Cultural Studies and the Analysis of National Culture）一文中对澳大利亚研究与澳大利亚文化研究进行了区分。

---

① Andrew Milner, "Cultural Studies and Cultural Hegemony", *Arena Journal*, 9, 1997, p.138.

文化研究拥有而澳大利亚研究缺乏的是关于文化过程运行的方式、关于文化何以产生和分享它的意义的一种理论（或者，更准确的说，一组理论）。这一理论背景为澳大利亚文化的分析提供了基本原理，这种对文化的分析远比诉求多学科的澳大利亚研究所进行的更连贯和灵活。但是，文化研究和澳大利亚研究的关系并没有导向某种合并或合作而被表述为一种竞争。澳大利亚文学研究和澳大利亚历史合作的基点是产生真正的利益，而这也是澳大利亚研究吸引学术和政治支持的时刻；文化研究出现了——它的作者一贯对他们认为缺乏理论实践的澳大利亚研究的研究和写作不屑一顾。[1]

当然，其他一些现实情况构成了文化研究方法为澳大利亚学者所接受的社会语境。正当澳大利亚学者挖掘本土文化独特性之时，"二战"后的大规模移民却消解了澳大利亚民族构成的白人基础。"多元文化主义"的实施宣告了澳大利亚民族构成的多样性；20世纪60年代末，女权主义兴起并质疑澳大利亚民族叙事中的男性倾向，批判澳大利亚民族性格——伙伴情谊（mateship）——中的男性中心主义；澳大利亚土著研究的浮现开始质问和冲击澳大利亚民族叙事中的白人中心主义，强调白人相对于澳大利亚本土的定居者身份。这些新情况的出现为澳大利亚学界引入结构主义/解构主义方法提供了现实基础，最终成为澳大利亚文化研究从澳大利亚研究中分离出来的助力。

结构主义、解构主义、符号学、叙事学等研究方法成为澳大利亚研究向澳大利亚文化研究跳跃的关键。澳大利亚研究展示的澳大利亚性、描述这种澳大利亚性的方式、澳大利亚性的影响都成为澳大利亚

---

[1] Graeme Turner, "Discipline Wars: Australian Studies, Cultural Studies and the Analysis of National Culture", *Journal of Australian Studies*, 1996, No. 50/51, p. 12.

文化研究以结构主义、解构主义、符号学、叙事学分析的对象。澳大利亚文化研究要展示的不是澳大利亚性是什么，而是这种澳大利亚性是如何构成的、构成的方式是什么、通过何种渠道构成和传播、代表了哪些人的利益、会产生何种效果。后殖民主义、电影研究、女性研究、土著研究、少数族群身份认同研究、大众文化研究等都以自己的视角运用不同方法参与对以上问题的阐述和分析。

二　社会背景

"二战"后，澳大利亚放宽对非英国家移民尤其是亚洲移民的限制。移民数量和在澳大利亚人口中占据的比例逐年增加。移民的进入为战后澳大利亚社会和经济复苏与发展提供了足够的劳动力和人才。"从1947—1966年，澳大利亚劳动力总数由2479269人增加到3421808人，其中51%来自海外。再有，它使澳大利亚社会生产的技术水平提高。在入境移民中，许多人受过高等教育或专业技能训练。"[①] 移民在澳大利亚社会中的重要性迫使工党和澳大利亚政府先后在1965年和1972年废除联邦成立时作为基本国策的"白澳政策"，实行多元文化主义政策。这促使和刺激澳大利亚学者进行关于民族构成与族群关系的思考。这一方面的思考最终成为澳大利亚文化研究关注的一个重要主题。当然，澳大利亚文化研究的发生还源自一系列更为直接的社会条件。

20世纪六七十年代的教育改革为澳大利亚文化研究的发生和发展提供了最为有利的条件。教育改革的一方面是对接受高等教育的学生实行免费，这大大扩充了受教育人群的规模，尤其是将教育扩展到平民阶层和女性；另一项重要的教育改革措施是大学数量的激增。1960

---

① 王宇博等：《世界现代化历程·大洋洲卷》，江苏人民出版社2011年版，第475—476页。

年以前，澳大利亚仅有7所大学和5所技术学院。到20世纪70年代早期，大学的数量增长到17所，高等教育学院（Colleges of Advanced Education, CAE）出现并激增到72所。澳大利亚的三级教育系统开始形成：大学教授高等而纯粹的知识，技术学院提供技术训练，高等教育学院提供职业培训。[①] 与英国文化研究一样，澳大利亚文化研究也产生自与职业教育、平民和工人阶层关系密切的新兴大学、技术学院和高等教育学院。为了适应成人教育的发展，这些学校不得不进行课程改革以适应教学的要求。在课程改革中，媒介和传播研究、电影研究以及后来的文化研究等新兴学科备受关注，跨学科教育受到重视，这些都成为促生澳大利亚文化研究的有利条件。在澳大利亚高校中，有4所高校在文化研究领域占据重要地位：

西澳大利亚技术学院（1987年更名为科廷大学）：传媒研究。代表学者有约翰·菲斯克（1980—1988）、诺伊尔·金（Noel King, 1986—1988）、格雷姆·特纳、乔恩·斯特拉顿（Jon Stratton）等。

莫道克大学：传媒和文化研究，比较文学。代表学者有约翰·佛柔、约翰·哈特利、鲍勃·豪吉、托比·米勒、安娜·吉布斯（Anna Gibbs）等。

格里菲斯大学：文化政策研究。代表学者有托尼·本尼特（1983—1998）、伊恩·亨特、斯图亚特·卡宁汉、汤姆·欧瑞根（Tom O'Regan）。

新南威尔士技术学院（1988年后更名悉尼科技大学）：传媒研究。墨美姬、肯·沃克、诺伊尔·桑德斯、比尔·邦尼等。

---

① Pam Papadelos, *From Revolution to Deconstruction: Exploring Feminist Theory and Practice in Australia*, Bern: Peter Lang, 2010, pp. 118–119.

这四所大学中，莫道克大学和格里菲斯大学都始建于1975年，是澳大利亚第三代大学。西澳大利亚技术学院和新南威尔士技术学院是具有人文学院的以技术为导向的技术院校。相对于悉尼大学、墨尔本大学这样历史悠久的学校，这些新兴学校更少传统文化负累和更多自由。约翰·佛柔如此描述他在莫道克大学的工作："1975年，当我在莫道克大学开始工作时，文学研究计划仅仅开始了6个月，传媒和文化研究计划还没有实行。我参与了这两项计划课程安排的写作，没有我脑海中关于这些学科应该如何建构的限制——更不消说，与盛行于传统大学中的课程设置完全不同。"[①]

与教育改革几乎同时进行的是澳大利亚政府为促进电影产业复兴而实行的一系列措施。1969年后的很短时间里，澳大利亚先后建立起融资机构澳大利亚电影发展委员会（Australian Film Development Commission）、澳大利亚电影和电视学校（Australian Film and Television School）以及路演（Roadshow）发行公司。这些措施极大促进了澳大利亚电影业的发展——投资电影拍摄、培训专业演员、偏向发行本国电影。电影产业的复兴促进了澳大利亚电影和传媒研究的兴起。一系列电影杂志在这一时期出现。《电影论坛》（*Cinema Papers*）、《澳大利亚电影理论期刊》（*The Australian Journal of Screen Theory*）、《坎特利尔电影笔记》（*Cantrill's Filmnotes*）、《电影新闻》（*Film News*）成为电影评论的重镇。这些杂志上的澳大利亚电影评论不注重研究经典电影的美学特征和经典电影语言，而主要关注电影与文化之间的关系和电影文本的政治意涵，尤其是澳洲电影对本民族形象的表征和塑造作用。澳大利亚电影和传媒研究的文化政治取向往往指向政策维度，成为澳大利亚电影政策制定的重要参照。"从70年代中期和80年代中期，电

---

① John Frow, "Australian Cultural Studies: Theory, Story, History", *Postcolonial Studies*, Feb. 2007, Vol. 10, No. 1, p. 62.

影和传媒研究、澳大利亚文化的研究这两种研究传统结合在一起（只是有时候不太稳定），推动该领域脱离表征研究，走上分析文化生产的制度方式和产业方式的道路，同时也保留了较传统的对文本（如电影和电视节目）的研究。"①

澳大利亚电影研究向政治和政策方面的偏重最终使自身成为托尼·本尼特引领的文化政策研究的重要资源。当然，这一时期的电影评论也往往被直接看作澳大利亚文化研究的滥觞。在墨美姬和佛柔看来："我们在20世纪60年代末第一次与'文化和社会'相遇不是来自阅读雷蒙德·威廉斯，而是参加在悉尼纽波特海滩（Newport Beach）由约翰·福莱士（John Flaus）举办的关于电影的 WEA（Workes' Educational Association）夏季学校。"② 对澳大利亚文化研究做出重要贡献的墨美姬在这一时期也为主流电影期刊做过电影评论员。

教育改革与电影产业复兴推动了一系列新兴刊物的出现，这些刊物有些是专门的文化研究刊物，有些则在某一时期或某些主题上契合文化研究。这些杂志包括：

《密安津》（*Meanjin*, 1947— ）、《竞技场》（*Arena*, 1963— ）、《南方评论》（*Southern Review*, 1963— ）、《坎特利尔电影笔记》（*Cantrill's Filmnotes*, 1971—2000）、《电影新闻》（*Filmnews*, 1971—1995）、《介入》（*Intervention*, 1972—1988）、《都市日报》（*Metro*, 1974— ）、《澳大利亚电影理论期刊》（*The Australian Journal of Screen Theory*, 1976—1985）、《澳大利亚媒体信息》（*Media Information Australia*, 1980—1995）后与《文化与政策》（*Culture and Poli-*

---

① [澳] 格雷姆·特纳：《大洋洲》，托比·米勒编《文化研究指南》，王晓路等译，南京大学出版社 2009 年版，第 206 页。

② John Frow and Meaghan Morris (eds.), *Australian Cultural Studies: A Reader*, Sydney: Allen & Unwin, 1993, introduction, xxv.

cy）合并、《工作报告》（Working Paper）系列、《随机问题》（Random Issue，1979—1980）、《艺术和文本》（Art and Text，1981—2000）、《地方消费》（Local Consumption，1981—1985）、《澳大利亚文化研究》（Australian Journal of Cultural Studies，1983—1987）后成为《文化研究》（Cultural Studies，1987— ）、《在海滩上》（On the Beach，1983—1987）、《延续》（Continuum，1987—）、《文化与政策》（Culture and Policy，1990—1998）后与《澳大利亚媒体信息》合并、《社会符号学》（Social Semiotics，1991— ）、《悉尼科技大学评论》（UTS Review，1995—2001），2002年起改为《文化研究评论》（Cultural Studies Review）。[①]

在以上杂志中，《澳大利亚文化研究》《延续》《悉尼科技大学评论》一直是澳大利亚文化研究的重镇，对澳大利亚文化研究的发展和兴盛做出了重要贡献。尤其是《澳大利亚文化研究》，它不仅刊登了许多具有澳大利亚特色和以澳大利亚为导向的文章，更对澳大利亚文化研究获得其他国家文化研究学者认同、走向世界做出了重要贡献。同时，这三种杂志又都证明澳大利亚教育改革对本国文化研究的重要影响。它们都在新兴学校中产生。《延续》由莫道克大学主编，《澳大利亚文化研究》由莫道克大学和科廷大学合编，《悉尼科技大学评论》由悉尼科技大学主编。除这三种完全以文化研究为核心的刊物，《工作报告》较早在澳大利亚介绍和传播福柯、精神分析以及其他代表性学者的理论和重要思潮，同时也是最早关注文化研究的刊物；《密安津》被安德鲁·米尔纳看作澳大利亚文化的发源地之一，在1988年到1994年间主要刊载文化研究方面的文章；《南方评论》在1981年到

---

① John Frow, "Australian Cultural Studies: Theory, Story, History", *Postcolonial Studies*, Feb. 2007, Vol. 10, No. 1, p. 65.

1985年由肯·鲁斯文任主编期间也完全倒向文化研究。其他杂志和刊物也都或多或少地在某一时间段或总体上倾向于文化研究，为澳大利亚文化研究的蓬勃发展做出了重要贡献。

此外，发端于1969年夏天的澳大利亚第二次女权主义浪潮对澳大利亚文化研究也具有十分重要的推动作用。在佛柔和墨美姬看来，这种推动作用主要体现在两个方面：第一，澳大利亚女权主义者以"个人即政治"为口号，试图抓住各种资源在社会生活各方面促进两性平等和扩大女性权利。澳大利亚第二次女权主义思潮促成了女性官僚（femocrat———一个澳大利亚词语，指获得高级官僚职位，并接受专业训练的女权主义者，其工作是推进妇女问题的提出和解决）传统。依据这个传统，澳大利亚女性有了在政府体制之内以合法途径表述和实现自身吁求的可能。在合法途径内，澳大利亚女性推动法律、法规频繁就性别平等问题立法。澳大利亚女权运动的这一方面为文化政策研究提供了资源和参考范例。"女权主义官僚运动必须被视为在为文化政策研究领域铺平道路，尤其是为伊恩·亨特与托尼·本尼特等人受福柯启发、定位于政策的著述铺平道路。"[①] 第二，在对日常生活中存在的排斥女性现象进行持续关注中，历史维度被引入。"安·科托伊斯（Ann Curthoys）教授1970年指出我们'必须分析为什么公众生活一直是历史的关注重点，为什么公众生活一直是男性的天下'；如果文化研究能够继续在一个扩展的框架内不断地质疑提问，它就会在澳大利亚女性主义历史学家的研究中找到新突破点。"[②]

[①] Tania Lewis, "Meaghan Morris and the Formation of Australian Cultural Studies: A Narrative of Intellectual Exchange and Located Transnationalism", *Cultural Studies*, Vol. 4, 2004, p. 58.

[②] John Frow and Meaghan Morris (eds.), *Australian Cultural Studies: A Reader*, Sydney: Allen & Unwin, 1993, introduction, xxvii – xxviii.

三 知识传统

因为文化研究的反学科性和反规范化,确认文化研究的谱系似乎偏离了文化研究的主旨。尽管如此,不可否认的是,这一学科的产生与兴盛却主要是因为英国学者尤其是伯明翰当代文化研究中心的贡献。澳大利亚文化研究正是在英国文化研究的影响下产生。"澳大利亚文化研究的鼻祖是英国文化研究……英国文化研究在50年代成形,以挑战公众与私人、主要与次要、伟大与平凡这样的等级分类为己任。正是在这样一股强大势力的影响下,澳大利亚文化研究作为其分支得以建立。"①

英国文化研究对澳大利亚文化研究的影响几乎是决定性的。一方面,只有到20世纪70年代末期,澳大利亚大学中才开始正式的文化研究训练,许多最初在澳大利亚进行文化研究的学者要么从英国移居而来,要么具有英国教育背景,澳大利亚本土培养的文化研究学者很少。比如,对澳大利亚文化研究产生重要影响的《澳大利亚文化研究》期刊的四个合创者——约翰·菲斯克、约翰·佛柔、格雷姆·特纳、鲍勃·豪吉——中菲斯克1980年从英国移居澳大利亚(1988年到了美国),特纳在英国的东英吉利大学获得博士学位,豪吉在1967年和1972年于英国剑桥大学分别获得学士和博士学位。目前国内学术界比较关注的托尼·本尼特自1983年移居到澳大利亚,就职于格里菲斯大学,于1987年在此建立文化政策研究院(Institute for Cultural Policy Studies),开创澳大利亚文化研究中的政策研究这一方向。另外比较知名的澳大利亚学者如约翰·哈特利(John Hately)、珍妮·克雷克

---

① John Frow and Meaghan Morris (eds.), *Australian Cultural Studies: A Reader*, Sydney: Allen & Unwin, 1993, introduction, xxiii.

(Jenny Craik)、诺伊尔·金（Noel King）、冈瑟·克雷斯（Gunther Kress）、莱斯利·斯坦恩（Lesley Stern）、乔恩·斯特拉顿（Jon Stratton）等要么从英国移居澳大利亚，要么其教育主要在英国完成。英国文化研究学者移居澳大利亚或澳大利亚学者在英国受教使英国文化研究的理论和经验介入澳大利亚学术语境。格雷姆·特纳指出："澳大利亚的知识传统从一开始就受到英国同行的直接影响，因此澳大利亚的文化研究也带有与英国相似的特征就不足为奇了。"①

澳大利亚文化研究直接在英国文化研究的影响下产生。雷蒙德·威廉斯关于文化的界定成为澳大利亚学者进行文化研究的基础。佛柔和墨美姬在《澳大利亚文化研究读本》导言即以威廉斯关于文化的界定开端。"'文化'，用雷蒙德·威廉斯的话来说，是一个能够表述一个社会群体'所有生活方式'的词，因为它按表征和权力来形成自己的结构……它是一个表征系统，包括文本、意象、谈话、行为准则以及组织起这一切的叙述结构，这一切影响着社会生活的每个方面。"②正是基于这种理解，澳大利亚学者编著了本国的文化研究读本（《澳大利亚文化研究读本》和《民族、国家、文本：澳大利亚文化与媒介研究》）以及写作了一系列文化研究概论性著作——约翰·哈特利《文化研究简史》、马克·吉布森《文化与权力：文化研究史》、杰夫·刘易斯《文化研究基础理论》，等等。就具体而言，约翰·菲斯克对大众文化和媒介的研究对约翰·哈特利等人具有十分重要的影响，其民粹主义观点在哈特利的媒介研究中具有明确体现；"银幕"理论在20世纪70年代早期传入澳大利亚促成澳大利亚学术电影理论的建立，克里斯蒂安·麦茨、兹维坦·托多罗夫、茱莉亚·克里斯蒂娃、

---

① ［澳］格雷姆·特纳：《"为我所用"：英国文化研究、澳大利亚文化研究和澳大利亚电影》，陶东风主编《文化研究精粹读本》，中国人民大学出版社2006年版，第51页。
② John Frow and Meaghan Morris (eds.), *Australian Cultural Studies: A Reader*, Sydney: Allen & Unwin, 1993, introduction, viii.

劳拉·穆尔维的著述和理论通过《银幕》传入澳大利亚，成为电影研究学者引述最多的资源。莫道克大学和科廷大学深受伯明翰当代文化研究中心的影响，在进行媒介研究时，往往运用斯图亚特·霍尔的编码/解码理论。英国文化研究对澳大利亚文化研究的影响如此巨大，以致戴维·莫利和洪美恩强调："不少在澳大利亚传播的左翼学派却说着伯明翰学派的话语。"①

不过，就像澳大利亚与英国的关系一样，澳大利亚文化研究也有一种摆脱英国文化研究影响、争取自身独立的诉求。澳大利亚学者无法否认英国文化研究的影响，不过，他们往往从民族精神的角度迂回理解英国文化研究与本土文化研究的关系。马克·吉布森指出："英国之外的文化研究，常常与前大英帝国内部的反殖民主义有关。尤其在澳大利亚，人们渴望找到一种替代传统的英式优越感与惯性的东西，一直长期保留着激进民族主义的传统……与英国文化研究领域的交流也主要是与'后霍加特时代'的伯明翰当代文化研究中心及其他地方的理论中心的交流。人们公认这些地方是反'英式'的。"② 澳大利亚文化研究，甚至整个知识体系，反英实践的一个方式是寻求替代英式传统的理论资源。法国理论成为澳大利亚学者对抗英国知识传统的最好选择。吉布森认为："法国的理论在澳大利亚大行其道，部分原因是因为它不是来自英国——这也许能够解释它为什么能以很快的速度被澳大利亚吸收。"③ 墨美姬在一次访谈中直言对法国理论的偏爱。"当几乎所有的女权主义辩论都毫无例外地发生在英国或者美国时，我正在法国学习，这真是太幸运了。对于这些东西，我研读了许多也

---

① David Morley and Ien Ang, "Mayonnaise Culture and Other European Follies", *Cultural Studies*, 1989 (3), p.136.
② [澳] 马克·吉布森：《文化与权力：文化研究史》，王加为译，北京大学出版社2012年版，第98页。
③ [澳] 马克·吉布森：《文化与权力：文化研究史》，王加为译，北京大学出版社2012年版，第182页。

思考了许多，多年之后它们才被翻译出来。"①

法国理论在澳大利亚学术界的传播主要通过两个途径进行。一个途径是女权主义、左派理论家对法国理论的引入和应用。《工作报告》期刊成为发布法国理论译文和研究文章的重要刊物，其前两期就刊载了雅克·拉康、路易·阿尔都塞、朱丽叶·米切尔（Juliet Mitchell）的译作或研究文章。墨美姬是在澳大利亚传播法国思想的重要学者。她不仅以法国女权主义、精神分析等为自己进行研究的理论基础，而且与保罗·福斯（Paul Foss）、保罗·巴顿（Paul Patton）等人一起翻译了波德里亚、德勒兹和瓜塔里、伊利格瑞、福柯等人的著作。另一个途径是通过英国这一中介接受法国理论的变体。澳大利亚学者接受英国文化研究时也间接接受了英国学者对法国理论的运用。当然，这一方面最具代表性的是以托尼·本尼特为代表的文化政策研究。本尼特在格里菲斯大学建立文化政策研究院，其基本理论资源即是米歇尔·福柯关于治理术的理解。本尼特、伊恩·亨特、斯图亚特·卡宁汉等将文化理解为一种治理，是政府管理、规训和进行教化的重要方式。

澳大利亚文化研究主要挪用了英国和法国的理论资源。这两种理论在麦肯齐·沃克（McKenzie Wark）评论墨美姬时被称作"对跖理论"（Antipodean Theory）。当然，这只是粗略勾勒了澳大利亚文化研究接受的两种学术资源（学术传统），具体理论资源在澳大利亚文化研究的运用和影响可以通过约翰·佛柔的总结展示：

> 马克思主义：普遍的影响，尤其对新南威尔士技术学院以比尔·邦尼为中心的传媒研究和《竞技场》以及《介入》杂志；

---

① Meaghan Morris, "Ticket to Bundeena——An Interview with Meaghan Morris", J. Mead (ed.), *Bodyjamming——Sexual Harassment, Feminism and Public Life*, Sydney: Vintage, 1997, p.244.

1969—1972年墨美姬加入澳大利亚共产党时期在阅读小组阅读了阿尔都塞的著作。伊恩·亨特、托尼·本尼特、约翰·佛柔和肯·沃克沿着不同路径接受（和在不同程度上反对）阿尔都塞传统，尤其是它的英国变体；悉尼《工作报告》小组，尤其是伊丽莎白·格罗兹（Elizabeth Grosz），在阿尔都塞的语境中阅读拉康的精神分析。

女权主义：在不同方向上有多方面影响。一个重要的事件是悉尼大学哲学系在1973年的分裂，结合阿尔都塞传统的一派组建了"一般哲学系"。"一般哲学系"沿着主体构成和身体问题这一方向进行。

悉尼自由主义：约翰·弗莱斯、席尔瓦·劳森、墨美姬、诺伊尔·桑德斯。

福柯：一方面是墨美姬和保罗·巴顿（Paul Patton）自由主义和"抵抗"（resistant）版本；另一个版本以桑德斯和亨特为核心的传媒形式（forms of communication）小组的实用的和政治的版本；后者影响托尼·本尼特、诺伊尔·金（Noel King）、托比·米勒、汤姆·欧里根和斯图亚特·卡宁汉，促进20世纪80年代晚期文化政策中心（Cultural Policy）的发展。

伯明翰文化研究：具有多方面影响，尤其对约翰·菲斯克、格雷姆·特纳、托尼·本尼特、科林·默塞（Colin Mercer）和乔·斯特拉顿等受英国教育的人具有强烈影响。

以悉尼为根基的对德勒兹和瓜塔里以及后期波德里亚的接受：后者在1985年由权力研究所（Power Institute）发起的 *Futur*fall* 会议的影响下受到重视，这些理论家的思想被运用于如《艺术与文本》（*Art and Text*）和《在海滩上》（*On the Beach*）等杂志上。①

---

① John Frow, "Australian Cultural Studies: Theory, Story, History", *Postcolonial Studies*, Feb. 2007, Vol. 10, No. 1, pp. 66 - 67.

当然，我们还需要指出的是，尽管英国和法国理论对澳大利亚文化研究产生了重要影响，通过之后的分析我们将发现澳大利亚学者对理论本身并不是特别有兴趣，他们更注重这些理论的应用。正如格雷姆·特纳所言："在澳大利亚文化研究中，欧洲理论并不简单是布满知识橱窗的时尚大道。当发现欧洲理论不能解释本地情况时，他们会毫无愧疚地将挪用的欧洲理论改得面目全非，甚至干脆丢弃。没有比这更不尊重的事了。事实上，澳大利亚文化研究和欧洲文化研究的关系主要是挪用然后修改以适用于本地境况的常规实践。"①

第二节 澳大利亚文化研究：关涉维度

澳大利亚文化研究一贯通过与英国文化研究相比较获得自我身份认同。一个重要的比较方面是表现形态。格雷姆·特纳指出："并不存在澳大利亚文化研究起源的神话……与英国的文化研究相对，并不存在澳大利亚文化研究围绕着被宣称形成的主要机构。在澳大利亚，文化研究依旧是多元碎片化的。"② 一如塔尼亚·刘易斯（Tania Lewis）所言："与英国相对，澳大利亚文化研究的发展不能被追溯一个特定的知识点或中心，相反，它的发展具有地理（和机构的）分散性。"③ 造成这一现象的一个很重要原因是对文化研究的界定。在约翰·佛柔看来："文化研究总体上是一个策略性标题……而不是具有中心的学

---

① Graeme Turner (ed.), *Nation, Culture, Text: Australian Cultural and Media Studies*, London: Rouledge, 1993, p. 6.

② Graeme Turner (ed.), *Nation, Culture, Text: Australian Cultural and Media Studies*, London: Rouledge, 1993, p. 4.

③ Tania Lewis, "Intellectual Exchange and Located Transnationalism: Meaghan Morris and the Formation of Australian Cultural Studies", *Continuum: Journal of Media & Cultural Studies*, Vol. 17, No. 2, 2003, p. 190.

科实践，这或许也是其他人的看法。"① 因此，佛柔认为，"澳大利亚文化研究"这一称谓会导致三个相关的同质化后果：第一，从地域上将澳大利亚与亚太地区进行分割，忽视澳大利亚文化研究与其他地域的联系和对其他地区的兴趣。澳大利亚文化研究关注的对象不仅是本国文化现象，还包括相邻国家的文化现象以及本国文化与其他国家的联系。"澳大利亚文化研究"这一称谓将其研究对象限定在澳大利亚本土，忽略了自身的广泛性。第二，忽视了澳大利亚文化研究知识构成和从业学者的世界性，也即是，这一称谓忽视了澳大利亚文化研究对别国理论资源的借用和从业学者构成的国际性——不仅包括在本国完成教育的学者，还包括外国移居的学者和在国外接受教育的学者。第三，这一称谓掩盖了内部不同地域文化研究关注焦点和发展状况的不同。例如，同为澳大利亚文化研究的重镇，格里菲斯大学在托尼·本尼特的引领下主要从事文化政策研究，科廷大学和莫道克大学则分别在约翰·菲斯克和约翰·哈特利的影响下从事媒介和传播研究。不同地域文化研究侧重的不同进一步证明澳大利亚文化研究的非中心性和多元化。

在澳大利亚，文化研究的自我认同出现于1983年约翰·菲斯克等人主编的《澳大利亚文化研究》发行之后。这个杂志也成为澳大利亚文化研究的核心聚集点。不过，基于文化研究的模糊性，这本杂志，如大多数文化研究概论中所做的，将种族、阶级、性别研究包括在澳大利亚文化研究的范围之内，当然，也将电影研究、媒介研究、大众文化研究等文化研究的核心关注点包括在内。例如，发表于《澳大利亚文化研究》第一期的文章几乎涉及该领域的所有维度，包括理论研究：罗伯特·霍奇（Robert Hodge）与冈瑟·克雷斯（Gunther Kress）

---

① John Frow, "Australian Cultural Studies: Theory, Story, History", *Postcolonial Studies*, Feb. 2007, Vol. 10, No. 1, p. 60.

《功能符号学：媒介、文化和社会分析的主要概念》（"Functional Semiotics: Key Concepts for the Analysis of Media, Culture and Society"）；土著研究：斯蒂芬·米克（Stephen Muecke）《话语、历史、虚构：语言和土著历史》（"Discourse, History, Fiction: Language and Aboriginal History"）；女性研究：德利斯·博德（Delys Bird）《澳大利亚女性：一个笑话？》（"Australian Woman: A National Joke?"）；大众文化研究：格雷姆·特纳《视频剪辑和流行音乐》（"Video Clips and Popular Music"）；事件分析：诺伊尔·桑德斯《激情犯罪：1960 年代的电视、大众文学和格雷姆·索恩绑架案》（"Crimes of Passion: TV, Popular Literature and the Graeme Thorne Kidnapping, 1960"）；课程改革研究：诺伊尔·金《课程改革：电影在英语系中的位置》（"Changing the Curriculum: The Place of Film in a Department of English"）；广告研究：比尔·邦尼（Bill Bonney）《新银行的命名和营销》（"Naming and Marketing the New Banks"），等等。

通过以上分析可以看出，澳大利亚文化研究具有非中心、多元化的特点。在这一称谓下，主要包括以下主要关涉维度。

一是后殖民批评。后殖民批评最先出现在文学批评领域。澳大利亚文学批评与后殖民批评的结合开始于 1977 年昆士兰大学举办的南太平洋联邦语言和文学研究协会（South Pacific Association for Commonwealth Language and Literature Studies）会议。1978 年，海伦·蒂芬在评论阿尔伯特·温特（Albert Wendt）时最先使用"后殖民的"（postcolonial）一词。在蒂芬看来，民族主义文学评论往往通过对比英国文学和英国文学评价标准的方式进行，她需要摆脱这种比较模式，发明一种独立的文学批评标准。比尔·阿希克洛夫特、格瑞斯·格里菲斯、海伦·蒂芬在 1989 年出版了第一部系统阐述后殖民批评的著作《逆写帝国：后殖民文学的理论与实践》，这与之后他们合编的《后殖民研究读本》和《后殖民研究关键词》，一起建构了一套行之有效的后殖民理论话语——界定了后殖民的范围、阐述了后殖民文学的发展、总结了后殖民文学的不同类型等。澳大利亚后殖民批评与爱德华·萨义德等人的后殖民批评有很大不同。萨义德等人主要分析西方对东方世界的想象和建构，即西方的东方主义话语；澳大利亚后殖民批评则试图从本国文本中挖掘反抗西方霸权的潜能。

二是民族建构分析。从严格意义上讲，这一维度比后殖民批评更符合文化研究的基本策略。从以上内容我们可以看出，从澳大利亚研究到澳大利亚文化研究有一个跳跃。这个跳跃的发生是因为结构主义/后结构主义、符号学等理论方法的引入。三个文本标志着跳跃的完成：里查德·怀特《创造澳大利亚》（1983）、约翰·多克尔《在一种批判状态下》（1984）、格雷姆·特纳《民族虚构》（1986）。民族建构分析不再将民族独特性、民族精神看作一个民族不变的本质，而是主要通过结构主义/后结构主义、符号学等理论方法分析文学、电影、绘画、电视剧等文本对澳大利亚民族独特性的建构，挖掘这种建构背后的权力关系，批判民族独特性的霸权态度。同时，民族建构分析也强调民族独特性、民族精神在不同文本中的重塑与改变，尤其是新媒体兴起对这一方面的影响。格雷姆·特纳的《建构民族：民族主义和澳大利亚流行文化》和约翰·多克尔的《后现代与大众文化》都涉及对新媒体、大众文化对澳大利亚民族性格、价值观念的重塑。

三是电影研究。澳大利亚电影研究随本国电影产业在20世纪60年代末的复兴而兴起。一般被分为三个历史时期。第一，早期澳大利亚电影理论和批评建基于对"银幕理论"（Screen Theory）的接受上。1975年的墨尔本举办的电影论坛预示"银幕理论"主流地位的建立，1976年约翰·塔洛克和彼得·格迪斯（Peter Gerdes）主编的《澳大利亚银幕理论杂志》（*Australian Journal of Screen Theory*）成为推广"银幕理论"的重镇。约翰·塔洛克《银幕传奇：1919—1929年间的澳大利亚叙事电影》（1981）和《澳大利亚电影：工业、叙事和意义》（*Australian Cinema: Industry, Narrative and Meaning*, 1982）是这方面的代表作。第二，20世纪80年代中期到20世纪90年代初期为强调文化特殊性和经验研究的历史研究占主导地位的时期。这方面的著作包括艾瑞克·里德（Eric Reade）的《澳大利亚银幕》（*The Australian Screen*）、安德鲁·派克（Andrew Pike）和罗斯·库珀（Ross Cooper）的《澳大利亚电影1900—1977：故事电影生产指南》（*Australian Films 1900—1977: Guide to Feature Film Production*, 1980），等等。这些著作从总体上确认了澳大利亚电影的独特性，进而追认了澳大利亚民族的独特性。第三，20世纪90年代至今是电影研究学科化时期。一般认为，这一时期的澳大利亚电影研究主要是类型研究、主题研究、专门化研究。其代表作包括研究中国电影的克里斯·贝里（Chris Berry）《中国电影视角》（*Perspectives on Chinese Cinema*, 1985），研究个人的费利西蒂·柯林斯（Felicity Collins）《吉莉安·阿姆斯特朗的电影》（*The Films of Gillian Armstrong*, 1999），研究电影类型的科林·克里斯普（Colin Crisp）《1930—1960年代经典法国电影》（*The Classic French Cinema 1930—1960*, 1997）《1929—1939法国电影中的类型、神话和传统》（*Genre, Myth, and Convention in the French Cinema 1929—1939*, 2002），等等。

四是女权主义研究。1969年夏，澳大利亚悉尼开始妇女解放运动，这被看作澳大利亚第二次女权主义浪潮的开端。澳大利亚第二次女权主义首先与政治领域相关，随后扩展到学术研究领域。女权主义在学术研究领域的扩展分为不同方向：首先，关注澳大利亚历史中的妇女歧视现象及对女性气质和形象的塑造，代表学者和著作包括安妮·萨默斯（Anne Summers）《被诅咒的娼妓与上帝的警察》（*Damned*

Whores and God's Police)、米丽安·迪克森（Mirian Dixson）《真正的马蒂尔达》（*The Real Matilda*）、凯萨琳·谢菲（Kay Schaffer）《女人和丛林》（*Women and the Bush*：*Forces of Desire in the Australian Cultural Tradition*）。其次，"新澳大利亚女权主义"（New Australian Feminism）的"肉体女权主义"（Corporeal Feminism），代表学者和著作有玛利亚·盖滕斯《生物性别/社会性别区分批判》（"A Critique of the Sex/Gender Distinction"）、伊丽莎白·格罗兹（Elizabeth Grosz）《易变的身体：走向肉体女权主义》（*Volatile Bodies*：*Toward a Corporeal Feminism*）。"肉体女权主义"批判将男女气质看作社会建构的观点，主张从肉体与意识、生物性别与社会性别互动的角度研究男女气质的形成，建构独属于女性的知识。最后，20世纪90年代，对差异政治的推崇使澳大利亚土著女性开始质疑白人女权主义者的理论普遍性。安娜·耶特曼（Anna Yeatman）、斯内加·古诺（Gunew Snja）合编的《女权主义与差异政治》，艾琳·莫顿-罗宾逊（Aileen Moreton-Robinson）《谈谈白种女人》将种族伤害置于性别歧视之上，将种族伤害和性别歧视结合在一起考虑。

五是土著研究。作为一个移民国家，占统治地位的白人移民与原住民之间的关系是澳大利亚文化研究学者关注的一个重要方面。许多文化研究学者在阐述澳大利亚民族性格、价值观念形成过程中，往往会揭露其对土著居民的想象、塑造和排斥。如鲍勃·霍奇（Bob Hodge）和韦杰·米什拉（Vijay Mishra）的《梦的黑暗面：澳大利亚文学与后殖民意识》。澳大利亚土著研究围绕一系列术语进行。

首先，批判白人性研究。澳大利亚批判白人性研究的代表性著作包括：加桑·哈格（Ghassan Hage）《白人国家》（*White Nation*，1998）、沃里克·安德森（Warwick Anderson）《白人性的培养》（*The Cultivation of Whiteness*，2002）、乔·斯特拉顿《种族晕眩》（*Race Dazes*，1998）、

艾琳·莫尔顿－罗宾逊（Aileen Moreton-Robinson）《讨好白人女性》（*Talkin' up to the White Woman*，2000），等等。这方面研究主要凸显白人性的移植性及其在塑造过程中与白人统治的媾和。

其次，土著主义。这方面著述主要包括伊丽莎白·韦比（Elizabeth Webby）《早期澳大利亚文学中的土著》（"The Aboriginal in Early Australian Literature"，1980）、韦杰·米什拉《澳大利亚文本中的土著表征》（"Aboriginal Representations in Australian Texts"，1988）、罗伯特·霍奇（Robert Hodge）《土著真理和白人媒介：埃里克·麦克遇见土著主义精神》（"Aboriginal Truth and White Media: Eric Michaels Meets the Spirit of Aboriginalism"，2009）、安德鲁·金（Andrew King）《"黑人是美丽的"和原住民：澳大利亚流行音乐中的土著性和创作者》（"'Black is Beautiful', and Indigenous: Aboriginality and Authorship in Australian Popular Music"，2010）等。如果说批判白人性研究主要凸显白人形象的话语建构，那么，土著主义则主要揭示白人对土著形象的扭曲和排斥。

最后，土著性。土著研究批判白人性和土著主义的基点是土著性，也即澳大利亚原住民独特的形象、品性、价值观。土著研究学者寄希望于借助挖掘本民族土著性对抗白人对本民族的扭曲，宣示对澳大利亚土地的主权。马德鲁鲁·纳罗金（Mudrooroo Narogin）的《边缘处的写作：现代澳大利亚的本土文学》（*Writing from the Fringe: A Study of Modern Aboriginal Literature in Australia*，1990）、《澳大利亚的本土文学》（*The Indigenous Literature of Australia: Milli Milli Wangka*，1997）等是这方面的代表作。

六是移民研究。与女权主义、土著研究一样，移民研究构成解构澳大利亚白人霸权的重要维度。澳大利亚移民研究主要从两方面进行。一方面，揭示和批判澳大利亚主流文化对移民文化的排斥和压制。移民研究学者从文学、大众文化等方面解读自身受到排斥而处于边缘地位的事实。斯内娅·古尼夫的移民文学研究著作、迈克·罗伯茨（Michael Roberts）与阿尔弗雷德·詹姆斯（Alfred James）《对冲：板球运动中的斯里兰卡和澳大利亚》（*Crosscurrents：Sri Lanka and Australia at Cricket*）、彼得·凯尔（Peter Kell）《好的运动：澳大利亚体育与公平竞争的神话》（*Good Sports：Australian Sport and the Myth of the Fair Go*）等是这方面的代表作。另一方面，关于国际关系研究。白人性、土著居民、移民以及女性的叙述不仅反映了澳大利亚国内不同群体之间的关系，还折射出澳大利亚的国际关系。在对白人性以及土著居民的叙述中，反映的是澳大利亚的大英帝国取向。在对亚洲移民（亚洲人民和国家）的表征则折射出澳大利亚与亚洲邻国的关系。苏文德尼·佩雷拉在《表征之战：马来西亚、〈大使馆〉和澳大利亚外交使团》（"Representation Wars：Malaysia, *Embassy*, and Australia's Corps Diplomatique"）一文中，则主要借助分析澳大利亚电视系列剧《大使馆》，分析其对待亚洲邻国的态度及心理。

　　七是文化政策研究。文化政策研究以1983年从英国移居到澳大利亚格里菲斯大学的托尼·本尼特为代表。本尼特1992年发表文章《置政策于文化研究之中》标志着文化政策研究的开始。文化政策研究的代表学者和著作包括托尼·本尼特《文化：改革者的科学》（*Culture-A Reformer's Science*）、《博物馆的诞生：历史、理论、政治》（*The Birth of the Museum：History, Theory, Politics*），伊恩·亨特《重新思考学校——主体性、官僚体制、批评》（*Rethinking the School-Subjectivity, Bureaucracy, Criticism*），斯图亚特·卡宁汉《框定文化：澳大利亚批评和政策》（"Framing Culture：Criticism and Policy in Australian"）等。文化政策研究的学者批判文化研究的文本分析方式，质疑雷蒙德·威廉斯将文化与文明联系在一起的任意性，他们以福柯治理术理论为基础,将文化看作当代社会一种重要的治理方式。托尼·本尼特在《置政策于文化研究之中》一文中阐述了文化政策研究的四项主张:"第一,在将文化视为政府的一个独特领域的同时,需要将政策考虑包括在文化的定义中;第二,需要在文化这个总的领域之内根据其特有的管理目标、对象和技术区分不同的文化区域;第三,需要识别明确界定的不同文化区域所特有的政治关系,适当地在它们内部发展研究它们的特定方式;第四,进行智力工作需要采取一种方式,即无论在内容上,还是在方法上,策划影响或维护相关文化区域内部可识别的能动者的行为。"①

八是媒介研究。在这方面研究中,新媒体的潜力成为澳大利亚学者关注和争论的焦点和核心。约翰·菲斯克的合作者约翰·哈特利在《图片的政治》(The Politics of Pictures, 1992)、《数字时代的文化》(The Uses of Digital Literacy, 2010)以及麦肯齐·沃克(McKenzie Wark)在《虚拟共和国》(The Virtual Republic, 1997)等著作中都强调新媒介形式的生产性和创造力,沃克更称在新媒介形式的推广与运用将会形成"新媒介共和主义",即新媒介为人们提供了一个相对自由的空间,给人以希望的未来。与哈特利等人不同,格雷姆·特纳在《普通人与媒介:民众化转向》(Ordinary People and the Media: The Demotic Turn, 2009)中辩称民众化与民主制并非一回事。新媒介可以通过博客、Web2.0互动以及电视节目真人秀吸引人们对事件的参与,但是,这种参与背后往往通过促销个人主义、权威观点、"普通"元素而获利。事实上,新媒介并不能带来民主制,个人观念、意志甚至比以前更容易受到影响和操控。

九是大众文化研究。作为文化研究核心维度的大众文化研究在澳

---

① [英]托尼·本尼特:《置政策于文化研究之中》,罗钢、刘象愚主编《文化研究读本》,中国社会科学出版社2011年版,第94—95页。

大利亚文化研究中区分为明显不同的两条探索路径。第一条路径探讨大众文化与统治意识形态的关系。洪美恩的《观看〈豪门恩怨〉：肥皂剧与戏剧性想象》（*Watching* Dallas：Soap Opera and the Melodramatic Imagination，1985）主要探讨大众文化的意识形态操纵。约翰·菲斯克的《电视文化》《理解大众文化》以及约翰·多克尔的《后现代与大众文化》等都强调民众在接受大众文化时的创造性与挪用。第二条路径是解读大众文化对澳大利亚民族性格、价值观念的塑造。在这一条路径中，大众文化指涉范围广泛，既包括新媒体与电影纪录片，也包括酒吧、博物馆等实际人们休闲的场所。格雷姆·特纳《建构民族：民族主义和澳大利亚流行文化》虽标示"流行文化"，实际上却是对新媒介的研究；菲斯克等人合著的《澳洲传奇：解读澳大利亚流行文化》则主要研究酒吧、海滩、购物等休闲地点或活动对澳大利亚民族性格的建构。

澳大利亚文化研究关涉维度多样，取得了丰富的成果。本书在列举澳大利亚文化研究关涉维度基础上进而探索澳大利亚文化研究诸维度与民族问题的关系，分析澳大利亚文化研究对民族问题的聚焦。

第三节 民族视域下的澳大利亚文化研究及其"反英"本质

一 澳大利亚文化研究：民族意识

尽管约翰·佛柔认为"澳大利亚文化研究"这一称谓具有误导性，格雷姆·特纳等人指出，澳大利亚文化研究的非中心性、多元性，但澳大利亚文化研究获得认同和追捧却是通过作为一个整体与别国文化研究进行比较实现的。澳大利亚文化研究首先作为一个民族标识被认知和关注,而澳大利亚文化研究的贡献则是对这一标识的确认和肯定。从文化研究关涉的对象来看,澳大利亚文化研究的独特性就在于其对本土文化现象的研究和关注。在佛柔和墨美姬看来:"澳大利亚文化研究中最有独创性的工作更感兴趣的是象征行为具体形式的含义,以及文化实践的具体后果,而不是为了证明老一套文化理论的不足之处。"① 这些"象征行为的具体形式"和"文化实践"包括多元文化主义、民族形象、原住民问题、电影政策、亚洲问题、移民问题,等等。而贯穿于所有这些"具体形式"和"文化实践"的是澳大利亚文化研究的民族意识。即是说,澳大利亚文化研究并不是十分关注理论探索和反思,而是将理论作为分析和探讨本国文化现象的工具。

在澳大利亚文化研究的几乎所有领域,民族问题都是学者们关注的核心问题。格雷姆·特纳指出:

> 在文化生产的任何一个领域里,文化分析家们都面临着围绕民族观念的一套复杂的联盟——左派的观念:在历史上跟激进的民粹主义的民族主义相关,但在很多场合又对其非常反感;右派的观念:在历史上厌恶民族主义,但又用挑剔的、华而不实的言语来顺应它,监督"文化标准",着重精英胜过平民、国际的胜过国家的、普遍的胜过国际的。如果我们进入一个特别的领域,如澳大利亚的电影和电视行业,就不难证明,民族的具体概念,以及在过去二十多年里和本土产业复兴的过程中,民族电影产业的具体概念起到了怎样实质性的、复杂的意识形态的作用。②

---

① John Frow and Meaghan Morris (eds.), *Australian Cultural Studies: A Reader*, Sydney: Allen & Unwin, 1993, introduction, xii.
② [澳] 格雷姆·特纳:《"为我所用":英国文化研究、澳大利亚文化研究和澳大利亚电影》,陶东风主编《文化研究精粹读本》,中国人民大学出版社2006年版,第56页。

澳大利亚学界对民族问题的关注源自其对本国民族认同的焦虑。这种焦虑反映在学术研究领域的一个后果则是产生了澳大利亚研究。就研究方法而言，澳大利亚文化研究自然与澳大利亚研究有很大区别。在随后的分析中，我们可以看到澳大利亚文化研究同样具有民族认同的焦虑。在这里我们首先区分澳大利亚文化研究在方法和内容上关涉民族问题的几个维度。

首先，后殖民批评。这一方面主要是对澳大利亚民族独特性的挖掘、阐释和确认。澳大利亚一直试图摆脱英国文化的影响和控制，其基本途径是建构本土本真性——澳大利亚性。对澳大利亚性的寻求贯穿澳大利亚历史、文学、电影、绘画、音乐等诸多创作和研究领域。文化研究学者对这些领域的分析也集中于其对澳大利亚性的追寻和建构上。在某种程度上，关于澳大利亚性的追寻依旧属于澳大利亚研究的范畴。以澳大利亚性为核心的澳大利亚民族主义具有某种积极意义。正如托尼·本尼特所言："关于英吉利文化独特性的定义被资产阶级的国家概念所霸占，因此自尊的左翼批评家几乎不会为之而战斗，而在苏格兰和威尔士，情况则有所不同。在此情况下，正如在澳大利亚，民族文化界定的事实是在抵制外来文化势力的过程中出现并形成的。因此，这些问题带有政治色彩，而在其他国家语境中不是这样。"[①] 电影研究批评国外电影"东方主义式"的扭曲和展示澳大利亚形象、本国电影对澳大利亚独特形象的挖掘和塑造，大众文化研究对澳大利亚文化独特性的强调都采取了后殖民批评的视角。后殖民批评尤其注重站在民族主义立场上比较澳大利亚与英国——有时候包括美国——文化的差异。后殖民批评的视野往往会导向对澳大利亚民族神话的推崇。

其次，民族建构的分析。这一方面主要关注澳大利亚性在不同文

---

① 转引自［澳］格雷姆·特纳《"为我所用"：英国文化研究、澳大利亚文化研究和澳大利亚电影》，陶东风主编《文化研究精粹读本》，中国人民大学出版社2006年版，第53—54页。

化领域的建构与塑造。这是典型的文化研究方式——以文本分析为基础，解读其蕴含的意识形态意涵。民族建构分析与后殖民批评有两个基本区别：第一，它不注重挖掘和探索澳大利亚性，而是聚焦澳大利亚性在不同文本中的建构；第二，它不注重与其他国家的比较，而只注重本国文本。文学研究、电影研究、大众文化研究、媒介研究等文化研究维度都介入对澳大利亚的民族建构分析。民族建构分析的基本方式是透过文本结构、意义潜势点解析意义的生产与建构，对民族性格、民族精神、价值观念的塑造。这种意义的生产与建构一般被认为是意识形态的，并且受到意识形态的操控。因此，从文本分析到意识形态解读也是文化研究推进的基本路径。通常而言，意识形态往往与意识形态国家机器有关。意识形态国家机器通过控制表征的生产以及引导意义的解释方式以实现意识形态控制的目的。本书将通过澳大利亚学者的文学研究、大众文化研究、媒介研究等揭示其对澳大利亚民族建构的分析，通过解析电影研究介绍意识形态国家机器如何介入和引导国家形象的塑造。

最后，民族性批判与解构。民族建构分析揭示出澳大利亚性的非本质性和建构性。同样的，通过民族建构分析可以发现澳大利亚性建构过程中的意识形态引导以及霸权特征。澳大利亚性完全与白人性相等同，以男性之间的伙伴情谊为基本内核。这就完全排斥和压制了女性、土著以及移民文化与特色。女权主义、土著研究和移民研究纷纷借助文本分析的方式批判澳大利亚性对自身的排斥。女权主义借助社会性别这一概念强调澳大利亚历史对女性形象、女性性格的建构、塑造与排斥；土著研究借助土著主义这一概念凸显澳大利亚白人对原住民的想象、扭曲和压制；移民研究通过分析白人文化独特的建构载体（板球、冲浪、酒吧等）强调自身的不能融入和边缘地位。这三种研究又试图分别构建自身独特属性——女性、土著性、族裔性——以对抗澳大利亚白人性的霸权。

澳大利亚文化研究关涉民族问题的这三种方式将构成本书分析的基本框架。澳大利亚文化研究涉及的诸多维度将融于这一分析框架之中而不做单独阐述。

二 澳大利亚文化研究："反英"本质

澳大利亚文化研究对本土文化现象的专注本身就意味着挑战英国文化研究的霸权——展示本土文化研究的特殊性。不过，在塔尼亚·刘易斯看来，对澳大利亚文化研究作为国际文化研究领域一场独特知识运动的承认发生于一系列文化研究理论家试图挑战文化研究起源神话的叙事之时，也即突出澳大利亚文化研究对英国文化研究的修正和冲击。这从某种程度上指出了澳大利亚文化研究对国际文化研究的贡献。格雷姆·特纳指出："澳大利亚文化研究对国际文化研究的贡献首先是挑战了80年代后半期北半球文化研究热中出现的一种不言自明的假设：英美的文化研究具有普遍性的，可以放之四海而皆准。"[①] 特纳这一论述的背景是20世纪90年代初期文化研究领域举办的一系列以后殖民主义为主题的会议。这些会议包括：1990年在美国伊利诺伊香槟分校举办的"文化研究的现在与未来"（"Cultural Studies Now and in the Future"）会议，1991年在澳大利亚弗里曼特尔举办的"拆毁弗里曼特尔"（"Dismantle Fremantle"）会议，1992年在中国台湾举办的"国际轨迹"（"International Trajectories"）会议，1993年在澳大利亚格里菲斯大学举办的"后殖民的形构"（"Postcolonial Formation"）会议等。这些国际学术会议的核心议题是要摧毁英美文化研究的统治和

---

① ［澳］格雷姆·特纳：《大洋洲》，托比·米勒主编《文化研究指南》，王晓路等译，南京大学出版社2009年版，第209页。

霸权地位，承认不同地域文化研究的独特性和差异性。它们增强着这样一种意识："来自于并因此与众多和多样的文化和民族语境相联系的文化研究具有理论化实践的多样性。"①

　　澳大利亚文化研究虽然受到英国文化研究的直接影响，却被看作在许多方面具有自身特色的知识形式。这些特色不仅指澳大利亚文化研究不具有一个核心机构这种外在的表现形态，还包括：澳大利亚文化研究具有强烈的现实指向以及实践性。"澳大利亚文化研究中最有独创性的工作更感兴趣的是象征行为具体形式的含义，以及文化实践的具体后果，而不是为了证明老一套文化理论的不足之处。"② 澳大利亚学者对官僚女性主义、文化政策的研究，充分反映了澳大利亚文化研究的实践性和现实关涉。此外，澳大利亚文化研究不像英国文化研究那样关注阶级问题，而将关注的重心锚定在民族问题上。英国文化研究的学者关注工人阶级的形成、识字对工人阶级的作用、青年亚文化等方面，澳大利亚学者却基本上不会关注本国的阶级分化、亚文化问题，即使关注大众文化也将阐述的锚点放在其对澳大利亚民族文化/形象的建构作用上。这些特色凸显了澳大利亚文化研究的独特性，成为学者塑造澳大利亚文化研究"反英"形象的重要参照。

　　不过，"反英"这一问题可能不只是澳大利亚文化研究的意义赋格。它可能是文化研究自带的一种属性。莫纳什大学新闻学院副教授，《延续》杂志编辑马克·吉布森在《澳洲文化研究的神话》《文化与权力：文化研究史》等著述中对这一问题进行了详细阐述。在吉布森看来，尽管我们会把威廉斯、霍加特、汤普森看作文化研究的奠基人，但是，后来者在从事文化研究时却很少采用威廉斯和霍加特经验主义

---

① Graeme Turner, *Nation, Culture, Text: Australian Cultural and Media Studies*, London & New York: Routledge, 1993, p. 3.

② John Frow and Meaghan Morris (eds.), *Australian Cultural Studies: A Reader*, Sydney: Allen & Unwin, 1993, introduction, xii.

的方法。"威廉斯与霍加特有时被人以一种后女权主义式的嘲讽称为'文化研究之父',但是如果我们非要用一种宗法式的性别关系作比喻的话,还是称他们为'文化研究之母'更为准确。他们最大的贡献,不过是为别人的精子提供了着床的地方。"① 这一受精的过程即是欧洲马克思主义和结构主义引入英国文化研究的过程,而其结果则是斯图亚特·霍尔所谓的从文化主义的文化研究向结构主义的文化研究的范式转变。

威廉斯和霍加特的研究本身就已经开始与英国思想传统发生断裂。"回顾历史,它们与自己置身于其中的思想传统的'断裂'和它们与传统的连续性相较,即使不能说前者较后者更为重要,也应该说一样的重要。"② 然而,威廉斯和霍加特的文化研究是以经验主义的方式关注现实生活这一活生生的领域,并且关注的重点是现实生活中的具体事件,思考交叉与经验和具体事件的意义和价值。威廉斯和霍加特同样关注权力问题,不过,他们关注的是暴力、剥削、压迫等具体的社会冲突,也即不同社会冲突中的权力关系、关系的双方、要解决的问题、体现的意义和价值是不同的。权力是复数。而 E. P. 汤普森则开始将目光转向欧洲大陆,推崇欧洲大陆理论。"传统(如果真存在一种传统的话)是一种颇具英国特色的现象……如果威廉斯当初把眼光放到英国之外,他很可能会发现有一个完全不同的球队在场上跟自己对抗,从维科到马克思到韦伯和曼海姆,跟这些人相比,他自己的球队有时看起来就像是一群业余水平的绅士。"③ 路易·阿尔都塞、列维-施特劳斯的结构主义理论被引入英国文化研究之中。于

---

① [澳]马克·吉布森:《文化与权力:文化研究史》,王加为译,北京大学出版社 2012 年版,第 62 页。
② [英]斯图亚特·霍尔:《文化研究:两种范式》,罗钢、刘象愚主编《文化研究读本》,中国社会科学出版社 2011 年版,第 52 页。
③ E. P. Thompson, "The Long Revolution",转引自[澳]马克·吉布森《文化与权力:文化研究史》,王加为译,北京大学出版社 2012 年版,第 94 页。

是，按照霍尔的说法，威廉斯、霍加特基于经验和对具体事件的研究开始受到质疑以及边缘化。"在'文化主义'中，经验——'活生生'的领域——是基础，意识和条件在其中相互交叉；而结构主义却强调'经验'不能被定义为任何东西的基础，因为人们只能在文化范畴、分类和框架之中并通过它们去'生活'，去体验自身的生存条件。然而，这些范畴并不源自或存在于经验之中，而经验倒是它们的'结果'。"① 汤普森之后的文化研究不再止步于将个人经验或具体现象普遍化为集体经验或普遍现象，而是进一步探究笼罩在这些经验、现象之上的结构——意识形态或权力结构。父权制、帝国霸权、统治阶级意识形态等一般化的权力概念成为透过具体现象追溯的最终对象。

阿尔都塞等人的结构主义、意识形态理论引入之后，英国文化研究完全改变了威廉斯、霍加特的"文化主义"传统，之后的文化研究完全变成了"反英"式的了。这当然更有利于我们理解澳大利亚文化研究的定位问题：

> 采用这一个更广阔视角的一个益处是它将有助于解释为什么澳大利亚在文化研究领域经常扮演国际化的欲望的客体。虽然一个英语国家具有盎格鲁类型的（Anglo-derived）制度形式，它同样表现为某种程度上超越英国性（Englishness）的舞台。许多要素有助于这种情况：早期，以及相当复杂的，采用欧洲理论；亚洲—太平洋地理位置；围绕多元文化主义的政治的发展；或结合，或采纳，土著人民立场的可能。这些因素共同创造了一个超越了澳大利亚自身的具有重要意义的强力指涉领域。他们促成可以被

---

① ［英］斯图亚特·霍尔：《文化研究：两种范式》，罗钢、刘象愚主编《文化研究读本》，中国社会科学出版社2011年版，第60页。

称为澳洲文化研究神话的形成。①

当然,马克·吉布森是带着强烈的学科反思意识看待文化研究的发展的。在他看来,文化研究从文化主义向结构主义的转变造成对权力一般化的诉求,这种诉求在后殖民主义、女权主义中又得到强化。文化研究对权力一般化概念的诉求正是文化研究庸俗化的表现。澳大利亚文化研究,作为一种独特的、不同于英国的文化研究形式,在关涉自身独特文化现象时,有助于打破文化研究庸俗化的趋势。

---

① Mark Gibson, "Myths of Oz Cultural Studies: The Australian Beach and 'English' Ordinariness", *Continuum: Journal of Media & Cultural Studies*, Vol. 15, No. 3, 2001, p. 280.

第二章 澳大利亚民族神话的建构和分析

如上一章所言,澳大利亚文化研究受英国文化研究的直接影响却携带一种强烈的民族主义情绪,构成对英国文化研究霸权的冲击和反叛。澳英两国文化研究的关系直接反映了两国的政治文化关系。对这种关系的直接阐述是后殖民批评的核心议题。澳大利亚后殖民批评通过对文学的解读确认反抗文化霸权的民族独特性,在对独特性建构与运行的反思中与文化研究叠合。从后殖民批评到文化研究,不仅涉及研究方向的转变,还从对文学的痴迷转向对大众文化的聚焦。无论文学还是大众文化,都是表征澳大利亚民族独特性、反映和建构澳大利亚民族精神的领域,同样也是澳大利亚文化研究反思民族话语背后权力关系的对象。

第一节 民族文学、后殖民批评与澳大利亚本真性

一 民族文学与身份认同

"澳大利亚民族文学"是澳大利亚文学批评史上弥久而持续受到关注的问题。1876年,马库斯·克拉克(Marcus Clarke)在亚当·戈

顿（Adam Gordon）的诗歌中看到一种诗歌的民族流派开端的可能；1896 年，A. G. 斯蒂芬斯强调亨利·劳森和班卓·帕特森的诗歌标示了澳大利亚民族诗歌的到来；1935 年，P. R. 史蒂芬森（P. R. Stephensen）宣称伴随着澳大利亚文化的发展，澳大利亚正站在自我意识和澳大利亚民族性发展的开端。一直到 20 世纪 70 年代，"澳大利亚民族文学"都在被持续宣称却从未真正实现。①

对澳大利亚民族文学的吁求内蕴一种浪漫主义观点。这种浪漫主义观点认为文学是民族精神的表达，反映并表达了民族独特性。戴维·卡特（David Carter）总结到：

> 文学之所以具有这种令人兴奋的作用，因为它看起来与地点和民族具有更加有机的关系：它（地点和民族）是"艺术的根基和土壤"。在这种论调之后有一种进化的观点，强调环境对民族性格的影响，尤其在"没有历史"的"新"国家更是如此。一种新文学将从一个新环境中产生；环境将通过文学表达自己"土壤的独特风味"。②

19 世纪 90 年代的文学（艺术）被奉为澳大利亚民族文学的经典，因为这一时期的文学最符合民族文学的假设。亨利·劳森、班卓·帕特森、约瑟夫·弗菲（Joseph Furphy）等澳大利亚"本土之子"的创作被看作真正以澳大利亚人的眼光看待澳大利亚。万斯·帕尔默如是描述亨利·劳森。"劳森总是用锐利的眼光和洞察人心的心灵判断人们，他的看法和人们看待身边生活的观点从来都没有区别，他在自己简短而

---

① 这方面的梳理参见 David Carter, "Critics, Writers, Intellectuals: Australian Literature and its Criticism", 韦比编《澳大利亚文学（影印本）》，上海外语教育出版社 2003 年版，第 260 页。
② David Carter, "Critics, Writers, Intellectuals: Australian Literature and its Criticism", 韦比编《澳大利亚文学（影印本）》，上海外语教育出版社 2003 年版，第 261 页。

不强调的作品中，破天荒让澳大利亚人了解了自己。"① 在劳森等人的创作中，澳大利亚人了解了自己的祖先——丛林人（bushman）、剪羊毛工人、采矿工，看到了周围的风景——灌木林和金合欢树，知道了什么是典型澳大利亚人，理解了本民族的性格——伙伴情谊（mateship）。

环境的差异衍生了民族文学的独特性。在一个定居者殖民地国家，对独特性的强调支撑着反殖民的民族主义意识。这正是这一时期以《公报》为核心的作家和批评家的基本信念。澳大利亚第一位"专职"批评家、《公报》主编 A. G. 斯蒂芬斯将澳大利亚独特的环境看作民族自豪感的源泉。"看开满花的桉树在微风中摇曳……就是在接受美学教育……一句话，让我们注视着我们的国家吧……通过明亮的澳大利亚人的眼睛，而不是透过因偏见而变的模糊的英国眼镜，世界上再也没有这样漂亮的国家了。"② 反映和呈现了澳大利亚本土独特性的文学是"明亮的澳大利亚人的眼睛"，注视着自己国家"开满花的桉树在微风中摇曳"。如果环境构成对本国居民的"美学教育"，那么，反映环境差异性的文学必将成为澳大利亚民族自豪感的源泉。因为，"以澳大利亚为例，环境在民族身份认同中是关键因素"③。

A. G. 斯蒂芬斯及其主编的《公报》对推动澳大利亚民族主义具有十分关键的作用，他对环境、文学、民族认同关系的强调是同时代及以后批评家共享的逻辑。不过，对同时代作家及批评家来说，澳大利亚可能并非仅仅漂亮和美丽。相反，它酷烈、阴郁、暴躁、危机四伏、充满敌意、随时"吸收"子民性命。在亨利·劳森等作家那里，她是狂暴的母亲。她的子民无论在社会还是在自然中生活/生命都无法

---

① ［澳］万斯·帕尔默：《澳洲民族形象：25 个卓越人生》，郭著章、郭丽君译，武汉大学出版社 2015 年版，第 199—200 页。

② 转引自［澳］里查德·怀特《创造澳大利亚》，杨岸青译，杨志达校，云南人民出版社 1999 年版，第 126 页。

③ Susan K. Martin, "Landscape and Australian Fiction",［澳］卡特、王光林编《澳大利亚文学批评和理论》，中国海洋大学出版社 2010 年版，第 43—44 页。

获得保证。"无法稳定拥有土地，采矿不安全，工作不稳定；贫寒的住房，与富人斗争，流动的散工，酗酒，厌女，欺诈，伙伴情谊，结婚，恶作剧，感伤，受伤和自杀。这是一片永恒存在的土地，尽管环境恶劣，伴随着火灾、洪水和干旱，但它绝不是'一片广袤而荒凉的荒野'。"① 澳大利亚不是一片毫无希望的荒野是因为在"本土之子"笔下，酷烈的环境磨砺了她的子民崇高的品质——沉默、坚韧、平等而相互扶持、结成伙伴情谊。澳大利亚作家对自然及生活于其中的人民的描写在之后不断被历史学家、文学批评家编码成民族精神。万斯·帕尔默就赋予这个在艰苦环境中产生的民族以高贵品质：

  如果澳大利亚只有在其表面看到的品质，它将遭到毁灭……但是澳大利亚具有与欧洲帝国主义的这些泡沫截然不同的、隐蔽的和不太明显的精神。它诞生于祖国自身的瘦瘠的生殖器……已经独立培养出了一种坚韧的精神。它可能愤世嫉俗，空想连篇，沉默寡言，但它是所有真正属于这儿的人的澳大利亚……在创造将要成为未来文明社会基础的人人平等的思想方面……它为世界作出了一定的贡献……我们将是在比我们迄今为止生活过的更广阔的世界的成年人。②

亨利·劳森、班卓·帕特森等作家对澳大利亚环境的描写成为真实澳大利亚的表征，人们在处理与环境的关系中展现的精神面貌被神话而化为传奇，进而进入历史。无论是耐蒂·帕尔默、凯斯·汉考克还是万斯·帕尔默、卢塞尔·沃德、A. A. 菲利普斯都将"90年代的

---

  ① ［澳］瑞文·康奈尔：《南大洋的海岸——逐步迈向具有现代性特质的世界社会学》，詹俊峰译，《文化研究》2013年第16辑。
  ② 转引自［澳］里查德·怀特《创造澳大利亚》，杨岸青译，杨志达校，云南人民出版社1999年版，第192—193页。

传奇"看作真正澳大利亚的开端。环境的差异衍生民族气质的差异，这种差异性被看作澳大利亚民族的根基。

二 逆写帝国：民族独特性与对文化霸权的反抗

尽管澳大利亚文化民族主义者和历史学家对本民族文学充满兴趣。在大学教育中，本土文学依旧很难占据一席之地。与英国（欧洲）经典文学相比，澳大利亚民族文学被英语系学者和教师看作缺乏文学性和人文精神内涵，不值得进行研究和应用于教学。20世纪60年代后，以文本分析为核心的利维斯主义和新批评在澳大利亚学术界的兴起更加剧了这一偏见。这种情况在1978年发生转变。在这一年，澳大利亚大学的文学专业协会——澳大利亚文学研究协会（Association for the Study of Australian Literature，ASAL）——在莫纳什大学举办第一次学术会议。澳大利亚文学研究协会成为澳大利亚学者抵制英联邦文学体系和研究标准，关注澳大利亚本土文学的重要突破。同样是在1978年，一个新词语——"后殖民主义"——开始出现，并用来描述澳大利亚作家的创作。在评论阿尔伯特·温特（Albert Wendt）时，海伦·蒂芬（Helen Tiffin）指出：

> 温特的写作，像那些同时代澳大利亚、加拿大、西印度群岛、新西兰和非洲作家一样，基本上是后殖民的。因为，他的作品的主题和手段都与殖民和帝国的经历密切相关。他运用英语探索民族独立、殖民地与宗主国之间的想象关联、殖民地的反抗，立足祖先留下来的文化价值以及20世纪的殖民错位进行自我界定。[①]

[①] Helen Tiffin, "'You Can't Go Home Again': The Colonial Dilemma in the Work of Albert Wendt", *Meanjin*, Vol. 37, No. 1; April 1978, p. 119.

海伦·蒂芬使用这一词语是为了将其与民族主义这一称谓进行区分。在蒂芬看来：

> 在过去，澳大利亚文学批评经常声称或暗示一种与英国传统的比较。即使是文学民族主义者，在反对宗主国传统中，也变得沉迷于它。因此，我们试图寻找更合适的批评标准，依据这些标准评价我们的文学，这经常以文学中什么是独特澳大利亚的形式出现。这不需惊讶。①

蒂芬所谓的民族主义的比较方法实际指将澳大利亚文学与英国文学进行比较，在澳大利亚文学中寻找英国文学的影子（与英国文学类似的东西）。当批评家这样做时，就以英国文学批评标准衡量澳大利亚文学，难以凸显澳大利亚本民族文学的独特性。事实上，蒂芬对后殖民的解释与我们对民族文学的理解完全契合。例如，她将威廉姆·钮（William New）的《全世界》（*Among Worlds*）看作后殖民文学的典范，并解释道，它"沿着与英国模式完全不同的路线开始和发展，以在欧洲本土传统中很难发现的方式有意识地关注他们自己社会的成长和发展"②。蒂芬的这一解释有两个需要注意的地方：与英国不同的模式和对本土的关注。这实际上也是澳大利亚民族文学关注的两个方面。

文学与本土的联系构成了后殖民批评的核心问题。这一核心问题在 1989 年出版的第一部系统阐述后殖民批评的著作——《逆写帝国：后殖民文学的理论与实践》——中得以明确展现。蒂芬及其合作者比

---

① Helen Tiffin, "Rev. of *Commonwealth Literature* by William Walsh, *Literatures of the World in English*, ed. by Bruce King, *Among Worlds* by William H. New, and *The Commonwealth Writer Overseas* ed. by Alastair Niven", *Australian Literary Studies*, 8：4, (October 1978), p. 512.

② Helen Tiffin, "Rev. of *Commonwealth Literature* by William Walsh, *Literatures of the World in English*, ed. by Bruce King, *Among Worlds* by William H. New, and *The Commonwealth Writer Overseas* ed. by Alastair Niven", *Australian Literary Studies*, 8：4, (October 1978), p. 516.

尔·阿希克洛夫特、格瑞斯·格里菲斯以一种不同于爱德华·萨义德的方式关注殖民主义阴影下的殖民地文学。他们重新定义了后殖民文学、区分了后殖民批评的不同模式、阐述了后殖民批评关注的主要问题。《逆写帝国》将美国、加拿大、澳大利亚、新西兰等因移民而形成的殖民地称为"定居者殖民地"（Settler Colonies），并解释道，"美洲、澳大利亚和新西兰的白人定居者需面对建立'本土性'的问题，并将它与续存的欧洲传承观区别开来……定居者殖民地需要创建本土性，用爱默生的话来说，去发现他们所谓的'与世界的本原关系'"①。后殖民批评认为，定居者自欧洲带来的经验、语言、文化习俗难以运用于新环境，在经验、语言、文化习俗与新环境之间出现了错位。这种错位的后果导致定居者的疏离感。在三位作者看来：

> 辨别这种疏离感的最普遍的话语实践，就是对"地方"的建构。地方经验与表述这种经验的语言之间的差距，构成了后殖民文本经典而普遍的特征。这种差距产生于以下情形，即当自己的语言不足以描述一个新地方时，或自己的语言系统被奴隶制摧毁了，或自己的语言被殖民权力语言的优势所强行取代。这些情形的彼此混合，即可描绘所有后殖民社会的状况。在每一种情况下，疏离感都是不可避免的，除非殖民者的语言被重置或挪用为地方英语。②

造成定居者与澳大利亚大陆疏离感的是侵入的英语不足以表达定居者的经验。无论是独特的动植物还是与北半球完全相反的四季时序

---

① ［澳］阿希克洛夫特等：《逆写帝国：后殖民文学的理论与实践》，任一鸣译，北京大学出版社2014年版，第128—129页。
② ［澳］阿希克洛夫特等：《逆写帝国：后殖民文学的理论与实践》，任一鸣译，北京大学出版社2014年版，第9页。

都挑战着英国殖民者固有的知识体系。在欧洲殖民者看来，澳大利亚是自然开的一个"小小的玩笑"，是自然的"自娱自乐"。"一张既不能捅破又不能掀开的面纱笼罩在澳大利亚中部，四周被沙漠环抱，看起来似乎是自然故意把它自己从人类文明中隔绝起来，这样它就可以在地球的边缘有一块领地，可以在其中自由游走。"① 殖民者的语言和经验与澳大利亚环境的错位一方面会压制、排斥澳大利亚独特性，将其看作无序、混乱的场所——"从人类文明中隔绝起来"，需要启蒙、管理和统治；另一方面会造成定居者身份认同的危机。他将很难解释周围世界，不能建立与周围世界的本真联系，既不能融入陌生环境，也不能为陌生环境所接受。

定居者必须适应新环境，消除自身经验和语言与陌生环境的疏离感。语言及作为语言艺术的文学必将为新环境所捕获和改变而产生具有地方特色的语言/文学。这种具有地方特色的语言/文学固然会被看作地方和民族特色的表征，成为定居者殖民地民族意识的重要支撑，但却必然面临一个问题——与原语言/文学的关系。如果将原语言/文学看作标准语言/文学，那么改变的语言/文学就被看作变体、被污染的杂糅。从原语言/文学的角度看，这些语言/文学就是次等的、不标准的、不规范的，因此是不值得关注的，需要被排斥和舍弃。那么，被地方语言/文学表征的民族将会被宣布为次等和边缘的，需要受到标准/中心的统治。后殖民批评希望扭转这一等级结构。阿希克洛夫特等人宣称："后殖民文学理论产生于一种语言观，该语言观主张实践比语符更重要、'语言变型'比'语言标准'更重要。"② 后殖民批评以这样一种逻辑为"语言变型"辩护：环境独特性决定语言独特性；英

---

① 转引自［澳］凯萨琳·谢菲《丛林、性别与澳大利亚历史的重构》，侯书芸等译，广西师范大学出版社2010年版，第15页。

② ［澳］阿希克洛夫特等：《逆写帝国：后殖民文学的理论与实践》，任一鸣译，北京大学出版社2014年版，第170页。

国环境与澳大利亚环境没有高低等级之分，两种语言自然无所谓高低贵贱。

比尔·阿希克洛夫特在《澳大利亚文学是后殖民的吗？》一文中总结了宗主国管理殖民地文化以及殖民地反抗宗主国文化统治的三个维度：地点（place）、语言（language）和历史（history）——这三个维度也构成了《逆写帝国》一书的基本构架。

地点：宗主国的教育系统和文化霸权会导致殖民地人民否认关于本地体验的真实性，也即错置（displacement）。殖民地人民接受宗主国关于特定时间地点的观念，认为宗主国的场景、发生的事件比本地的场景、发生的事件更真实。这导致的结果是虽然澳大利亚学生几乎没有看到过雪，但他们写作文时会写堆雪人，加勒比地区的学生则会写关于"甘蔗田里的雪"的故事。"这种错置，由地点和表现地点的帝国话语的不协调造成的神秘现象，是所有殖民地共享的现象，虽然以不同的方式共享，但确实共享着。"① 当然，地点还包括边界（boundaries）和绘图与命名（mapping and naming）。地理的边界往往象征着内部与外部的区分、野蛮与文明的区别；绘图和命名则是帝国控制世界的一种重要手段。

语言：《逆写帝国》中指出："语言作为权利媒介，其关键作用就是要求后殖民写作通过掌握帝国中心的语言，并且将它重置于一种完全适应于殖民地的话语中，从而实现自我界定。"② 有两种基本策略。第一种，对帝国文化类别、美学标准、语言标准用法的拒绝和摒弃，即对帝国语言优势的否定。第二种是挪用帝国语言以表达自己的经历、思想。弃用与挪用往往是同步进行的，弃用帝国语言的普遍性，以本

---

① Bill Ashcrcroft, "Is Australian Literature Post-Colonial?", 卡特、王光林编《澳大利亚文学批评和理论》，中国海洋大学出版社2010年版，第5页。

② ［澳］阿希克洛夫特等：《逆写帝国：后殖民文学的理论与实践》，任一鸣译，北京大学出版社2014年版，第35页。

土习惯挪用帝国语言以为自己所用。

历史：殖民地的历史叙事往往被纳入宗主国的历史叙事中，成为宗主国开疆拓土、展示自身强大和文明、塑造自身民族优越性的注脚。在宗主国的历史叙事中，其对殖民地的入侵往往被表述为光明驱散黑暗、播撒文明种子的过程。同时，在历史叙事中，殖民地自身的历史预设和发展进程的目标消失了，被纳入宗主国历史书写的进程中。而当殖民地开始关注自身历史进程和叙事时，也就开始了自身的后殖民批评——反抗宗主国的文化霸权。因此，20世纪60年代澳大利亚民族主义风起云涌的时候，万斯·帕尔默等人的历史著作成为塑造澳大利亚民族独特性的重要手段。

这三个方面相互关联，其关涉的基本维度是后殖民批评所聚焦的标准语言/文学与变异语言/文学、语言/文学与民族国家的关系问题。后殖民批评家强调语言变异、文学描写与本土环境相契合，这种变异的与环境契合的语言和文学才能真正描述定居者的真实经验。可是，适应民族独特性的语言和文学往往被宗主国的标准语言/文学排斥、压制、摒弃。宗主标准语言/文学的规范成为阻碍殖民地语言/文学获得自我和他人认同的根本障碍。后殖民批评家一方面称赞和要求本土作家挪用宗主国的语言/文学以契合本土经验；另一方面又为这种变异的语言/文学辩护，强调他们的"本真性"特色，批判宗主国语言/文学规范的霸权性。

与民族主义文学批评一样，后殖民批评挑战文化霸权的基础也是对本国独特性/本真性的确认，以之为基础，后殖民批评家才能堂而皇之地为澳大利亚语言/文学对英帝国语言/文学的"摒弃"和"挪用"辩护。变异语言/文学能更好地表征定居者在特殊环境中的真实体验。可是，正是在表征与真实体验/环境特殊性之间，阿希克洛夫特等人的后殖民批评理论受到挑战。

三 梦的黑暗面：本真性的建构特征及其意识形态意涵

澳大利亚，如同其他定居者殖民地，面临一个核心问题：定居者与土著居民的关系。这一方面表现在定居者运用和融合土著语言、文化、美学去建构澳大利亚本土性。20世纪三四十年代的津狄沃罗巴克运动（Jindyworobake）便是定居者挪用土著文化发展澳大利亚本土美学的积极尝试——"Jindyworobake"在澳洲土语中是"兼并、联合"的意思。但是，定居者毕竟只是挪用而非完全融入土著语言和文化。土著语言和文化相对于定居者与土地/环境的关系无疑更为直接和密切。"澳大利亚土著作家这一颠覆力量的源泉，来自传统本土文化中关于文本的独特概念。大地本身构成了梦想之文本，而该文本又与每一个个体的生活和经验密切相连。土著画家并不以'欧洲的'方式展示空间或视觉，而是将梦想的神话年代及其在大地上的体验象征化。土著艺术及其表演是对'写在'大地上的神话经验文本的再创造。"[①]当定居者挪用土著语言和文化以建构不同于欧洲的本真性时，杂糅语言/文化与土著语言/文化、杂糅语言/文化表征的本真性与土著语言/文化及其表征的本真性的关系就成为需要思考的问题。这不仅是表征问题，更是历史事实。在澳大利亚历史上，本土性这一概念并不对应原住民。在澳大利亚联邦成立时期，

> 澳大利亚本土协会会员甚至被剥夺了土著人的土著身份，将本土的概念只用于那些在本土出生的欧洲人。然而，土著人问题一直是令白人的良心感到不安的问题。怜悯之心更多的是来自那

[①] ［澳］阿希克洛夫特等：《逆写帝国：后殖民文学的理论与实践》，任一鸣译，北京大学出版社2014年版，第137页。

些侵占者，而宿命论减轻了慈善机构的负担。早年的人道主义者致力于减轻那些受害者消逝时的痛苦。在悲观的预期中，他们宣布有责任为行将就木的种族抚平枕头。①

澳大利亚民族主义者和阿希克洛夫特等后殖民批评家强调的本土性符合历史事实。他们的研究成为排斥原住民的文化要素。澳大利亚后殖民批评的另一部力作——1991年出版的鲍勃·霍奇（Bob Hodge）和韦杰·米什拉（Vijay Mishra）的《梦的黑暗面：澳大利亚文学与后殖民意识》（*Dark Side of the Dream*：*Australian Literature and the Postcolonial Mind*）——直面民族主义和后殖民主义，揭示其与殖民主义既对抗又同谋的复杂关系。《逆写帝国》如是界定"后殖民"："本书中所使用的'后殖民'一词，涵盖了自殖民开始至今，所有受到帝国主义进程影响的文化。那是因为欧洲帝国主义在侵略过程中的关注点有其连贯性。"② 在霍奇和米什拉看来，阿希克洛夫特等人对"后殖民"的理解和界定在两方面走向了逻辑的普遍化。首先，《逆写帝国》不是从时间上界定后殖民主义，而是将其界定为隐藏在所有殖民主义下的某种趋势，这种趋势贯穿殖民时期和殖民之后，并被普泛化为本质上是反抗的；其次，当作者试图建构后殖民研究的系统体系时，忽略了不同地域的差异性。对霍奇和米什拉来说，澳大利亚的后殖民主义状况就可以构成对《逆写帝国》理论预设的挑战。

霍奇和米什拉首先在《梦的黑暗面》前言中举了一个例子——1988年澳大利亚两百年庆典。无论澳大利亚官方还是民间都对这一庆典饱含热情，举办各种活动，积极参与。但是，两百年庆典庆祝的是

---

① ［澳］斯图亚特·麦金泰尔：《澳大利亚史》，潘兴明译，东方出版中心2009年版，第134页。
② ［澳］阿希克洛夫特等：《逆写帝国：后殖民文学的理论与实践》，任一鸣译，北京大学出版社2014年版，第1页。

英帝国侵入澳大利亚的时刻（1788年），而非澳大利亚取得民族独立的时刻（1901年）。在两位作者看来，这反映了澳大利亚独特的历史观。一方面，时间被延展，给予比民族所拥有的更长的历史，但同时，时间被缩减和并置为两个时刻：白人先驱踏入这片土地的时刻和当前观众狂欢的时刻。两位作者指出："很明显，潜藏在对侵略和早期历史庆祝之下的是存在于民族自我形象核心的严重焦虑和对合法性问题的痴迷。"①

在澳大利亚民族认同建构以及合法化过程中，其不仅宣称了与"母国"的决裂，同时与"母国"的霸权事业处于某种同谋关系。霍奇和米什拉借用美国历史学家路易斯·哈茨（Louis Hartz）的理论指出，作为定居者殖民地，澳大利亚是英帝国扩张时剥离的"碎片"。以这一"碎片"为基础建立国家，必然沿袭和复制"母国"对外扩张的诉求。因此，定居者既有脱离"母国"的愿望，在面对澳大利亚原住民和其他国家移民（尤其是亚洲移民）时，又承袭"母国"殖民扩张欲望和白人至上观念。但是，"土著人问题一直是令白人的良心感到不安的问题"，这一问题时刻提醒澳大利亚白人的"非本土性"和入侵者本质。

霍奇和米什拉指出："梦的黑暗面是压迫的领域。正是在那一面——被禁止、镇压和'不可言说'——另一种文化史被耗尽。"②"禁止""镇压"是殖民手段，澳大利亚白人定居者通过屠杀和驱赶、保护和驱离、同化和融合从肉体和精神上消除原住民的痕迹;③"不可言说"是文化压制，白人定居者在建构民族身份认同过程中，剥夺了

---

① Bob Hodge and Vijay Mishra, *Dark Side of the Dream: Australian Literature and the Postcolonial Mind*, North Sydney, NSW: Allen & Unwin, 1991, preface, x.

② Bob Hodge and Vijay Mishra, *Dark Side of the Dream: Australian Literature and the Postcolonial Mind*, North Sydney, NSW: Allen & Unwin, 1991, p. 204.

③ 关于澳大利亚土著政策的演变，参见王宇博等《世界现代化历程·大洋洲卷》，江苏人民出版社2011年版，第482—493页。

土著居民自我表达的权力。霍奇和米什拉以东方学的视角解读了澳大利亚文学对原住民的表征和对澳大利亚民族的建构。

首先，对原住民的表征。澳大利亚文学对原住民的表征可划分为三个阶段。20世纪二三十年代种族灭绝时代的浪漫传奇文学，以凯瑟琳·普里查为代表的作家以浪漫想象的方式描述土著居民及其生活，将其看作澳大利亚特色的表征；"二战"之后的反讽史诗文学，以托马斯·基尼利为代表的作家以嘲讽的笔调描述土著居民对白人的压迫；20世纪60年代寓言史诗文学，以获得诺贝尔文学奖的帕特里克·怀特为代表的作家将土著居民的痛苦升华为全体人类普遍的痛苦体验。澳大利亚三个时期文学都没有体认土著居民自身的经验，完全站在白人立场构建土著话语，将其作为确认自身的证据。在对土著居民经验的忽视与进一步建构中，白人作家与殖民主义共谋消解土著居民的独特性。

其次，对澳大利亚民族的建构。如两百年庆典所示，澳大利亚白人创作同样习惯追溯和表征早期殖民经验，不过，白人作家倾向表征定居者生存的艰苦和磨难。他们将定居者分为两类：代表英帝国的官僚阶级和丛林人、剪羊毛工人、罪犯、淘金人等为代表的底层人。白人作家将受剥削和压迫的底层民众描述为真正的澳大利亚人，携带着澳大利亚民族精神。马库斯·克拉克、内德·凯里（Ned Kelly）、亨利·劳森、班卓·帕特森等作家强调底层民众受到的压迫、悲悼他们遭受的苦难，并盛赞他们在遭受苦难时形成的独特品德。底层民众或许是侵入者，但同样遭受社会不公。"在很多澳大利亚人看来，后者既是罪犯又是牺牲品，澳大利亚社会的心理平衡有赖于这种双向的思考。"① 也即，澳大利亚文学家凸显先驱苦难以抵消其入侵者本质和掩盖原住民对本土的所有权。

民族建构的另一种方式是表征澳大利亚景观。澳大利亚文学在表

---

① 王腊宝等：《澳大利亚文学批评史》，中国社会科学出版社2016年版，第381页。

征本土景观时带有一种否定现实（negation of reality）的特征。这种特征可以细分为两个维度：作家虽然主要生活在城市却鲜少表现城市生活，而是执着于表现乡野景观；对乡野景观的表征带有很强的假想特征。定居者作家习惯通过旅行者呈现难以企及的高山、森林和沙漠的孤独场景。高山、森林、沙漠并不为旅行者所捕捉，它们是异己力量，在很多时候会吞噬（吸收）旅行者的生命。因此，它们并不真实。作家也并不在意自然景观的真实呈现，而是挖掘旅行者的心灵，展示其旅途的孤独。这类创作，"展示了看起来是穿越了不真实的空间与时间，混淆了现在与过去、城市与乡村、真实与虚幻、旅途与终点的幻影形象；展示了不会失败因为从不可能成功的形象。异己的创造者堆积起土地和财富的无尽隐喻，而这些只能加强他的孤独感。不能抵抗的土地被艺术家如同采矿工和牧民一样改造、开发，以表达澳大利亚生活的多灾多难的人类和社会后果"。[①] 通过这种描述，澳大利亚土地成为一种没有物理意义的想象，没有归属者，而是人类探险和磨难的场所。

霍奇和米什拉对澳大利亚文学以上两方面的解读揭示了澳大利亚民族身份认同的建构性和其对原住民话语的压制。如果澳大利亚民族身份认同构成了"阳光"一面，被其压制的原住民话语则成为"黑暗"面。事实上，在霍奇和米什拉看来，建构澳大利亚民族身份认同的澳大利亚传奇既不是澳大利亚现实，也不简单是不好的历史，同样不是阴险的意识形态诡计。它既是这三者，又不仅是这三者。"它是意识形态精华传输的工具，但同时可被持续用来作为一种批评工具，尤其作为它自身首要前提的批评工具。"[②] 例如，劳森的短篇小说被奉

---

① Bob Hodge and Vijay Mishra, *Dark Side of the Dream: Australian Literature and the Postcolonial Mind*, North Sydney, NSW: Allen & Unwin, 1991, p.161.

② Bob Hodge and Vijay Mishra, *Dark Side of the Dream: Australian Literature and the Postcolonial Mind*, North Sydney, NSW: Allen & Unwin, 1991, p.163.

为澳大利亚民族文学典范，但劳森的大多数小说却并不表现典型意义上的澳大利亚民族精神。他的《牧羊人之妻》("The Drover's Wife")盛赞女性品德而非男性，他的许多小说抨击男性的凶残和浅薄。

如果《逆写帝国》展示的是澳大利亚性的必要性和重要性，那么，《梦的黑暗面》则揭露了澳大利亚性的霸权和残暴。在澳大利亚学者的文化研究中，对澳大利亚性的关涉将不再是挖掘和描述，而是分析其建构的场所和方式，对澳大利亚性霸权和残暴的批评则从多维度进行。

第二节 "理论"与澳大利亚民族神话建构分析

后殖民批评在语言/文本/文学和地点/环境/民族之间建立起一种对应关系。前者被看作后者的衍生，反映后者独特性差异。只有当前者完全契合和反映后者时，才被看作民族文学的典范。后殖民批评对本土性/民族本真性的寻求类似于澳大利亚研究。文学及其反映的环境独特性被看作澳大利亚民族主义和后殖民批评反抗"母国"霸权的支点。霍奇和米什拉则通过对被宣称为展示澳大利亚本土性/民族本真性的文本进行研究，揭露其隐含的殖民文化霸权残余，也即，其建构民族身份认同过程中对原住民话语和经验的排斥和压制。霍奇和米什拉都是澳大利亚文化研究的代表学者，他们对澳大利亚民族建构性及其隐含意识形态的强调构成澳大利亚文化研究的基本问题。这一基本问题将在其他文化领域继续得到阐释。但是，要进行相关阐释，必须要了解澳大利亚文化研究方法的引入。

一 "理论"的引入与民族虚构

格雷姆·特纳将澳大利亚研究转向澳大利亚文化研究归咎于结构

主义、解构主义的引入。结构主义、解构主义以及符号学的引入促使澳大利亚学者开始思考澳大利亚民族精神/特性的构建,而非继续思考其是什么。结构主义、解构主义、符号学以及话语分析被澳大利亚学者统称为"理论"(theory)——如罗伯特·迪克逊(Robert Dixon)研究20世纪80年代澳大利亚文学批评的文章《扰乱批判系统:"理论"与20世纪80年代的澳大利亚批评》("Deregulating the Critical Economy: Theory and Australian Literary Criticism in the 1980s", 1999)。"理论"于1980年前后传入澳大利亚并为澳大利亚学者所接受。1981年的"符号学在/与澳大利亚"会议(Semiotics in/and Australia)和1984年的"未来秋会"(Futur * Fall Conference)为"理论"立足澳大利亚学术界做出突出贡献。① 澳大利亚学者对"理论"的热忱不在理论本身,而在其与本已存在思潮的结合,即是:

> 在欧美"理论"初入澳洲之时,澳大利亚的本土批评已经被女性主义、马克思主义荡涤,所以人们单纯对于结构和解构的理论热忱并没有持续很久,因为这些形式主义"理论"的锋芒即刻被用到了女性主义和马克思主义批评中,在澳大利亚的女性主义和马克思主义的影响之下,结构主义和解构理论与此时的澳大利亚文学批评的性别、阶级、种族、国家和文化联系在了一起,文本分析成了文学批评和文学批判的工具,传统的文学批评变成了

---

① 关于"理论"在澳大利亚的接受和传播参见:Anne Freadman and Meaghan Morris, "Semiotics in Australia", Thomas A. Sebeok and Jean Umiker-Sebeok (eds.), *The Semiotic Sphere*, New York: Plenum Press, 1986, pp. 1 – 18。关于"理论"对澳大利亚学术界的影响参见:Meaghan Morris and Anne Freedman, "Import Rhetoric: Semiotics in/and Australia", P. Botsman, C. Burns and P. Hutchings (eds.), *The Foreign Bodies Papers——Semiotics in/and Australia*, Sydney: Local Consumption, 1981, pp. 122 – 153。Robert Dixon, "Deregulating the Critical Economy: Theory and Literary Criticism in the 1980s", in *Australian Literature and the Public Sphere* (Refereed Proceedings of the 1998 Conference), eds., Alison Bartlett, Robert Dixon and Christopher Lee, 1999, pp. 194 – 201.

文本政治,"解构"变成了颠覆意识形态的代名词。①

与"理论"相关的三个文本构成澳大利亚研究向澳大利亚文化研究转变的标志:里查德·怀特《创造澳大利亚》(*Inviting Australia*, 1983)、约翰·多克尔《在一种批判条件下》(*In a Critical Condition*, 1984)和格雷姆·特纳《民族虚构:文学、电影和澳大利亚叙事的建构》(*National Fictions: Literature, Film, and the Construction of Australian Narrative*, 1986)。凯萨琳·谢菲认为,这些著作强调"民族认同是一种发明,一种文化建构。作为一个澳大利亚人意味着什么?回答这个问题时,我们的感觉不是来自真实的历史事件,而是来自文学、历史学、艺术、电影等门类所叙述的事物表象……'现实'的可信性是建立在不断转化的权力关系和社会统治阶层的利益之上的"。② 事实上,这三个文本各有写作立场、关注对象,对"理论"的态度也并不相同。

里查德·怀特是澳大利亚悉尼大学历史系高级讲师,主要从事澳大利亚文化史研究,如《仿制作品一号:对19世纪澳大利亚的反思》(*Pastiche 1: Reflections on Nineteenth Century Australia*, 1994)、《回忆与梦想:对20世纪澳大利亚的反思》(*Memories and Dreams: Reflections on Twentieth Century Australia*, 1997)。《创造澳大利亚》也是一部历史著作。这部著作所追问的是澳大利亚形象、关于澳大利亚个性的建构及其背后的意识形态支撑。怀特在"引言"中如是阐述了本书的基本观点:

> 没有澳大利亚首次以"本来面目"被人了解的时候。没有"真

---

① 王腊宝等:《澳大利亚文学批评史》,中国社会科学出版社2016年版,第275页。
② [澳]凯萨琳·谢菲:《丛林、性别与澳大利亚历史的重构》,侯书芸、刘宗艳等译,广西师范大学出版社2010年版,第82页。

正的"澳大利亚等着让人去揭示。民族个性是一种创造。询问有关这个实实在在的澳大利亚的这种看法是否比另一种看法真实的做法是毫无意义的,因为它们统统都是理性思维的产物,简练、严谨、易懂——而且必定是错误的。它们统统都是被武断地强加在形形色色的景观和居民,以及各种各样纷乱庞杂的社会关系、态度和情感上面的。当我们审视有关民族个性的观念时,我们需要询问的不是它们的真伪,而是它们的作用,它们是谁创造的,又为谁的利益服务。①

在怀特看来,三方面要素在建构澳大利亚方面起到至关重要的作用:首先,西方理论。查尔斯·达尔文、拉迪亚德·吉卜林等人的理论对形成澳大利亚观念方面至关重要。其次,澳大利亚知识分子。作家、艺术家、历史学家、批评家等通过创作表征或重新定义澳大利亚形象、精神和独特性。最后,经济权力集团。民族形象和民族个性往往被统治阶级利用,与自身相等同以及证明本阶级合理性。澳大利亚民族形象、独特性在这三方面相互作用中显现和不断改变。

约翰·多克尔和格雷姆·特纳都是澳大利亚文化研究的代表学者,不过,他们对"理论"的态度完全相左。多克尔《在一种批判条件下》是一部梳理澳大利亚文学批评范式转变的著作。在本书中,多克尔将"理论"尤其是罗兰·巴特的符号学与20世纪60年代开始统治澳大利亚的"新批评"研究方法相等同。在多克尔看来:

(德里达和罗兰·巴特的)后结构主义只不过在继续着新批

---

① [澳]里查德·怀特:《创造澳大利亚》,杨岸青译,杨志达校,云南人民出版社1999年版,"前言"第1—2页。

评的事业，借助符号学为其形式主义披上了高深莫测的新权威外衣，并断言真正的文学特性是超越意识形态和历史的。后结构主义强调意义的不确定性，正在被用来把文学和批评的实质归结到语言，这样语言就成了存在的一种新的形而上学的基础。文学要从历史和社会的束缚中解脱出来、融入语言之中，成为无穷的差异、模棱两可、自相矛盾的游戏：新批评的脸孔再次浮现，带着微笑，显得出奇的年轻。①

多克尔既反对民族主义文学批评将文学约减为语境的做法，又反对"新批评"和后结构主义将文学和语境割裂的批评方式。"文本不能被当作自我满足的整体进行研究——我们不能满足于仅仅研究文本的内部关系或其与其他文本的关系。理想化地说，我们必须检视文本的生产和消费（或接受）条件，同时也必须考虑其特定的内部现实（specific internal reality）。"②

格雷姆·特纳的《民族虚构》某种程度上解决了约翰·多克尔对理论的质疑。在特纳看来，电影和小说都在讲故事，都是叙事的形式，具有和符合叙事的一般原则。但是，这种一般的叙事原则在不同文化语境中表现出不同形态。就澳大利亚而言，"澳大利亚文本的文化特殊性，澳大利亚性，寄居于符合一般叙事结构的重复出现的组织和挑选原则。澳大利亚人的文本使用了一种特殊的语言，因为他们利用了流行于澳大利亚文化中的神话、暗示和符号；他们同样揭示了那种文化中运行的形式偏好——某些类型、习惯和生产模式受到鼓励。基于这些模式，进而，我们可以发现在澳大利亚文化中哪些意义最易于被

---

① ［澳］约翰·多克尔：《后现代与大众文化》，王敬慧、王瑶译，北京大学出版社 2011 年版，第 154 页。
② John Docker, *In a Critical Condition. Reading Australian Literature*, Ringwood, Victoria: Penguin Books Australia, 1984, p. 208.

表达,哪些意义为其所偏爱,哪些意义对其最重要"①。基于这种观点,对澳大利亚小说和电影叙事或文本的研究能透视澳大利亚文化的组织和结构原则,进而了解澳大利亚性在文学和电影中的建构。"作为文化产品的电影和小说叙事的研究最终——也必须——变成对表征的研究,因为叙事同样具有解释经验、填充缺席、解决矛盾……的文化功能。这使得对话语——澳大利亚经验通过其得以展现——的分析显得更重要。"②

特纳通过分析小说和电影中自然和社会环境、"环境中的自我"(the self in context)、"性格塑造与个人主义"(characterisation and individualism)展示了澳大利亚独特的民族特征。

首先是生存环境。特纳首先指出,澳大利亚小说和电影并不表现自然和社会的对立,即社会并非工业污浊和控制的牢笼,自然也并非超然的自由之所。即使在澳大利亚民族主义爱国情怀盛行的19世纪90年代,澳大利亚依旧被想象为贫瘠、不友好的母亲。在澳大利亚小说和电影中,无论自然还是社会都不能使人安定下来——主人公总是对身处环境不满,为其他地方吸引;但是,现实又总能让人感觉可以忍受。前一方面通过对其他地方的幻想想象性解决当下困境;后一方面则通过为现实辩护使主人公屈服。特纳通过分析电影《凯蒂》(*Caddie*, 1976)、《惊醒》(*Wake in Fright*, 1971),小说《阿尔迪莫·休尔》(*Ultima Thule*, 1929)、《夺地人》(*Landtakers*, 1934)指出,虽然这些叙事总是渲染环境的险恶和生存的艰辛,却又通过光影、画面、词语等预示一种希望,展示温情和浪漫,给人以慰藉。同时,在特纳看来,对自然环境和社会环境严酷的描写也给生活于其中的人以

---

① Graeme Turner, *National Fictions: Literature, Film, and the Construction of Australian Narrative*, Sydney London Boston: Allen & Unwin, 1986, p. 19.

② Graeme Turner, *National Fictions: Literature, Film, and the Construction of Australian Narrative*, Sydney London Boston: Allen & Unwin, 1986, p. 9.

妥协和失败的借口。

其次是环境中的自我。在澳大利亚电影小说中，环境总是酷厉、强大，环境中的个人则渺小、卑微，个人的理想和努力必然为环境所摧毁。特纳通过分析电影《搅拌》(Stir, 1980)、《魔鬼游乐场》(The Devil's Playground, 1976) 和小说《终身监禁》(For the Term of His Natural Life, 1927)、《招来云雀和英雄》(Bring Larks and Heros, 1968)、《通往智慧之路》(The Getting of Wisdom, 1977) 发现，澳大利亚电影和小说中频繁出现类似监狱的场景（监狱、学校等），这些场景中的人物会试图通过反抗、逃跑、流亡、盲从等方式获得自由或改善地位，其最终结果则要么是死亡，要么彻底接受现实。特纳通过引述布雷迪 (Veronica Brady)《先知的熔炉》(A Crucible of Prophets: Australians and the Question of God, 1981) 一书中的观点指出，不同于美国建立之初就寻求独立于欧洲、强调个体和自我的自由和独立，澳大利亚从一开始就是英国的海外监狱。它一方面受"母国"与其他国家排斥，另一方面又没能脱离"母国"控制建立自身独立、自强的神话。这样环境中的个人被深深禁锢在牢笼和现实中，既不能反抗，又不能解脱。澳大利亚电影和小说中总是充斥个人命运的悲观。这种悲观不是源自形而上学的考虑，而是一种政治选择，即是一种关于个人和社会关系的意识形态："生存是全部，抵抗是徒劳，理想被偶然事件驯服。"[①]

最后是性格塑造与个人主义。承袭对个人卑微定位的分析，特纳通过分析亨利·劳森的小说、彼得·威尔 (Peter Weir) 的电影以及电影《遥遥星期天》(Sunday too Far Away, 1975) 等指出，澳大利亚电影和小说叙事中采取两种不同策略弱化人物的地位。一方面，在人物和事件（情节）之间，澳大利亚叙事更关注事件（情节），人物不过

---

① Graeme Turner, *National Fictions: Literature, Film, and the Construction of Australian Narrative*, Sydney London Boston: Allen & Unwin, 1986, p. 83.

是推动事件（情节）发展的要素。与之相对应的另一方面，人物往往被看作民族、文化、环境的衍生品，他们身上的特色表征了所代表的民族、文化、环境的特色，个人性格特色往往得不到凸显。"个人化性格的缺失明确地反映出澳大利亚语境中个人主义信念的缺乏；信念的缺失同样作为现实主义纪录片的一种隐含的意识形态组成。因此，意义可能性的怀疑是我们小说的一个主题。"① 在劳森的小说《告诉贝克夫人》（*Telling Mrs Baker*, 1972）中，贝克夫人的丈夫鲍勃（Bob）在酒吧为一个女人与别人争风吃醋被打死；鲍勃的伙伴杰克（Jack）和安迪（Andy）为保护鲍勃的名誉选择不告诉贝克夫人真实情况。"从这部小说中，读者看见，人物的个性特征不能抵消他们在劳动过程中结下的情谊，相反，这种情谊可以无视具体人物的具体情形，甚至从根本上消除具体人物的人体特征，作为一种体制性的存在，它在否定人物特征的过程中不断得到强化。"②

在某种意义上，特纳的阐述与民族主义/后殖民文学批评具有相似的逻辑——寻求文本与语境的对应关系。不过，不同于民族主义/后殖民文学批评对语境及其衍生的本土性/本真性的强调，特纳更看重本土性/本真性的建构与运行，而文本则是建构和实践本土性/本真性的重要方式。特纳指出，通过研究澳大利亚叙事中对某些意义、主题结构、形式策略的偏好，"本书不仅仅提供一种对一系列澳大利亚文本批判的、专题的审查；它检视澳大利亚文化在其自身叙事中创造意义的方式，以求不仅阐明澳大利亚叙事所是，更阐明其所做"③。澳大利亚叙事之"所做"即是创造意义以及凯萨琳·谢菲指出的建构澳大利亚特性。

---

① Graeme Turner, *National Fictions: Literature, Film, and the Construction of Australian Narrative*, Sydney London Boston: Allen & Unwin, 1986, p. 105.
② 王腊宝等：《澳大利亚文学批评史》，中国社会科学出版社2016年版，第295页。
③ Graeme Turner, *National Fictions: Literature, Film, and the Construction of Australian Narrative*, Sydney London Boston: Allen & Unwin, 1986, p. 2.

二 大众文化与澳大利亚民族神话

英国文化研究几乎与"理论"同步进入澳大利亚。一大批英国文化研究学者携带本国文化研究成果促生并推动了澳大利亚文化研究的发展。这批学者中,约翰·菲斯克的作用举足轻重。

约翰·菲斯克1980年移居澳大利亚,1983年与约翰·佛柔、格雷姆·特纳、鲍勃·霍奇合编《澳大利亚文化研究》杂志。"尽管杂志存在时间很短(在1987年被伦敦的梅休因出版社接管,转变为国际杂志《文化研究》[*Cultural Studies*]),但它为澳大利亚导向的文化理论的发表做出了重要贡献,同时,在赋予澳大利亚文化研究以国际形象方面发挥关键作用。"[①] 同时,菲斯克对斯图亚特·霍尔编码/解码理论、符号学,尤其是文本分析理论的传播和运用对澳大利亚文化研究产生了十分重要的推动作用。

文本,按照菲斯克所言,指"那种具有自身的物质形态、倚赖其发送者或接收者、因此由表述性符码(representational codes)所组成的一则讯息。书籍、录音带、书信、照片都是文本,一场电视秀的录像或一篇讲话的记录同样是文本……文本一词更多是源于符号学或语言学学派,因而隐含这样的定义——'意义生成与交换的核心'。于是,一个文本便由一个运行于许多层面的符码网络所组成,从而能根据读者的社会——文化经验生产不同的意义。因此,文本是有问题的,需要进行分析的"[②]。这一界定不仅扩展了文本的范围,使文本不再局

[①] Tania Lewis, "Intellectual Exchange and Located Transnationalism: Meaghan Morris and the Formation of Australian Cultural Studies", in *Continuum: Journal of Media & Cultural Studies*, Vol. 17, No. 2, 2003, p. 198.

[②] [英]约翰·菲斯克:《关键概念:传播与文化研究辞典》(第二版),李彬译注,新华出版社2003年版,第291页。

限于文字材料,更重要的是,本定义否认了文本相对于环境的透明性。文本不是单纯反映环境的独特性,它在不同环境中产生不同的意义,具有多方面的意义潜势。

当然,尽管菲斯克十分强调文本的语境特征,在其最初分析澳大利亚文化现象时却几乎忽略了这一预设。1983年,菲斯克在《澳大利亚文化研究》发表《冲浪习俗和沙滩符码:澳洲文化中的海滩》("Surfalism and Sandiotics: The Beach in OZ Culture")一文。在文中,菲斯克通过分析海滩上的各类现象——日光浴、草坪、遛狗、广告、冲浪,阐述围绕这些现象的意义生成。在菲斯克看来,海滩是陆地(文化)和海洋(自然)之间的异类(Anomalous Category),既不属于两者,又具有两者的特征。因其独特的地理位置,海滩具有丰富的意义潜势(Meaning Potential)。海滩上的事物和活动一般被理解为具有(或接近)自然本性的特征。这种认知,在菲斯克看来,是社会文化意识形态(阶级、商业、性别意识形态)运作的结果,服务于特定意识形态目的。例如,在海滩上晒日光浴,将皮肤晒成棕褐色(tan)被看作逃离城市(文化)、接近自然的方式。这种认知实际是商业意识形态和阶级意识形态配合运作的产物:棕褐色皮肤的获得不仅需要将身体裸露在太阳之下,还需要有特定的防晒霜、复杂的技巧和足够的休闲时间,这些程序能够有效避免将皮肤晒成黑人仆人的肤色。在菲斯克看来,这反映了中产阶级的意识形态诉求:

> 棕褐色皮肤,对其他人意味着休闲、金钱、复杂的技巧和意义,必须与那些户外体力劳动者的皮肤完全区分开来。当然也确实如此。它平滑并具有纹理,均匀分布在身体的所有(或接近所有)部位……这需要时间和精力去获得全身的、持久的深褐色皮

肤的魅力。深褐色皮肤的"自然化"服务于将阶级、休闲和金钱自然化，因为这些提供了接近自然的（natural）途径。①

与对日光浴的分析类似，菲斯克对遛狗、草坪、冲浪等的分析都没有紧密结合澳大利亚语境。菲斯克当然注意到澳大利亚文化与英国文化的差异，但他却很难结合两种语境对这一问题进行解释。这一点可以通过他对"太阳浴"一词的两个不同单词——"sunbathe"（英式英语）和"sunbake"（澳式英语）——的解读反映出来：

> 英语单词"sunbathe"在澳式英语中被转变为"sunbake"。这，如我所期望的，根植于物理的——澳大利亚太阳更热——和社会或文化特色。"baking"是一个文化过程。它是烹饪（cooking）的形式。烹饪是，如列维-施特劳斯论证的，将自然转化为文化的主要方式。日光浴者（the sunbaker）在沙滩上发现了一种不同于洗浴者（the bather）的意义。②

相对于菲斯克的解释，格雷姆·特纳在《民族虚构》中对这两个词语的解释更能凸显两个语境的差异。特纳指出：

> 差异不仅仅意味着你在英国的海滩更可能淋雨；它唤起了面对自然的一整套意识形态姿态，这种意识形态姿态嵌入在两种文化的语言中。英国的自然受到控制；它秩序井然，人们将完全沉溺其中。相反，澳大利亚的自然酷厉而充满敌意；对它的欣赏取

---

① John Fiske, "Surfalism and Sandiotics: The Beach in Oz Culture", *Australian Journal of Cultural Studies*, Vol. 1, No. 2, December 1983, p. 123.

② John Fiske, "Surfalism and Sandiotics: The Beach in Oz Culture", *Australian Journal of Cultural Studies*, Vol. 1, No. 2, December 1983, p. 124.

决于一个人能够在它的恶劣的环境中活下来。①

尽管在这一问题上的解释存在差异，特纳和菲斯克最终成为通过文本分析解读澳大利亚文化现象的合作者。1987年，约翰·菲斯克、鲍勃·霍奇、格雷姆·特纳合作的《澳洲神话：解读澳大利亚流行文化》(Myths of Oz: Reading Australia Popular Culture, 1987) 一书出版。菲斯克《冲浪习俗和沙滩符码：澳洲文化中的海滩》一文成为本书第三章。这部著作对包括海滩在内的澳大利亚许多独特现象——酒吧、家和花园、职业教育、购物、旅游、纪念物、口音等——进行了详细分析。分析范围建立在雷蒙德·威廉斯关于文化的界定上，"涉及人们生活的全部方式，他们的习俗和仪式，他们的消遣和快乐，不仅包括艺术，还包括体育和去海滩一类的实践"②。不仅如此，菲斯克等人还将文本——既包括文艺作品，也包括酒吧、购物等场所和实践——分为两类：创作的文本 (Produced Texts) 和活的文本 (Lived Texts)。创作的文本包括书籍、电影、戏剧等；活的文本包括酒吧、海滩、购物中心等。在菲斯克等人看来："活的文本的意义经常不受注意，它隐藏在行为的多样化实践和形式中，却是理解社会和文化的关键……通过对它们进行符号学解读，我们可以阐明生产它们的社会和意识形态力量……最重要的是，活的文本更接近文化过程的发生中心，因为它们直接产生自生活的物质条件。"③

在菲斯克等人看来，这些活的文本构成了符号 (sign) 的能指，而它们指涉的精神观念则是符号的所指。一些独特标识共同指向作为所指

---

① Graeme Turner, *National Fictions: Literature, Film, and the Construction of Australian Narrative*, Sydney London Boston: Allen & Unwin, 1986, p. 19.

② John Fiske, Bob Hodge and Graeme Turner, *Myths of Oz: Reading Australia Popular Culture*, Sydney: Allen and Unwin, 1987, viii.

③ John Fiske, Bob Hodge and Graeme Turner, *Myths of Oz: Reading Australia Popular Culture*, Sydney: Allen and Unwin, 1987, xi.

的澳大利亚——袋鼠、旗帜、阿兰·邦德（Alan Bond）、地图、景观形象、悉尼歌剧院，等等。围绕着澳大利亚这一概念的一系列所指共同创造了关于澳大利亚的神话。本书从分析酒吧开始。酒吧对建构澳大利亚民族精神具有十分重要的意义。一方面，澳大利亚酒吧拒绝女性进入，是男性下班后的天堂——"不是家的家"（a home away from home）。在这里，啤酒与男子气概紧密联系在一起；另一方面，酒吧中的痛饮不需要考虑等级、地位，是澳大利亚真正民族精神——伙伴情谊和平民主义——的显现地。酒吧的意义可以通过与家庭休息室的对比凸显：

家庭休息室	酒吧
家庭和朋友	伙伴和熟人
混合的性	单一的性（和酒吧女侍）
等级的	非阶级
固定的和永久的关系	暂时的关系
不对称的义务	对称的义务①

尽管酒吧等标识在建构和传播澳大利亚民族精神方面具有十分重要的意义，但是，对于菲斯克等人来说，参与者、阅读者或观看者的接受必将构成对其固有意义的解构。1983年，菲斯克的思想转向我们所熟悉的一面。约翰·多克尔记载了菲斯克思想的转变。在多克尔看来，直到1983年，菲斯克"虽然提到了一些恰恰相反的理论，但仍旧摆出一个普通的现代主义流行文化理论家、反映论者、功能主义者、结构主义者的立场"②。不过，就在这一年，情况发生了改变。在

---

① John Fiske, Bob Hodge and Graeme Turner, *Myths of Oz: Reading Australia Popular Culture*, Sydney: Allen and Unwin, 1987, p.8.
② [澳]约翰·多克尔:《后现代与大众文化》，王敬慧、王瑶译，北京大学出版社2011年版，第195页。

这一年，多克尔在澳大利亚传媒大会上提交了一篇用"逆反颠倒原则"——在情节上表现出与社会常见和接受的现实或人物关系相悖的情况——分析《囚犯》一剧的文章。多克尔记录了约翰·菲斯克看到这篇文章的情形及之后的转变。

> 提问的时间一开始，我们看着约翰·菲斯克从座位上欠身起来，脸红红的，用绝对正统的现代主义者的声音，大声叫嚷着我们那样谈论颠倒的世界是多么的不好，因为那显然只是一个安全阀。这可怜的家伙显得十分激动，然而在第二天的当地报纸上我们饶有兴趣地看到他在头版头条上告诉一个记者说，家长和老师没必要把《囚犯》一剧看成对孩子是有害的，肥皂剧也许在世界上还是有好处的。一会儿是大喊大叫，一会儿又欣然接受。①

事实上，菲斯克在《冲浪习俗和沙滩符码：澳洲文化中的海滩》一文中对"流行"（popular）的界定就体现了他思想的转变。在菲斯克看来，流行文化意味着从大众中浮现（emerging from the people），意味着符合大众自身的经验、趣味、习惯。大众文化在某种程度上是大众自身价值取向的产物，在一定意义上具有反抗统治阶级文化的可能。"'流行'，当它赢得这种应用时，指涉这一词语抵抗中心化、商品化的意义。"②

流行意味着符号的传播和意义的交流，意味着符号和意义为不同人所占有；不同人占有同一符号，会根据自身经验、习惯、意图改变符号的最初指涉意义。这即是菲斯克等人所强调的要将界定"澳大利

---

① ［澳］约翰·多克尔：《后现代与大众文化》，王敬慧、王瑶译，北京大学出版社 2011 年版，第 196 页。
② John Fiske, "Surfalism and Sandiotics: The Beach in Oz Culture", *Australian Journal of Cultural Studies*, Vol. 1, No. 2, December 1983, p. 146.

亚"当作"尚处讨论的问题"（Live Issue）。"我们对海滩、家庭和酒吧的分析揭示了澳大利亚人在他们的生活中建构重要地点的方式的改变和矛盾以及基本的重组。在我们解读悉尼歌剧院时，我们看到建筑的大众运用如何颠覆和扩展其最初的功能的。"①

悉尼歌剧院是澳大利亚的重要标识。关于悉尼歌剧院的意义一直存在争议并不断改变。在最初19年，占据其讨论核心的是完成它所需要的巨大投入与漫长时间；除此之外，对其作为音乐厅功能的质疑也持续不断。对质疑者来说，悉尼歌剧院美则美矣，在其功能的发挥上则是灾难性的。另外，对其作为阶级分化地点的质疑也不断被人提起，质疑其对高雅艺术形式——芭蕾舞剧、歌剧、舞蹈、管弦音乐会、戏剧——的演出限制了平民的参与。到20世纪70年代，悉尼歌剧院功能上的缺陷却反而成为其价值所在。澳大利亚人开始将其描述为"世界奇迹"或第二个泰姬陵，是对世界文化的贡献，属于全人类。当帕特里克·怀特（Patrick White）于1973年获得诺贝尔文学奖，其与悉尼歌剧院开始共同被建构为澳大利亚文化复兴的标志。人们开始将其与战后澳大利亚民族自信心联系在一起。"不同于（其他文化标识的）文化落后（cultural backwater），歌剧院指涉的文化是现代文明的摇篮。"② 与之前不同的是，人们在悉尼歌剧院中解读出一种平民主义取向，在与新南威尔士的艺术画廊比较后，菲斯克等人如是描述悉尼歌剧院：

> 但是，悉尼歌剧院不同，因为内部相形见绌到没意义伴随胜利的外部。宽阔的台阶围绕着它而非引导向内部。这些台阶，不单通向单纯的内部，偶尔为免费的公共演出扮演舞台或剧场。围

---

① John Fiske, Bob Hodge and Graeme Turner, *Myths of Oz: Reading Australia Popular Culture*, Sydney: Allen and Unwin, 1987, xii.

② John Fiske, Bob Hodge and Graeme Turner, *Myths of Oz: Reading Australia Popular Culture*, Sydney: Allen and Unwin, 1987, p.159.

绕着它的露台被午餐时间的慢跑者、散步者和那些只是想要坐在太阳下的人游荡。事实是，长凳和院前空地提供了建筑和港口的另一面，强调了这样一个事实：歌剧院不仅是看的地点，还是看的目标。①

在这一描述中，悉尼歌剧院的整体设计不再展现阶级等级结构，而是带有平民主义精神的考量。它不再单纯是高雅人士观看歌剧的地方，还得到所有平民的认同。这种对悉尼歌剧院解释的转变与差异正表明接受者对其创造性运用，对其意义的重新解读。通过这种解读，悉尼歌剧院重新与传统澳大利亚民族精神联系起来。

第三节　大众文化与澳大利亚民族话语的重构

不同能指围绕同一观念会建构一种关于这一观念的神话——酒吧、海滩、悉尼歌剧院对澳大利亚民族神话的建构。可是，当能指彼此冲突或指涉观念的能指发生重大转变时，又会消解神话。如果流行—传播构成对意义（观念神话）的第一种解构，那么，能指（表征）的改变将构成对意义（观念神话）的第二种解构。

一　后现代与大众文化：逆转颠倒、大众文化与澳大利亚民族话语的重构

作为澳大利亚"新左翼"代表知识分子和文化研究学者，约翰·多克尔在讨论大众文化时完全站在后现代立场上对其辩护。在其代表

---

① John Fiske, Bob Hodge and Graeme Turner, *Myths of Oz: Reading Australia Popular Culture*, Sydney: Allen and Unwin, 1987, p. 161.

作《后现代与大众文化》一书的开头，多克尔就对"激进"且"反叛"的"左翼"知识分子总要（能）挖掘大众文化的统治所用的理论和做法提出质疑。多克尔指出："一直以来，我总是觉得现代流行文化，特别是电视，并不像过去人们通常所认为的那样。"①

在本书中，多克尔记载了他与合作者安·科索伊斯（Ann Curthoys）的大众文化观念引导约翰·菲斯克思想的转变。② 他们的大众文化观主要体现在对《囚犯》（又名《监狱 H 分区》）一剧的解读。这一解读从电视剧内部展示了其受欢迎以及被运用以改变其意义的原因。

《囚犯》是澳大利亚历史上最受欢迎的电视系列栏目之一，从1978 年末开播一直到1986 年9 月停播，起初每周一小时，之后增加到每周两小时。《囚犯》以高度现实主义的手法讲述了温特沃斯监狱发生的故事。它塑造了各类不同的女囚犯形象，叙述了女囚犯犯罪的社会和个人原因。在本剧中，故事主要围绕女囚犯的个人生活、女囚犯之间的关系、女囚犯与狱警之间的关系等维度展开。《囚犯》的主题契合澳大利亚文化中的叛逆情结。现代澳大利亚以英国在此流放罪犯开端。在澳大利亚文化中，军官往往被看作残暴的统治者，而罪犯则是无辜的受害者或尊贵的叛逆者。在军官与囚犯、牧场主与剪羊毛工人、警察与丛林逃犯之间，澳大利亚人总是支持后者而反对前者。在《囚犯》中，狱警与囚犯的形象虽然都经过复杂化的处理，但二者之间的对立关系却没有改变。当然，狱警与女囚形象在很大程度上颠覆了澳大利亚历史上的同类形象。以女囚为例，除了塑造各类不同的女囚犯形象之外，此剧在很大程度上颠覆了男强女弱的基本认知，几个主要的女囚形象强势、主动，反倒是男性相对温柔、弱势。

---

① ［澳］约翰·多克尔：《后现代与大众文化》，王敬慧、王瑶译，北京大学出版社2011年版，"前言"第1页。

② 参见［澳］约翰·多克尔《后现代与大众文化》，王敬慧、王瑶译，北京大学出版社2011年版，第195—196页。

《囚犯》虽然获得澳大利亚民众的喜爱，却为新闻工作者所批判。他们批判该剧情节糟糕、角色塑造夸张、窥淫癖、同性恋和对孩子的误导作用。在多克尔看来："从所有这些《囚犯》所带来的影响中，我们可以看出文化评论大都存在双重标准：'高雅'文化中的'精品'在通俗文化中只会成为'次品'，'高雅'文化中令人称赞的现实主义或对人类生存悲惨及怜悯的探索，在通俗文化中只会被视为'过于现实'而遭遗弃。当然，通俗文化是不能稳操胜券的，因为它要么被认为是纯粹的消遣品，要么被认为是令人憎厌的糟糕的。"① 多克尔很难接受这种对大众文化的立场和策略。他展示了《囚犯》的流行情况，即在不同城市、不同年龄段的收视差异：13—17岁这一年龄段对该剧最为喜爱；墨尔本（该剧的制作地点）最欢迎该剧。通过对喜爱该剧的人的采访发现，逆反颠倒原则——女囚的越界行为（抽烟、逗乐、聊天、庆典）与狱警的检查、管理、镇压之间的对立——成为民众喜爱该剧的重要原因。多克尔挪用了克里斯廷·柯里和克里斯廷·奥沙利文对悉尼工人阶级13岁孩子的调查的结论，说明孩子在接受该剧时对逆反颠倒原则的挪用。

孩子不是被动地接受电视节目，而是"选择电视节目的某些成分来肯定和证实他们的日常生活"。孩子们每天在学校都会花一些时间讨论前一天看过的节目，且颠覆性地用它来与受约束的文化及学校的规章制度相抗衡。严厉的女教师被取外号为"维妮茹·蒂茨"，这是以《囚犯》中残酷的狱警维拉·贝妮特来命名的。正如柯里及奥沙利文所述，"学生们意识到了学校与监狱的相似性，从而就给他们在口头上及视觉上模仿提供了很

---

① ［澳］约翰·多克尔：《后现代与大众文化》，王敬慧、王瑶译，北京大学出版社2011年版，第318—319页。

大的可能性"。①

这一理由同样可以运用于解释工人、办公室人员对该剧的喜爱——对逆反颠倒原则的认同与接受。在多克尔看来，逆反颠倒是所有大众文化的一般组织原则，并不独属于澳大利亚大众文化，也不独属于《囚犯》这样的情节剧。在好莱坞电影、卓别林的小丑表演、即兴喜剧甚至包括一些战争题材的电视剧中，逆转颠倒原则都普遍存在。多克尔也没有对不同观众接受和挪用这一原则的具体情况进行具体阐述，似乎所有的（底层）观众都在逆反颠倒原则中看到了对反抗的认同。

多克尔对大众文化逆转颠倒原则的解读证明其获得认同和得以流行的原因。正如我们在上一节所指出的，流行本身将构成意义的扩散和蔓延，最终冲淡、湮没原初意义。无论大众文化生产最初的目的为何，其内部结构必然是逆转颠倒原则，这一原则必将为大众接受和运用以形成对统治阶级意识形态的嘲笑和反抗。

当然，相对于大众文化的"流行"问题，约翰·多克尔实际更关注文本本身。《后现代与大众文化》一书叙述了从现代主义向后现代主义转变的历史，而文化研究被多克尔看作从现代主义到后现代主义的过渡。多克尔梳理了雷蒙德·威廉斯（《电视：技术与文化形式》）、塔尼亚·莫德莱斯基（《从今日肥皂剧中探索明天》）、多罗西·霍布森（《十字路口：一部肥皂剧》）、约翰·菲斯克等人关于大众文化（尤其是肥皂剧）的观点和看法。这些大众文化观对现代主义大众文化观的突破和冲击是多方面的。其最重要的一面，在多克尔看来，是对结构主义大众文化观的突破，强调大众文化在不同语境中的挪用和

---

① ［澳］约翰·多克尔：《后现代与大众文化》，王敬慧、王瑶译，北京大学出版社2011年版，第320—321页。

生成性。结构主义大众文化观认为,"大众文化的文本展示了一种潜在的单意义结构,从而保证观众在意识形态上被动听从占支配地位的资本主义价值观念"①。多克尔自然可以通过"流行"观念强调"单意义"和统治观念的消融。也可以通过对巴赫金的狂欢理论证明大众文化本身的颠覆性。他不同意巴赫金在《拉伯雷与他的世界》中指出的狂欢活动和狂欢思想自文艺复兴后期逐渐衰落的观点,认为:

> 诚然,在欧洲的文化历史上,我们可以清楚地看到狂欢作为一种公共的节庆活动在走向削弱……但是,我想说的是狂欢活动作为一种文化模式仍然还强烈地影响着20世纪大众文化,好莱坞电影、大众文学类型、电视和音乐。这种文化已成国际化,其发展之昌盛、范围之广、影响之大、生命力之旺盛、创造力之丰富也许代表着大众文化历史的另一个顶峰,可以与早期的现代欧洲文化相媲美。②

基于这种认识,多克尔可以将巴赫金对狂欢的理解运用于解读当代大众文化。巴赫金认为小丑和傻子(愚人)体现着狂欢节之外日常生活的狂欢精神,而多克尔则指出20世纪的小丑,如卓别林,则是过去愚人形象和精神的继续。进而,多克尔分析了澳大利亚两个喜剧之王——罗伊·勒内(Roy Rene)和格雷厄姆·肯尼迪(Graham Kennedy)——的表演,将他们的表演看作巴赫金研究对象的延续。与中世纪的愚人形象类似,勒内和肯尼迪的喜剧表演代表了澳大利亚文化中的颠覆性力量。他们的表演展示着小丑怪诞的身体(夸张的大眼、张

---

① [澳]约翰·多克尔:《后现代与大众文化》,王敬慧、王瑶译,北京大学出版社2011年版,第173页。
② [澳]约翰·多克尔:《后现代与大众文化》,王敬慧、王瑶译,北京大学出版社2011年版,第227页。

开的大嘴、长长的舌头),以夸张的身体自我嘲弄和刺破庄严;蔑视权威,以夸张过头的表演嘲弄社会名流、神圣的王室或政府人员;混淆性别,通过错乱着装进行两性形象转换;嘲弄种族,扮演不同种族的民众,开些半真半假的玩笑打破种族的禁忌和严肃性。

勒内和肯尼迪的表演与澳大利亚文化史上聚焦丛林传奇,以白人和男性为中心,讲平均、分享、团体,反权威、浮华、虚伪的取向相抵牾,是澳大利亚文化中的颠覆性力量。固然,罗伊·勒内和格雷厄姆·肯尼迪喜剧表演的颠覆性来自其内在的逆转颠倒原则——对澳大利亚传统规范的嘲弄和颠覆。不过,对多克尔来说,罗伊·勒内和格雷厄姆·肯尼迪本身的形象即构成了对澳大利亚传统文化和民族精神的颠覆。在多克尔看来:"承认摩(也即罗伊·勒内)和肯尼迪的重要性,承认他们创造的都市杂耍剧的价值,这样一部文化史无疑会对以男权主义、丛林、民族性为主导的比喻提出质疑。把丛林传奇当做中心的这种认识大大低估了澳大利亚文化史与矛盾的多元化种族之间的关联。"①"承认摩和肯尼迪的重要性"即是承认澳大利亚文化表征(能指)的多元性,当多元表征(能指)相互冲突——如摩和肯尼迪的表演与男权、丛林表征构成冲突——其内涵的固有的神话地位就会受到冲击。约翰·多克尔对这一方面的强调恰好证明我们所说的第二种解构意义的方式:表征意义的形象发生改变,意义随之改变。

二 制造民族:媒介表征对澳大利亚民族精神的改变

约翰·多克尔主要分析大众文化对民族形象和意义的改变。事实上,比大众文化更贴近现实的是新闻报道。关于这方面研究我们可以

---

① [澳]约翰·多克尔:《后现代与大众文化》,王敬慧、王瑶译,北京大学出版社2011年版,第259页。

从格雷姆·特纳的阐述中得到了解。

格雷姆·特纳《民族虚构》一书主要阐述了澳大利亚传统民族观念在电影和小说中的建构和展现方式，其1995年出版的《制造民族：民族主义和澳大利亚流行文化》（*Making It National: Nationalism and Australian Popular Culture*）一书则主要阐述澳大利亚民族观念在流行文化中的重构和转变。本书的副标题虽然强调研究对象是"澳大利亚流行文化"，其实际聚焦的却是媒介（media），尤其是新闻媒介。特纳试图研究媒介与民族主义建构之间的关系。这一研究主要扩展了本尼迪克特·安德森《想象的共同体》中印刷媒介与现代国家想象建构之间关系的观点。在特纳看来："民族通过媒介这种机制被建构，并且民族主义的话语通过他们建构的主要过程被部署和散播。"[①] 特纳将研究聚焦在了20世纪80年代的澳大利亚报纸、电视、电影等媒介中出现的不同于以往的新现象。在这些新现象中，民族主义话语被与不同的人物、事件勾连在一起，扩展、改变着自身的表现形式。

特纳最先研究的是资本家形象与民族主义话语的勾连以及在民族主义话语中的重构。澳大利亚传统小说和电影中的民族英雄形象是逃犯、丛林人，商人则是贪婪、愚蠢的代名词。澳大利亚工联主义、平等主义和伙伴情谊精神都带有排斥商人的结构特征。一个人如果全身心想着赚钱，将被认为会付出其他方面的代价并且不值得信任。这种情况在20世纪80年代发生了改变。商人变成新资本家开始在报刊、电视中以正面形象出现。关于商人的报道主要以两个平行的策略进行：第一，将新资本家描述为"硬汉"（Hard Men），即"从'真实世界'中获取知识以做出影响'每个澳大利亚人生活'的'艰难决定'的人"[②]。

---

① Graeme Turner, *Making It National: Nationalism and Australian Popular Culture*, Sydney: Allen & Unwin, 1995, p. 146.

② Graeme Turner, *Making It National: Nationalism and Australian Popular Culture*, Sydney: Allen & Unwin, 1995, p. 17.

在这一描述中，商业具有强烈的实用性，与每个人的日常生活息息相关。第二条描述路径是商业描述美学化，将其描述成奇观（spectacle）。秘密的商业合作被公开渲染、商人的性格和决定被道德化、商业竞争被故事化为传奇。"就像艺术批评家谈论艺术运动，谈论由表征技术和主题关涉所界定的'流派'，澳大利亚商业媒体谈论由个人风格、通过交易的美学（an aesthetics of the deal）所界定的新型资本家（new breed of capitalist）。"① 新闻媒介和商业媒体对新型资本家最"奇观"的描述是将他们与国家利益、民族精神联系在一起。约翰·艾略特（John Elliott）、约翰·斯帕尔文斯（John Spalvins）、艾伦·邦德（Alan Bond）、罗伯特·福尔摩斯（Robert Holmes）等澳大利亚商业巨头、特纳所谓的无赖资本家（Larrikin Capitalists）在20世纪80年代频繁以代表国家利益和民族精神的形象出现在新闻和商业媒体中。格雷姆·特纳主要分析了艾伦·邦德这一形象在20世纪80年代新闻媒体中的神话与衰落。艾伦·邦德是20世纪80年代澳大利亚最成功的商人之一，领导着一个横跨媒体、债券、酿酒业的商业帝国。1983年他旗下船队赢得了"美洲杯"帆船赛冠军。这是自1851年开始"美洲杯"第一次从美国人手中旁落。艾伦·邦德成为澳大利亚家喻户晓的民族英雄。邦德的性格、经历、生活细节全都被媒体在民族主义话语中进行重新建构和理解。

> 邦德被无缝地缝合在民族性格之中。他的"澳大利亚性"被在他的流氓行为、平等主义和卑微的出身中发掘出来……一个广泛引用的例子是，邦德拒绝接受劳力士公司提供给他船队成员的礼物，除非所有团队成员——即使是孤独的修帆工（sailmak-

---

① Graeme Turner, *Making It National*: *Nationalism and Australian Popular Culture*, Sydney: Allen & Unwin, 1995, p.19.

er）——都能获得。①

艾伦·邦德的形象在20世纪80年代后期开始破产。他控制新闻媒体、需要对国家外债负责、枉顾公众利益等"真相"开始被曝光；他的性格、经历、生活细节再一次被挖掘并成为负面形象的例证。艾伦·邦德已经与澳大利亚民族精神完全无关。当然，在特纳看来，我们很难将媒体放弃艾伦·邦德的原因解释为他们了解到关于艾伦·邦德的"真相"。"真相永远在那里，它之前从没影响过媒体的判断。"②以艾伦·邦德为代表的无赖资本家被民族精神话语体系所建构暗含着经济与国家利益的等同——经济状况被等同于国家状况。在特纳看来，这两者之间的联系是偶然的，只是话语层面的建构。这种话语层面的建构反映并促进了澳大利亚财富在当代的重新分配。无赖资本家以国家至上、全民利益的名义扫除了资本扩张的一切障碍——政府监管一旦触碰无赖资本家的利益，也会被以损害全体人民利益的名义遭到攻击。

无赖资本家与民族精神话语的结合以及在民族话语中形象的重构是一种偶然行为。无赖资本家既不体现民族精神，也无意代表全体人民的利益，甚至恰恰相反。新闻媒体在将这两者结合在一起重构资本家形象时实际上也在改变着民族精神话语。而这涉及媒介与公共性的关系。关于这一关系的阐释将在特纳阐述1988年澳大利亚两百周年纪念活动时得以明晰。

1988年，澳大利亚两百周年纪念活动及其媒介报道充斥着浓重的商业气息——可口可乐的商标、各种商业广告、纪念品，等等。但是，在格雷姆·特纳看来，它更重要的是使我们观察到了传统民族主义的

---

① Graeme Turner, *Making It National: Nationalism and Australian Popular Culture*, Sydney: Allen & Unwin, 1995, p.34.
② Graeme Turner, *Making It National: Nationalism and Australian Popular Culture*, Sydney: Allen & Unwin, 1995, p.36.

衰落和能够对民族构成进行重新思考。

特纳详细介绍了澳大利亚两百年纪念当局（Australian Bicentenary Authority，ABA）和澳大利亚知识分子关于澳大利亚民族身份认同观念的转变——由"白澳政策"转变为"一起生活"（living together）的多元文化诉求。澳大利亚社会的核心冲突是定居者和原住民的冲突。这种冲突在两百年纪念中主要表现为定居者庆贺其为国家诞生的标志，而原住民则哀叹其为入侵的时刻。在两百年纪念当天，澳大利亚原住民的入侵日抗议游行（Invasion Day protest）成为各大新闻媒体关注的焦点。《悉尼先驱晨报》（*Sydney Morning Herald*）、《澳大利亚人》（*Australian*）等报纸杂志先是对原住民的抗议活动表示担忧，之后又对原住民在活动中的克制表示赞赏、对他们所遭受的不公正待遇表示理解。在围绕两百年纪念的报道中，格雷姆·特纳着重介绍了《澳大利亚狂欢》（*Australia Daze*）这部纪录片：

> 《澳大利亚狂欢》以一种尤其全面的方面记录了澳大利亚日（Australia Day）的庆祝活动。24个电影摄制组从前一个午夜拍摄到后一个午夜，最终包含了极其丰富的资料。最终的纪录片进一步增加了电视新闻画面、事件的直播报道以及广播录音（包括听众反馈电话）。摄制组成员分布在接近昆士兰伊萨山的农田、维多利亚莫宁顿半岛的港口、与"呼唤"庆典的H. G. 尼尔森和"狂暴"罗伊·斯莱文一起在"3J工作室"、每个州的村镇、悉尼。更具意义的是，有六位工作人员时刻关注悉尼的土著游行。纪录片标题的双关语反映了计划的目标：捕捉全澳大利亚庆祝1988年澳大利亚日的多样化方式。①

---

① Graeme Turner, *Making It National: Nationalism and Australian Popular Culture*, Sydney: Allen & Unwin, 1995, p. 70.

这部纪录片全景展示了澳大利亚社会两百年纪念日的民众反应与参与情况并同时揭示出澳大利亚社会存在的问题，包括：民众批评过多关注庆典活动而忽视了社会真正存在的贫富差距问题、移民们对民族同化政策的厌恶、坚持澳大利亚传统（丛林）精神的人对庆典的厌恶、土著黑人的游行以及土著黑人与白人的冲突，等等。这些展示中，最具意义的是对一位来自东区的三十来岁的百万富翁在悉尼港庆祝活动中的体验和聚集在 Redfern Oval and Belmore Park 的黑人和白人活动的对比展示。纪录片展示了富人的奢华生活、他们彼此的交际以及毫不掩饰对物质财富的推崇和对自身圈子排斥性的骄傲。穿插于富人庆祝的是土著人对被剥夺土地所有权的抗议。这两者之间形成鲜明对比。整部纪录片都在展示澳大利亚庆典日不同人的生存状态、矛盾冲突。在特纳看来：

> 《澳大利亚狂欢》不仅对存在于澳大利亚社会的分化提出温和批评，还为我们提供证据，使我们可以比澳大利亚二百年纪念当局所做的设想更进一步接近混合民族身份认同（hybrid national identity）。不加选择的澳大利亚身份的全景展示具有政治包容性。最终，《澳大利亚狂欢》记录了二百年纪念的胜利，这是许多澳大利亚人的胜利，即使对那些这一事件不能理解或补偿被剥夺土地的人来说也是胜利。但是，最重要的是，我们在《澳大利亚狂欢》记录的黑人抗议中发现了集体身份的强力而持续的最积极和持久的形象，以及对协商的必要性的坚持。[①]

《澳大利亚狂欢》、新闻媒体以及相关的电视节目之所以能促进澳大利亚民族身份认同的改变主要基于两方面原因：第一，媒介与公共空

---

① Graeme Turner, *Making It National: Nationalism and Australian Popular Culture*, Sydney: Allen & Unwin, 1995, p.82.

间（public）的关系不是彼此独立、媒介反映公共空间的关系，相反，公共空间为媒介所创造、在媒介之中存在。戴维·莫利认为，电视扮演着社区仪式（rituals of community）的功能。莫利否认大众媒介将民族事件表征为不真实的观点，而坚持认为大众传媒不只是"再现"事件，它还为大多数人"建构"了对这个事件的体验。依据这一认知，大众传媒在社会生活中扮演着很重要的功能，它为大众社会提供了仪式——"公共生活"。"因此，澳大利亚日庆典的电视将民族戏剧化为一个符号社区（symbolic community），这样就为澳大利亚集体身份认同提供了仪式化的确认。"[1] 第二，观众（参与者）的实际反应与文化批评家期望之间地位的颠倒。文化批评家批评澳大利亚两百年纪念及其电视转播过于商业化，批判其体现了政府、商人的利益，而这，在特纳看来，成为文化批评家一种固定的套路——一种仪式化的批评方式。实际上，人民的参与和观念并不完全符合政府和商人的设想，他们以自己的方式参与、体验两百年庆典。在特纳看来："如果民族被设想为单一的，它的人民表达同样的观点，那么，二百年纪念确实不能创造那样的民族性……当官方民族主义设想使得澳大利亚民族建构规划清晰的时候，二百年庆典却揭示了官方设想的局限性。当官方设想变得清晰、作为新的民族定义开始运行的时候，反而使自身在面对对抗时更加脆弱。"[2]

格雷姆·特纳的阐述再一次证明民族话语的建构特征。澳大利亚民族神话通过文本建构，也必然在文本中获得重构。当澳大利亚民族神话的表征符号发生转变时，必然导致民族神话固有观念的转变；民众参与构成消解固有观念的另一维度。表征形象及其指涉意义在民众参与中获得确认或消融。

---

[1] Graeme Turner, *Making It National: Nationalism and Australian Popular Culture*, Sydney: Allen & Unwin, 1995, p. 90.

[2] Graeme Turner, *Making It National: Nationalism and Australian Popular Culture*, Sydney: Allen & Unwin, 1995, p. 92.

第三章 电影与澳大利亚民族表征

在当代社会，电影，如同新闻媒体、电视一样，是另一个意义增殖的领域。（澳大利亚）电影研究最初起始于英国语言文学研究系，其研究方法也承袭文学研究方法——如格雷姆·特纳以符号学研究澳大利亚电影，其对电影的阐述也在许多方面与文学研究重合。不过，相对于文学艺术，电影、新闻媒体、电视更为明显地受到政府机构、相关机制的引导和管控。澳大利亚政府在20世纪60年代末开始加大对本土电影的资助和引导，期望其变成表征澳大利亚形象的理想媒介。澳大利亚电影研究伴随着60年代末澳大利亚电影产业的复兴而兴起。基于政府管理的显在性和引导性，澳大利亚电影研究将重点放在文本（电影）与其所处机制关系的角度阐述民族差异的建构方式；同时，在当代，电影相对于文学艺术更容易在国内和国外引起轰动效应，对电影的跨文化接受也成为澳大利亚电影研究的重要方面。

第一节 电影史、文化差异与形象表征

当代澳大利亚电影研究有一个共识性的时期划分，即分为三个发展时期：20世纪70年代中期到80年代中期为引进《银幕》理论和文

本分析占主导地位的时期；20世纪80年代中期到20世纪90年代初期为强调文化特殊性和经验研究的历史研究占主导地位的时期；20世纪90年代至今为主题多样化研究时期。这一历史划分基本反映了澳大利亚电影研究方法的转变。从文化研究角度介入电影研究并不属于任何单一时期，也不单纯运用单一的研究方法，却与每个时期、每种研究方法有剪不断的联系。我们需要对一般的电影研究与文化研究视野下的电影研究进行简单区分，以此确认澳大利亚电影研究的民族关涉。

一 澳大利亚电影研究的类型划分与对民族差异的不同关涉

澳大利亚电影研究专家、默多克大学曾经的高级讲师汤姆·欧瑞根在《澳大利亚民族电影》（*Australian National Cinema*，1996）一书最后一章（第14章）用大卫·波德维尔（David Bordwell）对电影批评方法的基本区分对澳大利亚电影研究方法进行了重释。大卫·波德维尔在《创造意义：电影阐释的推理与修辞》（*Making Meaning：Inference and Rhetoric in the Interpretation of Cinema*，1989）一书中将电影批评分为两类：解释批评（Explicatory Criticism）和症候批评（Symptomatic Criticism）。解释批评基于这样的信念："批评活动的首要目标是揭示电影的隐含意义。"[①] 在这种批评模式中，批评家使用参考信息和明显意义推断揭示电影隐含意义；症候批评强调诊断（diagnosis），批评家实践"一种'怀疑的阐释学'（hermeneutics of suspicion），一种学术揭穿（debuking），一种在直白冲动下揭示明显无必然联系（innocent interactions）的策略"[②]。简而言之，解释批评尊重电影文本，以

[①] David Bordwell, *Making Meaning：Inference and Rhetoric in the Interpretation of Cinema*, Cambridge: Harvard University Press, 1989, p. 43.

[②] David Bordwell, *Making Meaning：Inference and Rhetoric in the Interpretation of Cinema*, Cambridge: Harvard University Press, 1989, p. 72.

电影文本为中心，揭示电影文本的本源意义。解释批评家试图还原电影本来的制作过程和创作意图。症候批评以一种怀疑的眼光打量电影，揭示电影压制、排斥、省略、剔除的要素，以揭示电影文本的意识形态实践。汤姆·欧瑞根用再神秘化（remythologizing）和解神秘化（demythologizing）进一步解释波德维尔区分的两种批评方式。在欧瑞根看来，解释批评是一种再神秘化批评，它展示电影的含义、反映的思想、美学成就，将其与作家、历史、环境联系在一起，将其塑造为典范；波德维尔将症候批评看作再神秘化批评，因为它"反映了他或她的习惯性联想（idiosyncratic association）"[1]。欧瑞根则将其看作解神秘化批评。在他看来，这种批评揭示了掩盖于文本表层的意识形态意涵、实践和功用。

欧瑞根进一步用波德维尔的划分与自己的发挥对澳大利亚电影研究方法进行了进一步阐释。毫无疑问，以《银幕》理论和文本分析为主导的研究是解释批评/再神秘化批评。这是一种影迷批评（Cinephile Criticism）。它完全以电影为中心，将电影作为分析、膜拜的对象，深入电影的结构、叙事、角色、拍摄视角、音乐、画面之内，揭示电影的美学风格、技术特色、思想意涵。这样的批评既是一种揭示，也是一种补充。它往往在还原电影拍摄原过程中证明显在观点。

欧瑞根将另一类电影批评方式——批判知识分子批评（Critical Intellectual Criticism）——看作症候批评/解神秘化批评。在欧瑞根看来："批判知识分子机制的电影批评关注电影的社会和意识形态意义……这一批评在广泛的领域被运用——从文化新闻（cultural journalism）到批判评论，这或许是澳大利亚电影中运用最广的批评实践……关于电影最重要的是它是一种社会行为。电影变成一种社会实践。电影被不

---

[1] David Bordwell, *Making Meaning: Inference and Rhetoric in the Interpretation of Cinema*, Cambridge: Harvard University Press, 1989, p. 73.

同的人以不同的政治立场解释其社会责任，最钟爱的方式是意识形态批评。"① 批判知识分子批评聚焦于电影所展现或隐含的社会问题，尤其是社会争端，通过对电影表征的分析揭示其隐含的意识形态结构，如殖民霸权、性别歧视等。批判知识分子批评毫无疑问是解神秘化批评，其通过解读电影文本追索其隐含的"真相"。批判知识分子的电影批评无疑是一种文化研究方式，它更符合文化研究的思想进路。即托尼·本尼特在阐述文化研究的文本分析方法时所提到的："政治的主要工具是批评，它的首要目标是改变诸如文本与读者之间的关系，从而使所论文本作为手段服务于读者的自我政治改造的实践……它们会脱离意识形态的幻觉，达到真正的意识，并以此而导致革命。"②

通过以上解释我们可以看到，无论是解释批评/影迷批评/再神秘化批评，还是症候批评/批判知识分子批评/解神秘化批评，其关注的核心都是电影文本，都是电影的表征。解释批评/影迷批评/再神秘化批评关注电影文本/电影表征所展示的美学风格、思想意涵；症候批评/批判知识分子批评/解神秘化批评则试图挖掘电影文本/电影表征的隐含内容，尤其是其意识形态运用。这两种批评方式又都能与电影史研究/历史批评结合在一起。电影史既可以以解释批评/影迷批评的方式揭示（个人、民族）电影的发展，证明（个人、民族）电影的独特性以实现再神秘化，也可以追索其隐含的政治实践、意识形态转变实现解神秘化的目的。

欧瑞根并没有将电影史写作纳入电影批评的划分。他将电影史写作/历史批评看作电影生产与电影环境的记录——"历史机制通过叙述过去电影轨迹（past filmic trajectories）的关系而实现"。③ 当然，20

---

① Tom O'Regan, *Australian National Cinema*, London: Routledge, 1996, p. 314.
② ［英］托尼·本尼特：《置政策于文化研究之中》，罗钢、刘象愚主编《文化研究读本》，中国社会科学出版社2000年版，第96页。
③ Tom O'Regan, *Australian National Cinema*, London: Routledge, 1996, p. 312.

世纪 90 年代至今主题多样化研究着重于对不同电影类型及其特征、历史的研究也不可能是症候批评/解神秘化批评。主题多样化电影研究一般关注不同的电影类型，如故事片、纪录片等，有时也会与国家和个人联系在一起进行研究。这种研究方法既可以是解释/再神秘化研究（分析同类型电影中相同结构要素、不同电影类型的比较研究），也可以是历史研究（电影类型的沿革与转变），但绝不可能是症候批评/解神秘化批评。

就澳大利亚电影研究的发展而言，这三种批评模式有先后之分。不过，一般而言，同一批评家往往会运用三种批评方式于不同场合。威廉姆·鲁特（William Routt）在进行大众电影研究时，运用影迷批评的方式，探索大众电影的风格；他同时又以批判知识分子的立场解读电影中的殖民主义以及包含与排斥的机制；鲁特在进行电影批评时，又习惯通过具体语境和时代进行阐释，例如《母国最美的孩子：1920 年代和 1930 年代电影中的殖民主义和家庭》("The Fairest Child of the Motherland: Colonialism and Family in Films of the 1920s and 1930s")。同一部电影作品也会被以不同的批评方法揭示其艺术风格、思想意义、隐含的意识形态运作以及与时代的关系。

同时，解释批评/影迷批评/再神秘化批评和症候批评/批判知识分子批评/解神秘化批评以不同方式关涉澳大利亚民族问题。解释批评/影迷批评通过揭示澳大利亚电影的独特性——美学风格、风景展示、民族独特性——将澳大利亚民族再神秘化。影迷批评/解释批评往往与历史批评/电影史研究联系起来，标示澳大利亚本土的差异性，再神秘化/神话澳大利亚民族的独特性。威廉姆·鲁特在评价《白澳的诞生》（*The Birth of White Australia*, 1928）这一电影时即运用影迷批评/解释批评与历史解释相结合的方法阐述 20 世纪 20 年代和 30 年代澳大利亚的种族歧视。这一时期的种族歧视，"被表达为……主宰和从属的关系，而不是简单的仇恨。在像《丛林女孩》（*A Girl of the Bush*）、《丛林女人》（*The Jungle Woman*）和《白澳的诞生》这类电影中，'低等阶级'通常具有明确的美德，即使他们的美德不能使他们获得与白人平等的地位"①。文学研究中的后殖民/民族主义批评无疑也实践着这种批评策略；症候批评/批判知识分子批评则深入电影文本、电影表征的影像、结构、符号，追索澳大利亚独特性的构造本质，分析民族话语的结构，以刺破民族主义的意识形态幻象，达到解神秘化的目的。很多时候，症候批评/批判知识分子批评也会与历史批评/电影史研究联系起来以阐述意识形态的连续性和恒定性。同样是对《白澳的诞生》的批评，蔡秀琼（Siew Keng Chua）将其看作澳大利亚种族歧视的奠基电影，其包括以后的《危险年代》（*The Year of Living Dangerous*，1982）、《龙在天涯》（*Echoes of Paradise*，1987）、《龟滩沥血》（*Turtle Beach*，1992）共同实践着排斥亚洲的种族歧视话语。蔡秀琼指出：

> 这部电影（《白澳的诞生》）为以后反对亚洲，尤其是东南亚的一系列电影设定了话语界限，背景和特征被确定。最近重新审视这部电影，尤其在了解当今澳大利亚官方话语将本国置于亚洲地区的情况下，我在面对这种明显的种族歧视文本时仍然感到不寒而栗……这部电影具有十分重要的历史地位，它将一系列（极端的）东方主义话语的阶级结构置于澳大利亚电影之中。②

解释批评/影迷批评/再神秘化批评和症候批评/批判知识分子批评/解神秘化批评以不同的方式关涉澳大利亚民族问题，尤其是在面对

---

① William Routt, "The Fairest Child of the Motherland: Colonialism and Family in Films of the 1920s and 1930s", in A. Moran and T. O'Regan (eds.), *Australian Screen*, 1989, p. 40.
② Siew Keng Chua, "Reel Neighbourly: the Construction of Southeast Asian Subjectivities", *Media Information Australia*, 70 (November 1993), p. 29.

澳大利亚民族独特性的态度上。解释批评/影迷批评/再神秘化批评以揭示和确认为主，也即在揭示澳大利亚民族独特性时对其确认和再神秘化；而症候批评/批判知识分子批评/解神秘化批评则在揭示澳大利亚民族独特性时揭示其建构性，以及伴随建构过程的意识形态结构的运行。本章对澳大利亚电影研究的分析将聚焦于与文化研究联系密切的症候批评/批判知识分子批评/解神秘化批评。当然，对解释批评/影迷批评/再神秘化批评对澳大利亚民族独特性的解读也会有所涉及。事实上，对电影批评的这种区分更多的是便宜之计，主要是为了方便厘清不同的技术路线以及确认其与文化研究的关系。更重要的是，确认文化研究文本批评方法的进路，为之后进一步分析其可能存在的问题奠定基础。

二 电影史与澳大利亚民族独特性的确认

如果我们将一个国家的电影看作这个国家的一项文化事业，那么，一国电影的繁荣就有助于确认这个国家文化的成功与影响力。依照这种逻辑，我们可以将澳大利亚电影与该国的民族主义、民族精神联系在一起。汤姆·欧瑞根在《澳大利亚民族电影》中列举了认知民族电影价值的四条基本原则，这些原则有助于我们认识民族电影确认自身以及本国文化特殊性的话语策略。这四条原则包括：

1. 与好莱坞主流电影的关系。民族电影往往被贴上文化的标签，而好莱坞电影则被贴上世俗的经济标签。
2. 民族电影的价值区分。一些民族电影被看作是值得推崇的，一些是"其他"电影（"other" cinemas），还有一些仅仅是平凡电影。

3. 民族电影区分。分为主流电影和边缘或独立电影；以及

4. 好莱坞电影的积极价值以及其在本地市场的遗产，同时抬高和贬低本土民族电影。①

这四个方面相互连结构成了关于民族电影价值的不稳定的等级结构。这一等级结构可以使澳大利亚电影从容应对关于本土电影价值的追问。当澳大利亚电影被质疑缺乏艺术性时，文化差异会将自身定义为"他者"；当澳大利亚电影被质疑为相对于好莱坞电影的平庸时，它会被宣称只是面向澳大利亚观众的电影。同时，不同团体也可以根据不同标准推崇主流电影或边缘电影。当然，无论我们从何种角度认识澳大利亚电影，从民族电影的界定上来说，它是相对于其他民族的电影、是应对国际主流电影霸权的电影，其基本价值必然表现在两个方面：其自身表现形态的差异和其体现的本土文化独特性。

将澳大利亚电影作为研究对象实际上已经显示出澳大利亚电影研究对民族身份认同的关注——澳大利亚电影是一个独特的地域电影，反映了该地域独特的社会、文化、历史、政治差异。20 世纪 80 年代兴起的澳大利亚电影史研究实际上正是沿着这条路径进行的。艾娜·博特兰（Ina Bertrand）的《澳大利亚电影剪辑》（*Film Censorship in Australia*)、《澳大利亚管理和电影》（*Government and Film in Australia*），艾瑞克·里德（Eric Reade）的《澳大利亚银幕》（*The Australian Screen*），安德鲁·派克（Andrew Pike）和罗斯·库珀（Ross Cooper）的《澳大利亚电影 1900—1977：故事电影生产指南》（*Australian Films 1900—1977：Guide to Feature Film Production*）等著作的写作实际上从总体上确认了澳大利亚电影的独特性，进而追认了澳大利亚民族的独特性。斯图亚特·卡宁汉很好地总结了早期澳大利亚电影史与民族独

---

① Tom O'Regan, *Australian National Cinema*, London：Routledge, 1996, p. 5.

特性的关系:

  澳大利亚电影史最初的模式可以被概括为挖掘（excavatory）、庆贺（celebratory）和争论（polemical）。艾瑞克·里德的《澳大利亚银幕》《澳大利亚无声电影》《有声电影时代、历史和心火》、约翰·巴克斯特（John Baxter）《澳大利亚电影》以及关于早期电影的汇编——《被遗忘的电影》《移动的图片和激情的工业》将自身看作传递太长时间没有被提及——在很大程度上，没有被提及是因为电影文本的缺乏——的故事，尤其是无声电影时代。因此，巴克斯特宣称，"死板的化学规律（inflexible rules of chemistry）已经剥夺了我们的历史"，尽管它可用中立的话语以更准确、更具战略的方式解释这种丧失（loss）。直到最近，电影史显示出保留早期电影材料的趋势。这些历史著作采取好辩的立场，以不同方式将这种挖掘的电影汇编和故事与现时代联系在一起，尤其是60年代末、70年代初的电影工业状况。这种历史的庆贺语调被结合进有时清晰但一般具有隐含意义的争论：澳大利亚电影曾经具有繁荣的本土工业，因此，有再一次做到的能力。①

  澳大利亚电影史中挖掘、庆贺与争论彼此相连，共同确保澳大利亚电影的独特性以及澳大利亚的民族独特性。挖掘是基础，只有充分挖掘（被埋没的）澳大利亚电影故事、资源才能证明澳大利亚电影的独特性和辉煌；庆贺以挖掘为基础，是进一步确认澳大利亚电影独特性以及将其与民族独特性联系在一起的方式，庆贺赋予澳大利亚电影与民族以光辉的形象；争论是保证庆贺顺利进行的理论依据，它不仅

---

 ① Stuart Cunningham, "Australian Film History and Historiography", *Australian Journal of Cultural Studies*, Vol. 1, No. 1, May 1983, p. 124.

需要为本国电影史叙事进行辩护,更需要将电影的过去与现在、电影的表征与民族独特性联系在一起。电影史首先是为了记录电影的发展历程,关注电影的发行、电影评论以及电影工业发展状况。与其他殖民地国家不同,澳大利亚电影具有光辉的过去(争论)。在澳大利亚,电影史著作是塑造民族自豪感、增强民族认同的重要方式(庆贺)。电影与民族认同和自豪感的联系源自对澳大利亚本土电影辉煌过去的追溯(挖掘),以及在这一过程中与英国和美国电影生产状况的比较(争论)。派克和库珀的《澳大利亚电影 1900—1977:故事电影生产指南》一书的开篇即做出这种论述:

> 1906 年,第一部任意实质性长度的连续叙述电影《凯利帮的故事》(*The Story of the Kelly Gang*)在墨尔本制作完成。关于这部电影是否是澳大利亚,甚至全世界,第一部故事片的争论模糊了一个重要事实:在其他国家,尤其是英国和美国,经常出现同样长度(4000 尺或更多)的叙事电影之前,1906—1912 年的澳大利亚故事电影生产已经开出早期的花朵。例如,在英国,最长的电影制作于 1911 年,为 2500 尺;同一年的澳大利亚,至少有 20 部电影超过 3000 尺,并且有接近一半超过 4000 尺。在早些年,拍摄的主要是本土电影,电影制作者直接对澳大利亚观众负责,而无须依赖海外建立的电影工业模式。这或许是澳大利亚电影史上最"民族的"时期,许多重复出现在本土电影中的主题和构思在这一时期最先被开发和确定。[①]

在以上叙述中,挖掘、庆贺与争论的策略混同在一起共同保证澳

---

① Andrew Pike and Ross Cooper, *Australian Film 1900—1977: A Guide to Feature Film Production*, Melbourne: Oxford University Press, 1998, p. 3.

大利亚电影的辉煌以服务于澳大利亚的自我民族意识和民族自豪感。通过一系列时间节点——"1906年""1906—1912年",作者保证挖掘和记述的严密与合理;通过比较——"英国""美国",作者争论本国电影取得的成就;通过序列词语——"第一部""最早",作者庆贺本国电影的辉煌;电影长度数字——"2500尺""3000尺""4000尺",比较性词语——"至少20部"的组合,不仅用来记述,更用来争论以庆贺本国电影取得的非凡成就。最后,作者强调的"澳大利亚电影史上最'民族的'时期",不仅将电影与民族主义、民族自豪感联系在一起,更在追溯澳大利亚电影辉煌过去的同时展望本国电影的复兴。

当然,澳大利亚电影批评家依旧在这些早期的电影史中发现了一些问题。阿尔伯特·莫兰(Albert Moran)和汤姆·欧瑞根在1983年的文章《澳大利亚电影的两种话语》("Two Discourses of Australian Film")中批判这些著作将澳大利亚电影当作同质化的客体,并以线性发展的方式解释澳大利亚电影的发展,为澳大利亚电影的发展设置了一个目标。不过,莫兰和欧瑞根的这种批评恰恰揭示了澳大利亚电影史对本民族特殊性的伴随性追认。

卡宁汉在解释"民族电影"一词时指出,"这一类型(民族电影)……经常仅仅被与地理位置相等同,在这一地理位置中,如此多的导演的和电影风格的高光时刻在发生"。[①] 在这一解释中,电影实际上是指某一地理位置上发生的事件,关于电影的记录自然也是关于这一地理位置发生事件的记述。澳大利亚电影史可以被看作澳大利亚历史的重要分支。它像其他方面澳大利亚历史著作一样,记录和展示了澳大利亚电影,进而是整个民族的差异性。因此,《澳大

---

① Stuart Cunningham, "Australian Film History and Historiography", *Australian Journal of Cultural Studies*, Vol. 1, No. 1, May 1983, p. 123.

利亚电影1900—1977：故事电影生产指南》在介绍和收录电影时指出"我们的意图是使人们了解澳大利亚虚构电影的深度和广度，进一步揭示这一国家电影界的某些精神，而不是将我们限制在电影产业史中"①。

电影史在整理和收录时往往有不同的评价标准，确认电影的价值和等级。不过，在大多数澳大利亚电影史著作中，占据主流地位的电影依旧表征澳大利亚社会历史现实的电影。汤姆·欧瑞根在《澳大利亚民族电影》一书中，专门将第三部分用作讨论澳大利亚电影对本国现实的表征——"澳大利亚电影的问题域"（problematizing Australian cinema）。澳大利亚本土的一系列社会问题——抚养争论、乱伦、代沟、土著与定居者的关系、性别歧视、民族问题——都成为澳大利亚电影探讨的对象。在这些问题中，性别和民族成为欧瑞根探讨的重点。第12章主要讨论性别问题。性别歧视不仅是澳大利亚电影表征的对象，即电影中对男女关系的描述，它同样存在于参与电影创作的男女工作人员、男女演员的薪资待遇与地位区分之中。第13章则主要讨论民族问题。澳大利亚电影表征了澳大利亚人民的典型形态。四方面叙事主题构成澳大利亚民族表征的基本维度：欧洲发展来的社会、流散者组成的社会、新世界社会和多元文化社会。这四个维度从不同方面表征了澳大利亚民族的独特性。约翰·塔洛克的经典电影史著作《银幕传奇：1919—1929年间的澳大利亚叙事电影》一书的第三部分命名为"丛林传奇"，同样是对澳大利亚电影表征民族独特性的讨论。派克和库珀的《澳大利亚电影1900—1977：故事电影生产指南》一书收录的488部电影中，大多数是表征澳大利亚本土元素，也即澳大利亚社会差异性的电影。

---

① Andrew Pike and Ross Cooper, *Australian Film 1900—1977: A Guide to Feature Film Production*, Melbourne: Oxford University Press, 1998, preface, vii.

表征成为澳大利亚电影史著作展示和塑造澳大利亚独特性的重要手段。

三 表征：澳大利亚民族差异的塑造与解构

对电影表征民族特性的强调实际上首先源自20世纪60年代末以来澳大利亚民族主义情绪的高涨。"20世纪60年代末……一种越来越强的国家主义神话开始把电影看做最理想的媒介，能够折射出体现当代澳大利亚文化与社会的新的自信和成熟的形象。"[①] 这种强烈的国家主义神话受到一系列国家政策的支撑。1970年，澳大利亚电影发展委员会（Australian Film Development Corporation，AFDC）成立，评估电影制作者想要拍摄电影的可行性并予以资助；1971年，澳大利亚电影和电视学校（Australian Film and Television School）成立，为澳大利亚电影业的复兴培育了足够的人才；在这一时期，一家澳大利亚人所有的小型发行公司路演（Roadshow）成立，支持澳大利亚本土电影的放映。在这些措施的支持和影响下，澳大利亚电影界开始探索和拍摄能够表征澳大利亚形象的电影。

在澳大利亚电影批评中，有两种研究电影表征的技术路线，即我们在最开始阐述的解释批评和症候批评。解释批评将表征作为关注的核心和膜拜的对象，解释电影的美学风格、视觉呈现以及思想意涵。症候批评试图透过表征分析其内在结构、展示其意识形态本质。在澳大利亚政府将电影当作展示民族形象的重要手段时，电影研究者以自身方式确认或解构澳大利亚独特性，支持或否定澳大利亚政府关于电影的运用。

汤姆·欧瑞根认为："澳大利亚电影远不止是'电影世界中的电

---

① ［澳］格雷姆·特纳：《电影作为社会实践》，高红岩译，北京大学出版社2010年版，第187页。

影'，它在与社会领域的关系中实现自己，将自己变成社会问题化的一个工具……它在电影制作、市场推广和观众接受上依赖社会互文性和民族独特性。"① 澳大利亚电影在关涉本土问题时确认自身的独特性，这是电影解释批评的一个基本观点。它要处理的关系，如同后殖民文学批评一样，是文本与环境的反映关系，是文本对澳大利亚民族独特性的表征与神话。

约翰·塔洛克在《银幕传奇：1919—1929年间的澳大利亚叙事电影》的第三部分讨论澳大利亚形象在银幕上的表征。约翰·塔洛克总结了澳大利亚电影表征的丛林生活的一些关键要素，阐述了研究澳大利亚的某些事实，揭示了澳大利亚电影工业的重要方面。在塔洛克看来，研究澳大利亚电影有四个方面需要特别注意：第一，有机的和民主的文明与阶级分化和都市工业社会的对立。第二，关于进步的斗争不应从阶级的角度理解，而应该从反对"不平等的"垄断的角度理解。第三，不同传奇故事之间内容上或许有差异，但结构上往往类似。一般而言，在地点与所表征的意涵之间存在对应关系。第四，丛林传奇的建构与推行在某种程度上符合城镇企业家集体的利益。这四个方面同时也是理解20世纪20年代澳大利亚电影工业的关键。当然，在进行具体的文本分析时，第三方面是分析的重点。塔洛克将不同传奇故事的意涵进行了简要的概括：

寮屋居民传奇（Squatters' legend）
野性/父权制文明/城市化残余（urban divisiveness）

城市—农业传奇（Urban-agrarian legend）
种姓制度/理性文明/无产阶级革命

---

① Tom O'Regan, *Australian National Cinema*, London: Routledge, 1996, p. 240.

选民传奇（Selector's legend）
牧场主主导/私人化农场文明/都市欲望

与以上三种传奇相对应的是不同的文化形式：

潜文化（自然）/乡村文化/超文化（城市）①

三种传奇故事各有其同质化的内涵，而在塔洛克看来，真正的传奇处于乡村野蛮与城市欲望之间，协调乡村与城市的关系，约束城市与乡村价值取向。塔洛克在解读澳大利亚电影传奇中人与自然的关系时，提出澳大利亚传奇与澳大利亚道德、价值体系的同构关系。

1919—1929年间的澳大利亚电影表征澳大利亚丛林生活时有一个基本的情节：男性在面对巨大的身体和精神困境时与自然积极搏斗，最终取得成功并获得巨大回报。在塔洛克看来，《丛林女孩》、《旱季求生》（*The Breaking of the Drought*）等澳大利亚电影中，人（男人）只是表面上与自然对立，最终结果（整体剧情）往往是人与自然的融合。塔洛克指出："过程是辩证的，最初开拓者与自然的对立逐渐演化为两者的共生。最终，这些人物，有时被干旱击败但很多时候又击败干旱，通过紧密合作将开垦更多土地、忍受更严苛考验、开发更多资源，无休止地展望澳大利亚未来光辉灿烂的一面。"② 电影反映出来的是拓荒者、政治家、艺术家以及工人的"澳洲梦"，在逆境中、在与自然的搏斗中锻炼个人品质、增进人与人之间的伙伴情谊、对抗自然并从严苛的困境中夺取生存的权力。塔洛克基于这种理解对《旱季求生》这一电影进行了解读：

---

① John Tulloch, *Legends on the Screen*, Sydney: Currency Press, 1981, pp. 354 – 355.
② John Tulloch, *Legends on the Screen*, Sydney: Currency Press, 1981, p. 345.

第三章 电影与澳大利亚民族表征

电影的主体叙事以展示干裂的土地、饥饿的绵羊、绝望的过劳工人开始。这些场景共同讲述了灾难的故事，定义了与即将出现的堕落城市世界相比较而言真正的人。电影的结尾展示了一个守约之地：富饶而多产、被人和机器控制的起伏的草地和玉米。在这一实在轨迹中，《旱季求生》插入了一个同质性的他者。旱季求生既是精神的也是身体的："乡村"父亲的"城市"儿子从不仅威胁他自己还威胁他走出的整个乡村传统的堕落生活中被拯救出来。在"自然的"大丰收之后，电影最后的序列是两个人在一种精神圆满的联合中拯救"城市"儿子。汤姆和马乔里（Marjorie），像电影要告诉我们的，是真正的丛林居民。他们像俄狄浦斯（Orpheus）一样深入城市带回他们的珍视的人。像俄狄浦斯一样，他们步履蹒跚却灵思巧妙的建立起真正的乡村爱情和伙伴情谊的联盟。这种联盟如此强烈以致盛行于世。[①]

约翰·塔洛克在澳大利亚电影表征（叙事、场景、人物）中，解读出了澳大利亚民族精神。澳大利亚电影与民族精神处于一种同构关系，电影反映并生产澳大利亚民族精神，澳大利亚民族精神构成了电影的基本内核。通过这种解释，塔洛克不仅对澳大利亚电影独特性（丛林传奇）进行辩护，而且强调了澳大利亚民族精神的独特性。这种电影批评方式以解释性的方式再神秘化了澳大利亚电影/民族的独特性。

当然，约翰·塔洛克在解读澳大利亚电影时注意到澳大利亚电影对民族独特性的建构作用——民族独特性并非本源性的，而是被建构起来的。不过，对于另一种关涉表征的批评方式——症候批评——而言，最重要的不是独特性及其建构，而是这种独特性建构隐含的意识形态要素。在澳大利亚电影批评中，症候批评远比解释批评更普遍。

---

① John Tulloch, *Legends on the Screen*, Sydney: Currency Press, 1981, p. 346.

澳大利亚民族精神建构中的种族歧视、性别歧视、地域霸权都成为学者解读和批判的对象。

1987 年，苏珊·德莫迪（Susan Dermody）和伊丽莎白·杰卡（Elizabeth Jacka）出版的两卷本《放映澳大利亚》（*The Screening of Australia*），这部著作主要对 1969 年以后的澳大利亚电影状况进行总结和研究，对电影本身进行批评。在这部著作中，最常被学者引用的是关于澳大利亚两类电影工业的分类。产业 1（industry 1）怀疑市场而寻求政府干预，注重电影品质和对本土景象的呈现，将电影作为与帝国主义文化进行斗争的手段。产业 2（industry 2）以市场为导向，以一种平民主义的视角娱乐大众并追求电影的国际市场。这两类电影可以通过以下图表的对比进行明确阐述。

澳大利亚电影两种基本模式①

模式 1	模式 2
关注社会问题	不关注社会问题，只是提供娱乐
寻求澳大利亚文化上的认同	澳大利亚是国际舞台的一部分，民族化等于对其他国家的畏惧和憎恨
工党左派	不参与政治但是参加选举
预算低、面向国内观众	预算高、面向国际观众
说教、富于社会教育意义	非信息化电影：它们是"观众的镇定剂"或"社会工程"
对艺术、文化、中产阶级感兴趣	反势力、反艺术、淡化中产阶级意识
电影有文化内涵、批判性较弱	反对艺术电影
反对垄断的电影模式：主张独立性	推崇好莱坞模式："他们做的很棒，我们要向他们学习"
拥护政府的产业政策	主张"市场自由化"
反对文化帝国主义	"文化帝国主义？从未听说过！"
电影的文化和政治意义无可估量	票房收入可以计算

① 邓天颖、张威：《透视澳大利亚电影业》，《北京电影学院学报》2002 年第 5 期。

德莫迪和杰卡总结的这两类电影模式分别对应澳大利亚电影发展中的两种电影类型：产业 1 的代表影片是由澳大利亚电影委员会（Australian Film Commission，1975 年由澳大利亚电影发展委员会发展而来）资助的"AFC"电影，也即所谓的"优质"（quality）电影。这类电影，运用低调的、高度美学化的视觉风格展示澳大利亚异国情调的景象；在选材上偏爱历史题材，以从容的节奏和散乱的情节以及高度艺术化的形式展示澳大利亚的历史和传奇。这类影片的代表作有《悬崖上的野餐》（*Picnic at Hanging Rock*）、《我的光辉生涯》（*My Brilliant Career*）、《澳新军团》（*Anzacs*）等。产业 2 的代表影片是被称为"澳式低俗喜剧"（Ocker Comedies）的电影，这是第一批成功抓住澳大利亚观众的电影。代表影片有《鹳》（*Stork*，1971）、《巴里·麦肯齐历险记》（*The Adventures of Barry McKenzie*，1972）、《阿尔文·玻波尔》（*Alvin Purple*，1973）等。这类影片将澳大利亚呈现为一个男性的、民粹主义的和愉悦低俗的国度，注重突出澳大利亚民族的独特性，因此，啤酒、性和身体功能成为电影中经常出现的符码。

产业 1 和产业 2 无论在资助形式、内容呈现、目标取向上都存在很大差别。但是，毫无疑问，这两类电影分别以不同的方式表征着澳大利亚民族形象问题。而正如我们所言，无论是影迷批评/解释批评、批判知识分子批评/症候批评还是历史批评，表征都处于电影批评的核心位置。影迷批评/解释批评与批判知识分子批评/症候批评在解读这两种表征澳大利亚的形象时都被运用。不过，正如我们所强调的，批判知识分子批评/症候批评的运用要占主导地位和更具有普遍性。

批判知识分子批评/症候批评在解读这两类电影形象时运用了不同策略。"澳式低俗喜剧"无疑更能反映澳大利亚的社会状况，也更能吸引澳大利亚本土观众。但是，对澳大利亚电影批评者来说，这类电影对澳大利亚形象的表征仍旧带有一种"文化谄媚"的意味,也即它在本国电影中吸收和重构了西方国家关于澳大利亚的"东方主义"观念。"很多人希望为澳大利亚建立一种具有文化深度的新形象,可以与欧洲中部国家相媲美,但是澳式低俗影片扑灭了所有这些希望。相反,澳大利亚看上去像是多数欧洲中心主义批评家和政府部门的电影审查者讨厌居住的地方。电影描述的当代澳大利亚通俗文化的特殊性,对于那些原本就对其缺乏认同,而希望帮助国家超越这一点的人们而言,实在十分尴尬。"①

从表征澳大利亚民族形象方面,"AFC"电影更受批评家的喜爱。这种由电影出资机构主导的电影,是一种"具有视觉风格的、低调的、高度美学化的时代剧,提供了澳大利亚风景在视觉上的异国情调,同时配以有着现代象征意义和开放结局的叙事形式。澳大利亚于是被锁定在其本身的悠久历史中,它目前的身份隐含在对其过去的再现所体现出的风格和敏感度之中"②。澳大利亚电影批评家承认这类影片的艺术价值和关于本国形象的表征意义。他们不是从民族形象的角度批评"AFC"电影,而是从"AFC"电影结构的性别意识形态解读其暗含的男权中心主义。德莫迪和杰卡在介绍"AFC"电影时就从中解读出了性别歧视的意涵。他们将这类电影的特征概括为"怀旧电影""古装电影""性别歧视电影""单一文化电影"。

对"澳式低俗喜剧"和"AFC"电影的批评都是症候批评,这种批评旨在揭示这些电影所隐含的国家、性别特性的建构性及其意识形态意涵。它不再将关注的焦点放在表征与社会现实之间的对应关系,而是关注电影表征的意义与功能。因此,"电影甚至不是最终的考察

---

① [澳]格雷姆·特纳:《电影作为社会实践》,高红岩译,北京大学出版社2010年版,第192页。

② [澳]格雷姆·特纳:《电影作为社会实践》,高红岩译,北京大学出版社2010年版,第192页。

目标，而只是有关'表征'的广泛议题的组成部分。所谓表征，即在电影或电视中制作具有象征意义的影像、声音和符号的社会过程"①。电影表征作为一个社会过程，通过影像、声音和符号生产意义、感知或者意识形态，也即它是建构一种社会生活方式的过程。

第二节　电影作为实现澳大利亚国家神话的实践

"澳式低俗喜剧"和"AFC"电影都是表征澳大利亚形象、建构澳大利亚民族独特性、增强澳大利亚民族认同的重要手段。与新闻媒介、大众文化一样，电影也是相较于文学（高雅文化）增加民族意义的方式。电影对民族叙事和民族意义的增加，如同新闻媒介和大众文化，会与原民族话语和民族意义相冲突。为了保护核心民族话语和民族中心意义，制度引导和控制就成为必要。这也成为澳大利亚电影批评关注的重要方面。

一　澳大利亚电影机制与国家形象表征的控制

如果说新闻媒体以民族话语重构商人形象是增加了国家表征。那么，澳大利亚电影委员会对"AFC"电影的引导和支持则是电影机制约束和限制电影对国家表征的方式。格雷姆·特纳在《电影作为实践》中对限制表征的意义以及限制表征的方式都予以深入阐述。

特纳首先对民族主义/国家观念的价值进行了辨析。民族主义/国家观念是其成员所共享和接受的一种意识形态理念。民族主义/国家观

---

① ［澳］格雷姆·特纳：《电影作为社会实践》，高红岩译，北京大学出版社2010年版，第55页。

念既具有其积极方面，它能增强国家成员的认同感，给予国家成员以安全感；它同时又可能是可怕的政治威胁，胁迫成员接受不公正待遇，使成员接受相对于国家利益的从属地位。作为一套共享和普遍接受的意识形态系统，民族主义/国家观念可以在最基本的意义和话语层次上运作。"它是界定可接受与不可接受、正常与不正常的高于一切的优先准则，只需通过界定什么是澳大利亚的、英国的或美国的，什么不是，来进行判断。"①

电影对澳大利亚形象的表征是澳大利亚民族主义/国家观念运行的最基本层面。它表征了澳大利亚的典型形象：自然风光、代表形象、民族性格、人与自然的关系、男女之间的关系，等等。这些典型形象成为澳大利亚人认识自身以及认识他人的基本途径。国家赢得对电影表征的控制也就控制了个人对自我及其他人的看法。就这种控制的消极意义而言，它成为维护统治阶级霸权的有效手段；就这种控制的积极意义而言，则确保国家成员对国家/世界理解的一致性，给予其成员以完整的身份认同并维护国家的稳定。

为了维护国家观念的一致性以促使其发挥正常的文化功能，国家各方面机构必须控制国家表征的生产。国家管理机制之所以热衷于控制艺术、文学、电影等对国家的表征，在特纳看来，是因为"不同的表征会享有不同的地位，同时也拥有不同的意义。事实上，它们会建构不同的国家"②。国家表征的增加会造成关于国家的解释意义的蔓延，其结果是蔓延的意义消解核心/本源的民族独特性和国家观念。因此，为了使电影发挥国家期望的文化功能，维护现有的民族主义/国家观念，政府会运用一系列硬性规定以约束和限制电影对国家的

---

① ［澳］格雷姆·特纳：《电影作为社会实践》，高红岩译，北京大学出版社2010年版，第182页。
② ［澳］格雷姆·特纳：《电影作为社会实践》，高红岩译，北京大学出版社2010年版，第183页。

表征。

在特纳看来，大多数国家会采取两方面措施约束和限制电影对国家的表征：一方面，实施一系列政策和制度措施控制国外电影的进口，并鼓励本国电影的出口。这些措施包括：

> 票房征税（瑞典）、投资者所得税奖励（澳大利亚）、外国影片进口配额（英国）以及限制跨国公司的纵向整合。更为正面积极的措施包括建立影视学校（澳大利亚）、成立国家电影融资机构（加拿大）、提供赞助与补贴（英国），以及政府为营销企业提供资助（英国和澳大利亚每年在戛纳国际市场都会得到这种来自政府的资助）。①

这一系列措施实际确保了电影推广的"国家化"，揭示出电影生产不仅仅是商业计划，而且是国家文化项目（或设计）。国家通过扶持本国电影产业、限制国外电影实现对电影表征的控制，使其在政府规划范围内表征本土形象。

第二个层面的措施是通过政府控制的机构对电影的发行与上映进行审查。这一系列措施和审查内容包括：

> 它（电影）需要被评价是否适合做旅游广告，或者在描述国家生活方面是否具有"典型性"。（然而，这些不会发生在美国电影身上，尽管我们认为所了解的许多有关美国社会的知识确实来自它们的电影。）国家电影产业生产的影像与内容需要受到审查，看其是否适合作为国家的"巡回旅游团"（touring team），并由此

---

① ［澳］格雷姆·特纳：《电影作为社会实践》，高红岩译，北京大学出版社 2010 年版，第 185 页。

提出生产什么、发行什么、什么能够被观众和评论者积极接受的另一套决定性因素。①

政府采取以上两方面措施的聚焦点都是控制电影的表征。在民族主义/国家观念的统摄下，则是关于国家形象的表征。对电影表征的控制、约束与引导实际上是为了使其发挥保存、再造、传播民族主义/国家观念的功能。

格雷姆·特纳随后通过"民族电影：澳大利亚电影的复兴"梳理了澳大利亚本国在20世纪60年代末期以后采取的一系列复兴澳大利亚电影的措施以及澳大利亚电影类型的转变。特纳对澳大利亚电影委员会、澳大利亚电影与电视学校、路演发行公司等对澳大利亚电影产生的影响进行了简要概述。这些措施成为引导和操控电影表征的重要手段。"澳式低俗喜剧"在澳大利亚政府的支持下兴起。不过，当政府和评论人员发觉这类电影不能恰当表征澳大利亚民族形象时，融资机构开始重新引导电影的表征。"AFC"电影即是这种引导的结果。"AFC"是澳大利亚电影委员会（Australian Film Commission）的缩写，这类电影是由澳大利亚电影委员会资助的电影。"电影制作者向澳大利亚电影发展委员会（后改为澳大利亚电影委员会 [Australian Film Commission]，AFC）提交他们的电影大纲。它们的适宜性、过往记录和可行性在这里得到评估，并且在今后的每个阶段都要接受评估。一旦项目得到好的评价，AFDC/AFC会对剧本的进一步发展提供资助，并准备预算。"② 也即是说，"AFC"电影是严格受到澳大利亚电影委员会控制、体现该委员会偏好的电影。这种被评论界公认为展现澳大

---

① ［澳］格雷姆·特纳：《电影作为社会实践》，高红岩译，北京大学出版社2010年版，第185页。

② ［澳］格雷姆·特纳：《电影作为社会实践》，高红岩译，北京大学出版社2010年版，第188—189页。

利亚国家自豪的电影实际是受电影机构限制和操控的电影。正因如此，格雷姆·特纳指出：

> 很难不把"放映澳大利亚"（screening of Australian）看做一项复杂的活动，因为它不仅包括放映电影影像，而且要"筛选掉"某些类型的电影，最后选出的影片在美学观念上都是欧洲化的，通过地理景观或历史而不是通俗文化形式建构出澳大利亚的本质。在 AFC 类型的影片中，对当代澳大利亚的呈现存在一种深刻的意识形态上的抵制，也许因为这些再现几乎不可避免地都在赞美土著文化形式。①

二 电影机制、时代特征与民族形象的表征

格雷姆·特纳的分析阐述了电影对民族意义增殖的作用，强调政府通过引导和控制电影表征民族形象的方式以管控民族话语和民族意义的生产。在这种解释中，特纳将自己放在中立的位置上，阐述了电影表征、民族形象与政府管控之间的关系。特纳的这种阐释方式实际是许多电影史（以及文学史、音乐史、绘画史，等等）著作的基本构架。这些电影史著作一方面解释了电影表征隐含的意识形态操控，另一方面，对于这些电影史著作来说，电影社会机制的引入在很大程度上服务于对电影时代特征的讨论。或许，后一方面更符合电影史关于电影机制的叙述。格雷姆·特纳以及德莫迪和杰卡在讨论20世纪60年代以后的澳大利亚电影时都引入电影机制的作用以证明政府对电影

---

① ［澳］格雷姆·特纳：《电影作为社会实践》，高红岩译，北京大学出版社2010年版，第193页。

表征民族话语和民族意义的掌控和引导。但同时，就他们的著作而言，电影机制实际上也被用来证明这一时代的电影特征。这一时代的电影主要服务于对澳大利亚民族形象的表征，因为这些电影受到政府电影机制的管控。电影机制确实在限制电影形象的增殖和意义的扩散，但是，对许多电影批评家来说，这一限制的方式、运作过程与实践意义并没有受到关注。在省略了这一系列中间环节之后，电影机制依旧被用来证明政府对电影表征和电影意义的管理，但其更被用来证明电影的时代特征。

汤姆·欧瑞根及曾经的电影研究伙伴阿尔伯特·莫兰在《民族建构：战后澳大利亚纪录片（1945—1953）》["Nation Building: The Post-War Documentary in Australia（1945 - 1953）"]一文中阐述了"战后"澳大利亚纪录片与民族建构的关系。"二战"结束后，澳大利亚开始积极寻求摆脱英国的统治和影响，建构本国的民族独特性。民族建构和民族主义成为这一时期澳大利亚纪录片的基本立场和主题。在莫兰看来，这一时期的民族主义，

> 与之后的政府电影在意识形态上并不相同。政府电影倾向于强调个人主义，少有电影以"幸运之邦"的视角为核心。民族建构的主题是携带自身电影主题规划的民族和社会的一种积极展望。这些主题无一不具有乐观的改革主义精神：它确认更好的未来一定会到来。电影作品同样被看作巨大的民族系统的重要组成部分，民族通过电影作品建构自身。①

这一时期纪录片对澳大利亚民族精神重构的重要作用主要表现在

---

① Albert Moran, "Nation Building: The Post-War Documentary in Australia（1945—1953）", *Continuum: Journal of Media & Cultural Studies*, Vol.1, Issue 1, 1988, p.62.

以下两个方面：第一，电影主题上，以展示和凸显共同人性，挖掘工人、农民、丛林人身上的重要品德以发挥电影教育市民的目的；第二，这一主题在两种不同记录模式上以不同风格被展示。这两种记录模式是经典纪录片和美学纪录片。莫兰详细介绍了这两种记录风格的由来、代表导演以及不同分支。简言之，经典纪录片以英国导演约翰·格里尔逊（John Grierson）为起始，强调电影是事实的报道（reportage），纪录片需要直接面对和描述现实。评论、音乐等电影语言无助于电影故事的讲述。美学纪录片则强调纪录片需要展示个人风格和印记、追求一种美的表达。在莫兰看来，这一时期的纪录片对澳大利亚民族建构具有十分重要的意义。

> 这一时期的纪录片导演在制作纪录电影时赋予其社会前景的密度和多样化空间。这一特征在1950年代中期到1960年代中期已经完全消失了。在他们简短的联合时期，他们带来了多样化的电影传统和实践。事实上，他们是澳大利亚第一批电影知识分子。在一系列实践中，他们将澳大利亚官方纪录片构建为生动的、有趣的、有时是感人的作品，这些作品在主题、观点或风格方面远称不上单一。他们的冲击力和影响不能被限制在他们自身的贡献上。[①]

通过以上梳理，可以看出莫兰对这一时期电影人自身及其纪录片的独特性和对澳大利亚民族建构的作用。以上的陈述展示了澳大利亚电影人及其纪录片的作用和意义。不过，这些意义是受到这一时期电影机制制约的，更准确地说，这一时期的澳大利亚电影机制描绘了这一时期纪录片的基本面貌，定义了这一时期纪录片的本质

---

① Albert Moran, "Nation Building: The Post-War Documentary in Australia (1945—1953)", *Continuum: Journal of Media & Cultural Studies*, Vol. 1, Issue 1, 1988, p. 61.

特征。莫兰指出：

> 澳大利亚国家电影委员会（Australian National Film Board, ANFB）在1945年由内阁会议建立，它的建立标志着这一时期澳大利亚联邦政府对电影产业的全盘接管。虽然"电影"在这里不是被构想为娱乐性的故事片而是传播信息的电影，这些电影为生产一个重要的社会政治、管理以及其他方面的公共空间而被设计。信息部的电影部门是澳大利亚国家电影委员会电影生产的辅助部门。它是一个工具，通过它电影政策显明。[①]

澳大利亚国家电影委员会既是指导电影生产、限制电影意义的部门，也被用来确认这一时期电影的基本特征。莫兰通过澳大利亚国家电影委员会说明这一时期澳大利亚电影对传递信息而不是娱乐的重视，确认了这一时期电影的基本特征和功能——由澳大利亚国家电影委员会决定、限制、说明。

同样的情况出现在汤姆·欧瑞根的文章《1950年代的澳大利亚电影》("Australian Film in the 1950s"）中。这篇文章介绍了澳大利亚20世纪50年代纪录片的发展与基本面貌。在欧瑞根看来："与其他任何时期相比，1950年代都是澳大利亚电影传统中一个特别断裂的时期。它的意义一般通过与它之前时期，更多的是与其后时期的比较获得。"[②] 汤姆·欧瑞根的文章分几个方面介绍了这一时期澳大利亚纪录片对本土自然社会风貌的表征、本土纪录片的不同类型、纪录片的风格转变、纪录片的探索与扩展以及这一时期纪录片与文化差异

[①] Albert Moran, "Nation Building: The Post-War Documentary in Australia（1945—1953）", *Continuum: Journal of Media & Cultural Studies*, Vol. 1, Issue 1, 1988, p. 58.

[②] Tom O'Regan, "Australian Film in the 1950s", *Continuum: Journal of Media & Cultural Studies*, Vol. 1, Issue 1, 1988, p. 1.

性建构之间的关系。这些方面证明了澳大利亚纪录片在这一时期的独特性。不过,对这一独特性的界定与解释却需要引入政府管控的电影机制。

三 文化政策研究与对意义的限制

格雷姆·特纳、阿尔伯特·莫兰、汤姆·欧瑞根乃至约翰·塔洛克往往从两个方面讨论电影机制:一是电影机制管理、限制、引导电影话语和电影意义的扩散;二是电影机制被引用为社会背景,用以作为阐述一个时期电影特征的证据。在很多时候,第一方面往往会被第二方面湮没。尽管与后殖民主义/民族主义批评讨论文学作品存在很大差异,这种讨论电影机制的方式实际被用来证明电影表征的独特性以及可以进一步证明民族的独特性。这无疑可以被看作一种解释批评:通过电影机制解释电影表征,电影表征是电影机制意愿/意图的具体化。电影意义与电影机制的意识形态相等同。从电影机制向电影意义的转换过程却没有在特纳等人的讨论中出现。

对政府机制与意义控制之间关系进行深入思考的是以托尼·本尼特、伊恩·亨特、斯图亚特·卡宁汉为重要代表的文化政策研究。1987年,托尼·本尼特在澳大利亚格里菲斯大学成立文化政策研究所。本尼特指出,这个研究所的"目的在于组织研究、出版和召开会议等活动,以便在澳大利亚文化政策形成过程中发挥积极作用,迄今为止,它已经同在博物馆、艺术、电影、语言和教育政策等领域内发挥作用的地方和全国性行政部门或准行政部门建立了形式多样的合作或顾问关系"[①]。如果我们将博物馆、艺术、电影等看作意义生产和增

---

① [英]托尼·本尼特:《置政策于文化研究之中》,罗钢、刘象愚主编《文化研究读本》,中国社会科学出版社2000年版,第95页注释。

殖的领域,那么,我们就可以理解政府对这些领域的管理和控制。政府行为实际是为了确保核心话语和意义不受威胁和侵蚀。相反,如果能对这些意义生产领域以适当的调控和引导,将促使其服务于政府的意识形态调控。托尼·本尼特在文化政策研究的纲领性文本《置政策于文化研究之中》一文中,提出这一理论的四项主张:

第一,在将文化视为政府的一个独特领域的同时,需要将政策考虑包括在文化的定义中;

第二,需要在文化这个总的领域之内根据其特有的管理目标、对象和技术区分不同的文化区域;

第三,需要识别明确界定的不同文化区域所特有的政治关系,适当地在它们内部发展研究它们的特定方式;

第四,进行智力工作需要采取一种方式,即无论在内容上,还是在方法上,策划影响或维护相关文化区域内部可识别的能动者行为。[1]

很显然,本尼特等人不再将政府行为、政策仅仅看作限制和说明某一文化行为的背景,而是将其看作介入文化意义生产的必然环节和要素。博物馆、艺术、电影等每一个意义生产领域都具有自身独特的特征,也即管理目标、对象和技术各有差异,需要政府政策区别对待。知识分子则需要充分阐释不同领域的独特性以为政府调控、管理、引导提供参照。这很显然是源于本尼特等人对文化的独特理解。文化一方面是意义生产领域,另一方面也是政府管理的领域,即往往被政府限制和引导意义生产。电影、博物馆、艺术馆等

---

[1] [英]托尼·本尼特:《置政策于文化研究之中》,罗钢、刘象愚主编《文化研究读本》,中国社会科学出版社2000年版,第94—95页。

既是文化领域——制造意义的领域，也是政府管理的对象。这些领域的浮现和扩展极大增加了意义生产的途径，而这些途径需要政府的管控。在本尼特看来："将文化看作特定历史上的一套内在于制度管理关系，而在这些关系中，不断增多的人们的思想和行为方式成为改造目标……就其本身而论，或许它的出现最好被当作逐渐增强的社会生活管理化过程的一部分，是福柯等人用训导（police）观念所指称的现代早期社会生活的特点。"①

基于以上理解，托尼·本尼特强调知识分子应该通过自身对文化不同领域的理解，积极介入不同文化领域的政策制定，以促使政策更好地发挥其制约、管理、引导、规训的效果。本尼特以上对文化以及知识分子地位的阐述受到格雷姆·特纳的批评。在特纳看来："尽管最开始有人有些冲动地宣称文化政策研究为文化研究的支撑性学科（因为它极为有利于理论和实践，政治和政策之间的平衡），文化政策研究实际上还是退回到了一个更加现实一些的位置，担当一个向主流的文化研究理论和实践提供资源的重要角色。"②

格雷姆·特纳的批评只是强调了知识分子对政府部门的"谄媚"，却并没有触及文化政策研究在政策（政府机制）、文化、意义生产之间关系的阐述。西蒙·杜林（Simon During）在《全球视野中的流行文化：文化研究的一个挑战?》一文中区分了文化政策研究的三个层次，将有助于我们进一步理解其对政策（政府机制）、文化、意义生产之间关系的阐述。

1. 政策应该以文化分析的方式来研究。

---

① ［英］托尼·本尼特：《置政策于文化研究之中》，罗钢、刘象愚主编《文化研究读本》，中国社会科学出版社2000年版，第100页。
② ［澳］格雷姆·特纳：《大洋洲》，托比·米勒编《文化研究指南》，王晓路等译，南京大学出版社2009年版，第210页。

2. 文化具有治理性与管制过程的特性。
3. 政策应该成为文化研究的中心焦点。①

如果文化展现于不同的领域（博物馆、电影、艺术、文学、肥皂剧，等等），那么，意义将在这些不同领域之中获得生产和增殖；政府政策对这些领域的影响将会被看作对意义生产的控制和引导。文化的意义生产必然处于政府政策的干预、管控与引导之中。因此，文化研究对政府政策的研究实际是对文化意义生产的研究。文化政策研究强调意义生产不同领域的差异性，因此，文化研究不应该仅仅将政策（政府机制）看作背景或独特性的证明，而应该结合政策分析每个领域的独特性，审视不同领域在政府政策影响下生产意义的过程。

托尼·本尼特等人关注的重心是博物馆，但他们的分析确实为我们理解政府机制与电影的意义生产提供了有效的途径。

第三节 《鳄鱼邓迪》与澳大利亚电影的跨文化接受

在电影生产和传播领域，美国电影一直具有唯我独尊的地位。关于美国电影对澳大利亚电影的影响也一直是澳大利亚电影批评家探讨的对象。在这一方面讨论中，核心问题是澳大利亚电影在何种程度上受到美国电影的影响？这种影响会对澳大利亚民族电影产业造成何种后果？如何理解澳大利亚电影产业在美国电影产业影响下的复兴？这一系列问题都关涉澳大利亚民族身份认同问题。

---

① Simon During, "Popular Culture on a Global Scale: A Challenge for Cultural Studies?" in Hugh Mackay and Tim O'Sullivan, eds., *The Media Reader: Continuity and Transformation*, London: SAGE Publications Ltd., 1999, p. 480.

一 电影模式的借鉴与民族主义

约翰·塔洛克的两部电影史著作——《银幕传奇：1919—1929 年间的澳大利亚叙事电影》（1981）和《澳大利亚电影：工业、叙事和意义》（*Australian Cinema：Industry，Narrative and Meaning*，1982）——成为思考美国电影霸权的重要著作。在卡宁汉看来："《银幕传奇》和《澳大利亚电影》涵括大体相同的时间段（1919 年到 20 世纪 30 年代初），使用相同的记录资料，这两部著作构成了对澳大利亚电影的第一次实质的系统的解释……"①

塔洛克的两部著作聚焦的核心依旧是电影系统对电影表征和意义的限制。他将电影系统分成六个阶段：前生产阶段、生产阶段、发行阶段、展出阶段、接受阶段和控制阶段。这六个阶段包括了电影学校、电影公司、电影行业联盟、代理机构、游说团体（Lobby Groups），等等。无论是演员还是导演都在这六个阶段、受到不同组织的制约和控制。这些组织在通过控制、引导电影生产的不同阶段确保某种观念的推行和认同。在塔洛克看来，20 世纪的澳大利亚电影产业实际上是在保证对英国殖民控制和美国电影霸权的顺从（dependence）。这种顺从通过三个方面得以保证：第一，电影产业系统对澳大利亚本土电影的排斥，使澳大利亚电影生产时刻处于危机和断续之中。电影生产的投资和资助得不到保证，当电影被生产出来，电影发行会受到限制。这种电影产业环境限制了澳大利亚本土电影产业的发展与通过电影产业构建民族认同的可能。第二，在电影评价标准上，一切以好莱坞电影模式为范本，其他电影类型受到贬低和批判。塔洛克在研究 1919—

---

① Stuart Cunningham, "Australian Film History and Historiography", *Australian Journal of Cultural Studies*, Vol. 1, No. 1, May 1983, p. 125.

1929 年间澳大利亚叙事电影时发现,导演、演员、生产者、电影杂志的故事几乎都或多或少地被组织进好莱坞电影模式之中。第三,澳大利亚电影的意义生产。澳大利亚电影以表征丛林传奇为基本内容,这也构成了澳大利亚电影独特性的重要标志。不过,在塔洛克看来,这一表征蕴含了强烈的"资产阶级文化内涵"。澳大利亚电影产业面临的这三方面问题不仅体现了澳大利亚产业本身的依附性,还证明了澳大利亚民族对美国和英国的臣服。

塔洛克的解释似乎证明,即使澳大利亚本土电影表征了澳大利亚独特的民族形象,也可能受到美国电影模式的影响,服务于美国的文化霸权。这样一种观念,在以后殖民批评为基本导向的澳大利亚学术界,并非完全受到认同。正如我们所言,后殖民批评的一个基本策略就是挪用。澳大利亚通过挪用其他国家语言、文化,使其本土化以服务于澳大利亚民族独特性的需要。这一基本观念在 20 世纪 80 年代文化研究学者讨论澳洲电影时尤其会被运用。

随着澳大利亚电影产业的发展,20 世纪 80 年代,澳大利亚拍摄出一系列在海外市场特别受欢迎的商业电影。这些商业电影往往采用好莱坞电影模式,与美国电影投资和发行公司合作,以攻略本国和海外电影市场为目的(而非以文化传播为目的)。《疯狂的麦克斯》《鳄鱼邓迪》《少年爱因斯坦》等是这类影片的代表作。

在美国上映的澳大利亚电影统计[①]

名称	发行者	上映年份	票房(澳元)
鳄鱼邓迪(Crocodile Dundee)	派拉蒙影视公司(Paramount Pictures)	1986	174635000
鳄鱼邓迪 II(Crocodile Dundee II)	派拉蒙影视公司	1988	109306000

---

① 邓天颖、张威:《透视澳大利亚电影业》,《北京电影学院学报》2002 年第 5 期。

续表

名称	发行者	上映年份	票房（澳元）
小猪贝贝（Babe）	环球影视公司（Universal）	1995	63634000
钢琴课（The Piano）	米拉麦克斯	1993	40156000
疯狂的麦克斯（Mad Max）	华纳兄弟娱乐公司（Warner Bros）	1985	36230000
南极洲（Antarctica）	科技博物馆（Museum of Science）	1991	29915400
绿卡（Green Card）（澳/法）	博伟影业公司	1990	29754000
疯狂的麦克斯Ⅱ（Mad Max Ⅱ）	华纳兄弟娱乐公司	1981	23061000
冰川上的来客（The Man from Snowy River）	二十世纪福克斯（20th Century-Fox）	1982	20659423
聪明的杰克（Lighting Jack）	萨伏瓦（Savoy）	1994	16821000
缪蕾尔的婚礼（Muriel' Wedding）	米拉麦克斯	1995	15186000
舞国英雄（Strictly Ballroom）	米拉麦克斯	1992	13830000
冰川上的来客Ⅱ（The Man from Snowy River Ⅱ）	博伟影业公司	1988	13687000
普丽西拉奇遇记之沙漠女皇（The Adventures of Pricilla: Queen of the Desert）	格拉默电影公司（Gramercy）	1994	11221000
少年爱因斯坦（Yong Einstein）	华纳兄弟娱乐公司	1988	10357000
黑袍（Black Robe）（澳大利亚/加拿大）	塞缪尔·戈德温影业公司（Samuel Goldwyn）	1991	8201000

对于这类商业电影，澳大利亚电影批评界一边倒的以批评为主。

这些电影反映了电影业向普通制作前进了一大步；这些电影带有一种好莱坞的商业味，而不再是欧洲味的艺术电影。这种进步惹恼了民族主义者阵营里边的批评家们，原因还是主要围绕着民族主义的争论。有人批评这类电影是向好莱坞的投降，是澳大利亚电影事业的退却；批评家和制作者都把这类电影视为向最低级的普通大众娱乐的一种令人遗憾的让步,是从那些更大胆、更进步或更前卫的项目中榨取有限的资金投入。①

澳大利亚电影批评界对《鳄鱼邓迪》等电影的批判主要集中于两个方面——以娱乐为取向和向好莱坞投降。这种批评将民族主义/民族精神理解一种不受铜臭气息沾染的纯粹的精神理念;它只能体现在精英文化之中,因为精英文化独立于政治和商业的宰制。以娱乐为导向的电影受到商业的侵染而不能纯粹地反映纯洁而独立的民族精神;采用好莱坞模式既放弃了自身的独特性又献媚于美国的文化霸权。

以上两方面批评并不能获得文化研究学者的支持。文化研究学者在商业电影和"优质"电影中同样看到民族意义的生产,甚至坚信当代商业电影比"优质"电影在生产意义方面占有更重要的地位;同时,不管商业电影在生产环节被赋予何种意识形态意涵,其在接受中必须考虑观众的具体反应——意义并非完全衍生于结构,它需要在接受中被重构。况且,从后殖民批评的视域下,对西方电影模式的挪用、接受、本土化实际上也构成了反抗西方文化霸权而不是谄媚西方文化霸权的基本策略。

澳大利亚电影借用好莱坞模式并在国内和海外获得成功的电影首推《鳄鱼邓迪》。《鳄鱼邓迪》是由彼得·费曼(Peter Faiman)执导的电影,第一部在1986年上映,此后又拍摄的两部分别在1988年和2001年上映。影片第一部的前半部分讲述美国记者苏·查尔顿(琳达·柯兹洛斯基饰演)到澳大利亚采访捕鳄能手邓迪(保罗·霍根主演)的故事。苏·查尔顿在洗澡时受到鳄鱼袭击,为邓迪所救。影片后半部分讲述苏·查尔顿将邓迪带到美国,邓迪在美国大都市发生的一些啼笑皆非的故事。第二部和第三部都是讲邓迪和苏·查尔顿一起

---

① [澳]格雷姆·特纳:《"为我所用":英国文化研究、澳大利亚文化研究和澳大利电影》,陶东风主编《文化研究精粹读本》,中国人民大学出版社2006年版,第57—58页。

在美国的故事。《鳄鱼邓迪》在票房上的成功使其成为澳大利亚电影批评家关注的对象。在澳大利亚电影批评家那里，除了像以上以民族主义和精英立场批判这部电影之外，还有一些批评家在这部电影中看到了一种民族主义的策略。

作为澳大利亚文化研究、女权主义研究的代表学者，墨美姬在收录于《海盗的妻子》（*The Pirate's Fiancée*）一书中"牙齿和爪子：生存故事和《鳄鱼邓迪》"("Tooth and Claw: Tales of Survival, and *Crocodile Dundee*")一章（一文）中讨论了澳大利亚电影应该采取的模式。墨美姬将这部电影看作对美国电影"积极的模仿"（Positive Unoriginality），即通过窃取又戏仿好莱坞电影，既崇拜又讽刺美国霸权，既破坏又维护澳大利亚民族主义①。这种被墨美姬称为有限度的抵抗的策略实际上就是（澳大利亚）后殖民主义"摒弃"与"挪用"的策略。只不过，相较于后殖民主义者，墨美姬从根本上反对澳大利亚具有本然的特殊性。在格雷姆·特纳看来："在这样一个大众文本中发现如此矛盾地隐藏着的政治策略正是澳大利亚文化研究的特色，这种政治策略的潜能一直是文化研究的根本所在。具有讽刺意味的是，这种潜能是在维护战略性的民族利益中释放出来的，是批判行动和政治行动不理想却最实用的靶子……"②

二 《鳄鱼邓迪》与澳大利亚电影的跨文化接受

《鳄鱼邓迪》在海外市场的攻城略地也为澳大利亚学者探讨本民族电影在海外的接受提供了研究对象。在对《鳄鱼邓迪》海外接受的研究

---

① Meaghan Morris, *The Pirate's Fiancée: Feminism, Reading, Postmodernism*, London: Verso, 1988, pp. 241–269.

② ［澳］格雷姆·特纳：《大洋洲》，托比·米勒主编《文化研究指南》，王晓路等译，南京大学出版社2009年版，第209页。

中，澳大利亚学者试图总结一种电影的跨文化研究模式。史蒂芬·克劳夫茨（Stephen Crofts）发表于《延续》的两篇文章：《重塑澳大利亚：〈鳄鱼邓迪〉在海外》（"Re-imaging Australia: Crocodile Dundee Overseas", 1989）、《跨文化接受研究：〈鳄鱼邓迪〉的文化多样化解读》（"Cross-cultural Reception Studies: Culturally Variant Readings of Crocodile Dundee", 1992）成为研究《鳄鱼邓迪》跨文化接受的重要文本。

《重塑澳大利亚》关注的是《鳄鱼邓迪》在美国上映时被删减修改的问题。《鳄鱼邓迪》在美国放映的版本比在澳大利亚放映的版本少了五分钟。这种删减是应派拉蒙影视公司（美国的发行商）的要求进行的，为的是尽可能掩盖这部电影的澳大利亚元素。关于这一问题，克劳夫茨没有站在民族主义的角度予以抨击，而是分四个部分进行了解读。

首先，好莱坞控制着澳大利亚电影的发行和展出。尽管《鳄鱼邓迪》在海外（美国）市场获得巨大成功，但却不能改变澳大利亚电影出口与进口的不对等。这种不对等的一个重要原因是美国控制了澳大利亚国内电影的发行。澳大利亚上映的大部分影片——大约80%——都是由美国生产，许多澳大利亚电影几乎很难在国内和海外上映。

其次，美国对澳大利亚文化缺乏兴趣。尽管澳大利亚和美国都是英语语言国家，但语言上的差异仍然是限制澳大利亚电影在美国上映的巨大障碍。澳大利亚电影在美国发行时需要重新译制，如1979年上映的《疯狂的麦克斯》。四类体现澳大利亚文化独特性的电影不受美国发行商的欢迎：社会现实主义类型、澳式低俗喜剧、独立制作的故事片、独立制作的女权主义电影。唯一一类为美国观众熟知的电影是古装片（period film）。这类电影的"文化隐微（cultural blandness）确保它不受国际观众的厌弃"[①]。

[①] Stephen Crofts, "Re-imaging Australia: Crocodile Dundee Overseas", *Continuum: Journal of Media & Cultural Studies*, Vol. 2, Issue 2, 1989, p. 131.

再次，澳大利亚电影向美国的出口。《鳄鱼邓迪》等电影在美国的成功不能被夸大为澳大利亚民族主义的胜利。澳大利亚电影的出口有民族自我认同以及发展对外贸易和旅游业的考量，但是，在很大程度上也因为经济因素。这些因素包括预算规模、国内市场的规模和政府的补贴程度。当电影预算成本增加、政府补贴减少时，澳大利亚电影需要拓展海外市场以寻求经济支持。

最后，《鳄鱼邓迪》的删减更多的是因为美学标准而非文化独特性的考量。克劳夫茨通过详细列举《鳄鱼邓迪》的全球上映版本相对于澳大利亚上映版本的改变，将这些改变分为以下几类并对其意涵进行一般阐述：

符号改变类型	一般分析
叙事简化	节奏原因
澳大利亚内陆）	异性恋夫妇结构
）	
）	
澳大利亚旅游形象）	澳大利亚环境和旅游形象
）	
）	
澳大利亚伙伴情谊）	声音合成提升其地位
）	
）	
澳大利亚粗俗形象）	

"英雄"形象	在这一夫妇间促生美国人与澳大利亚人的对立
澳大利亚自我贬低）	处理文化与语言的陌生
）	
）	
澳大利亚语言 ）	
美国政治的自我审查	

在对镜头进行了这一划分之后,克劳夫茨开始逐个镜头对比全球放映版本相较于澳大利亚版本的删减。通过这些比较,克劳夫茨发现,全球放映版本的删改在很多时候都是为了美学考量。例如,全球放映版本中删减了一半以上关于澳大利亚内陆的描述,这实际上是为了加快叙事速度以满足美国观众的口味。全球放映版本牺牲对澳大利亚环境的展示,而凸显邓迪—查尔顿夫妇关系,并在这一对夫妇关系中,抬高美国人而贬低澳大利亚人,在电影中,澳大利亚俚语被缩减。这些所有措施,更多的是为了电影在美国的接受,而非对美国的谄媚。基于这一认知,克劳夫茨总结说:"总体而言,是美学考量而非文化议题决定了派拉蒙和霍根的删减……文化民族主义者或许会悲悼真正澳大利亚(true-blue Australia)在电影中的消失。一个更加现实的观点则会承认国际电影发行安排的普遍和强大。"①

《跨文化接受研究:〈鳄鱼邓迪〉的文化多样化解读》继续关注的是《鳄鱼邓迪》在海外——主要是美国和英国——的接受,以此证明不同国家文化对同一部电影接受和建构的影响。克劳夫茨将写作本篇文章的意旨总结为:"这篇文章源自这样一个假设:两个国家关于同一部电

---

① Stephen Crofts, "Re-imaging Australia: Crocodile Dundee Overseas", *Continuum: Journal of Media & Cultural Studies*, Vol. 2, Issue 2, 1989, p. 141.

影的评论的合理的比较将会产生关于民族文化差异的有意义的结论,尤其是关于电影生产国的国外建构。这一结论将会获得知识和政策的双重收益。"① 克劳夫茨在美国和英国各自选择了十四篇评论《鳄鱼邓迪》的文章。这些文章的选择主要遵循三个标准:一是文章最有可能影响观众理解电影的模式,代表了关于电影的流行观点;二是杂志在各自国家的传播程度;三是两个国家选择的杂志及其传播必须具有可比较性。根据这三条标准,克劳夫茨选择的美国和英国的评论文章包括:

美国:杰·卡尔(Jay Carr),《波士顿环球报》(*Boston Globe*),1986年9月15日首发,9月26日重写和扩展;迈克尔·威尔明顿(Michael Wilmington),《洛杉矶时报》(*Los Angeles Times*),1986年9月25日;尼娜·达尔顿(Nina Darnton),《纽约时报》(*New York Times*),1986年9月26日;凯瑟琳·卡罗尔(Kathleen Carroll),《纽约每日新闻》(*New York Daily News*),1986年9月26日;斯蒂芬·M. 西尔弗曼(Stephen M. Silverman),《纽约邮报》(*New York Post*),1986年9月26日;迈克·克拉克(Mike Clark),《今日美国》(*USA Today*),1986年9月26日;德斯蒙德·瑞恩(Desmond Ryan),《费城调查报》(*Philadelphia Inquirer*),1986年9月26日;凯瑟琳·迪克曼(Katherine Dieckmann),《乡村之声》(*Village Voice*),1986年9月30日;帕特·格雷厄姆(Pat Graham),《芝加哥读者》(*Chicago Reader*),1986年10月3日;《时代》(*Time*),1986年10月13日;《新闻周刊》(*Newsweek*),1986年10月13日;玛丽·马奥尼(Marie Mahoney),《奥斯汀纪事报》(*Austin Chronicle*),1986年11月7日;文森特·坎比(Vin-

---

① Stephen Crofts, "Cross-Cultural Reception: Variant Readings of *Crocodile Dundee*", *Continuum: Journal of Media & Cultural Studies*, Vol. 6, Issue 1, 1992, p. 214.

cent Canby），《纽约时报》（*New York Times*），1986 年 11 月 16 日；安德鲁·萨尔德斯（Andrew Sards），《乡村之声》（*Village Voice*），1986 年 11 月 18 日。

英国：P. B.，《荧幕八爪娱》（*What's On*），1986 年 12 月 11 日；德里克·马尔科姆（Derek Malcolm），《卫报》（*Guardian*），1986 年 12 月 11 日；米尔顿·舒尔曼（Milton Shulman），《伦敦标准晚报》（*London Evening Standard*），1986 年 12 月 11 日；亚当·马斯-琼斯（Adam Mars-Jones），《独立报》（*Independent*），1986 年 12 月 11 日；奈杰尔·安德鲁斯（Nigel Andrews），《财经时报》（*Financial Times*），1986 年 12 月 12 日；肖恩·亚瑟（Shaun Usher），《每日邮报》（*Daily Mail*），1986 年 12 月 12 日；弗吉尼亚·狄格纳姆（Virginia Dignam），《辰星报》（*Morning Star*），1986 年 12 月 12 日；波林·麦克劳德（Pauline McLeod），《每日镜报》（*Daily Mirror*），1986 年 12 月 12 日；大卫·罗宾逊（David Robinson），《时报》（*Times*），1986 年 12 月 12 日；伊恩·克里斯蒂（Ian Christie），《每日快报》（*Daily Express*），1986 年 12 月 12 日；奈杰尔·弗洛伊德（Nigel Floyd），《新音乐快递杂志》（*New Musical Express*），1986 年 12 月 13 日；加布里埃尔·安南（Gabriele Annan），《星期日电讯报》（*Sunday Telegraph*），1986 年 12 月 14 日；伊恩·约翰斯通（Iain Johnstone），《星期日泰晤士报》（*Sunday Times*），1986 年 12 月 14 日。

随后，克劳夫茨总结了这 28 篇文章讨论《鳄鱼邓迪》所采用的视角和话语类型。克劳夫茨分三类进行概括：

文本所指/非美学类型：民族；土地/城市风光；英雄主义；

阶级；性别（gender）；性征（sexuality）；环境，生态；主题：无知（innocence）。

文本能指/美学类型：类型；作者/创造性投入；表演；明星；人物性格；画面；展示；叙事结构；幽默；讽刺；语气，这里指魅力；艺术/娱乐。

外在于文本/机制特征：民族电影；非澳大利亚电影参照（Non-Australian film references）；发行和展览，这里指澳大利亚和美国市场；观看建议（正面/负面）①。

对讨论《鳄鱼邓迪》的话语类型进行概括之后，克劳夫茨开始检视两国评论家在运用这些话语类型讨论这部电影时所展现的异同。

美国和英国批评家共享了三种话语类型：

第一，对澳大利亚自然风景的称赞，批评家偶有涉及。

第二，澳大利亚民族电影。无论美国还是英国批评家在评论《鳄鱼邓迪》时，都很少谈及澳大利亚其他民族电影。在克劳夫茨看来，主要有以下三方面原因：首先，《鳄鱼邓迪》与一些为人熟知的澳大利亚电影类型有很大区别。其次，《鳄鱼邓迪》以娱乐电影而非民族电影的类型展出以及派拉蒙对其的删减使其看起来更像一部好莱坞影片。最后，在电影宣传上主要由大众宣传为主，而非政府引导。主演霍根的形象不断出现在广告中。

第三，对电影演员的赞赏。对电影成员的称赞集中在称赞霍根的魅力和幽默，而并不聚焦于电影导演。

除了以上三方面美国和英国电影批评共享的观点，克劳夫茨还发现了三方面存在分歧的地方。

---

① Stephen Crofts, "Cross-Cultural Reception: Variant Readings of *Crocodile Dundee*", *Continuum: Journal of Media & Cultural Studies*, Vol. 6, Issue 1, 1992, pp. 215–216.

首先，对澳大利亚性的认识。美国批评家主要关注以下几方面。第一，霍根饰演的邓迪展现了自由、轻松的澳大利亚生活方式（凯瑟琳·卡罗尔，《纽约每日新闻》1986年9月26日；德斯蒙德·瑞恩，《费城调查报》1986年9月26日）；第二，将《鳄鱼邓迪》与定居者对土著居民犯下的罪行联系在一起（安德鲁·萨尔德斯，《乡村之声》1986年11月18日）；第三，着重需要强调的是许多美国评论家将澳大利亚看作美国已经失掉的冒险者和平民主义的乌托邦（文森特·坎比，《纽约时报》1986年11月16日）。英国批评家对《鳄鱼邓迪》的批评主要是负面的，这包括以下三个方面：第一，批评澳大利亚低俗的艺术形式和一贯低俗的人物形象以及批评在电影中自然化了的猎杀袋鼠和男性沙文主义（米尔顿·舒尔曼，《伦敦标准晚报》1986年12月11日；亚当·马斯－琼斯，《独立报》1986年12月11日）；第二，以居高临下的态度批评澳大利亚电影的艺术形象，将《鳄鱼邓迪》在澳大利亚和美国的成功解释为这两个国家艺术品位贫乏的结果（奈杰尔·弗洛伊德，《新音乐快递杂志》1986年12月13日），自然也有批评家从历史的角度纠正这种观点（伊恩·约翰斯通，《星期日泰晤士报》1986年12月14日）；第三，将邓迪与澳大利亚民族形象而非美国乌托邦联系在一起，将其看作真正澳大利亚人的代表（肖恩·亚瑟，《每日邮报》1986年12月12日；奈杰尔·弗洛伊德，《新音乐快递杂志》1986年12月13日；亚当·马斯－琼斯，《独立报》1986年12月11日）。

其次，性别、阶级、种族问题的讨论。关于性别研究有两个标准：第一，对霍根/邓迪和柯兹洛斯基/查尔顿所体现的性别歧视的批评；第二，电影批评本身与性别歧视媾和或采取模棱两可/中立的态度。依据这两条批评标准，美国批评家在对待霍根/邓迪的态度上，5位评论家持批评态度，5位批评家持非批评态度；在对待柯兹洛斯基/查尔顿的态度上,4位批评家持批评态度,6位批评家持非批评态度。另外,有两位美国批评家将霍根/邓迪与澳大利亚人物固有模式和男权观念联系在一起(《新闻周刊》1986年10月13日;德斯蒙德·瑞恩,《费城调查报》1986年9月26日)。而英国批评家中,有7位以性别歧视的词语评价柯兹洛斯基/查尔顿(两次"长腿""可爱""金发碧眼""甜美""生气勃勃的吸引力""华丽的")。阶级话语很少被英国评论家用来分析,相对而言,美国批评家要更多一些,总共有4次涉及阶级问题。在包括英国的一次批评中,虽然注意到查尔顿的富有,但更多是从情节设置方面讨论她的"不正常的消费记录"(杰·卡尔,《波士顿环球报》1986年9月26日;斯蒂芬·M.西尔弗曼,《纽约邮报》1986年9月26日)。直接关注阶级问题的只有文森特·坎比。同样在关于种族问题上,美国批评家也要比英国批评家更开放,美国批评家有5次,英国批评家有两次。

最后,推荐意见。在14份美国评论中,正面推荐的有5份,负面评议的7份,两份不确定;14份英国评论中,11份正面推荐,两份不确定,只有一份负面评议。在克劳夫茨看来,造成这种情况的一个原因是英国要远比美国上映的晚——美国在1986年9月26日上映,英国则在1986年12月11日上映。"如果电影在澳大利亚获得巨大成功对美国批评家并不重要,在美国和澳大利亚的双重成功对英国批评家则十分重要。"[1]

克劳夫茨在对以上异同作出梳理后,作了简短的总结。克劳夫茨再一次强调同一部电影在不同文化背景下被接受会被建构和赋予不同的意义,并对《鳄鱼邓迪》在美国和英国接受差异的原因作了简要说明。首先,就英国在澳大利亚民族性(澳大利亚电影)持负面态度而

---

[1] Stephen Crofts, "Cross-Cultural Reception: Variant Readings of *Crocodile Dundee*", *Continuum: Journal of Media & Cultural Studies*, Vol. 6, Issue 1, 1992, p. 223.

言,英国对澳大利亚(澳大利亚电影)更熟悉,包括《巴里·麦肯齐历险记》等电影都首先在英国上映。这些电影中展现的澳大利亚形象深入人心,影响批评家对《鳄鱼邓迪》的评价。至于性别、阶级、民族等问题的评论上展现的差别,也即美国批评比英国批评更开放,反映的则是美国批评界要比英国批评界更加自由,对政治问题更具包容性。

对克劳夫茨而言,本文的意义更在于他自信找到了一种研究跨文化接受的方法。克劳夫茨指出:"方法论上讲,本文详述了一种接受分析的方法,这一方法结合了定性与定量的标准。它因此将有助于拆除在媒介研究中长期存在的将内容分析与话语分析区隔开来的柏林墙,这一区分更多由学科领域性而非知识需要建立。"[1]

---

[1] Stephen Crofts, "Cross-Cultural Reception: Variant Readings of *Crocodile Dundee*", *Continuum: Journal of Media & Cultural Studies*, Vol. 6, Issue 1, 1992, p. 224.

第四章　身份政治与澳大利亚性批判

从严格意义上讲，澳大利亚身份政治研究与文化研究并行，并且都反对自20世纪50年代开始统治澳大利亚学术界的"新批评"研究方法。文化研究对民族构成、话语运作、意识形态意涵的揭示从学术层面（理论层面）探讨了"澳大利亚性"的生成与存在方式；身份政治既与"越战"后激进主义思潮相关，又直接反映澳大利亚20世纪70年代推行的多元文化主义，构成对主流文化的直接批判和现实政治图景的合理规划。身份政治批评——主要是女权主义批评——略早于文化研究，却在运用文化研究成果——文本分析、接受者研究、制度研究等——中与文化研究结合甚至成为文化研究的组成部分。文学、电影与大众文化的文本分析宣示了澳大利亚性的建构特征，解构着澳大利亚性的本质性和本真性，为阶级、性别、族裔批评的症候阅读/解神秘化批评提供了最有力的工具。如格雷姆·特纳指出的："文化研究一直持续处理介于理论与实践两者之间的紧张关系，既要面对理论层面比较抽象的整理工作，也试图主动发动政治层面的介入面向，'试着在本身所处的建制化环境中，开创出不同以往的崭新局面'。"[①]

[①] ［澳］格雷姆·特纳：《英国文化研究导论》，唐维敏译，台北：亚太图书出版社1998年版，第272页。

性别、阶级、原住民、移民批评在运用文化研究成果中,直接对澳大利亚性提出批判,介入对澳大利亚族群关系的规划。

第一节 社会性别与父权制批判

澳大利亚两次女权主义运动均与欧美同步。19世纪末开始的第一次女权主义运动使澳大利亚在1894年赋予女性选举权,继早一年的新西兰成为第二个赋予女性选举权的国家。20世纪60年代末开始的第二次女权主义浪潮在挪用西方最新研究成果中直接关涉澳大利亚民族性,成为批判和解构澳大利亚性最初的政治尝试。

一 社会性别与民族文化的勾连

如阿芙里加·泰勒(Affrica Taylor)所言,"发生在19世纪末和20世纪初的第一次女性主义运动浪潮是妇女争取参政权的运动,这是另一次草根运动"[1],其最大成果是女性获得选举权。不过,对澳大利亚女性来说,参政权并不能改变她们的生活状况。正是在这一时期,澳大利亚民族主义浪潮兴起。空想社会主义、劳工运动与《公报》批评家、文学创作者、亨利·劳森等联系、联合在一起共同塑造了澳大利亚民族精神。在以平民主义、平等精神、互助合作为基础的"伙伴情谊"中,女性受到彻底排斥和压迫。这种状况一直持续到20世纪60年代末的第二次女权主义浪潮。凯萨琳·谢菲指出:

> 事实上,1973年以前,如果你是劳动力大军中一个拥有固定

---

[1] Affrica Taylor:《澳大利亚的女权运动:重要的转变和事件》,徐航译,《妇女研究论丛》2007年第4期。

工作的女性，要结婚的话，你就必须得从那少有的固定工作岗位上退下来，然后接受一个临时性的工作。这样，你就会失去一个固定雇员的所有利益。如果没有得到丈夫的许可，一个已婚妇女不能开设银行账户，甚至不能用自己的名字进行采购或贷款。虽然这些歧视性法规正在逐渐得到改变，但父权制的观念仍然充斥在生活的方方面面，而且对女性的生活造成了深刻的影响。①

澳大利亚第二次女权主义浪潮以1969年夏发生于悉尼的妇女解放运动为开端。在妇女解放运动的压力下，联邦总理、工党领袖惠特拉姆（Gough Whitlam）设置了一个女性顾问[第一任女性顾问是伊丽莎白·瑞德（Elizabeth Reid）]，对基于女性性别歧视的法律进行审查，对女性进行法律、教育等形式的补救；妇女选举游说团（Women's Electoral Lobby）成立，使得女性可以在国会中表达关于性别平等的诉求。澳大利亚第二次女权主义思潮促使澳大利亚形成了一个女性官僚（femocrat——一个澳大利亚词语，指获得高级官僚职位，并接受专业训练的女权主义者，其工作是推进妇女问题的提出和解决）传统。这些举措和活动使澳大利亚女性有了在政府体制内以合法途径表述和实现自身吁求的可能。

比悉尼妇女解放运动的发生早一年，美国精神病学教授罗伯特·斯托勒（Robert J. Stoller）出版《生物性别与社会性别：男子气概与女性气质的发展》（*Sex and Gender: The Development of Masculinity and Femininity*, 1978）一书。在书中，斯托勒通过对生物异常[如无性人（neuters）和双性人（hermaphrodites）]以及生物正常而心理异常[如变性人（the transsexual）]患者的研究对将男女性别认同归因于生物

---

① [澳]凯萨琳·谢菲：《丛林、性别与澳大利亚历史的重构》，侯书芸、刘宗艳等译，广西师范大学出版社2010年版，"前言"第2页。

性别差异的做法提出质疑。斯托勒发现，我们所谓的心理异常并不是天生的，而是由出生后的社会环境造成的。根据一系列研究，斯托勒得出结论：第一，"称为社会性别的性征的那些方面主要是文化决定的；也即，后天习得的"；第二，"如果本书的首要发现是性别认同主要是习得的，第二个发现是生物力量对其有重要影响，我感觉社会性别的发展会被特定的生物力量扩大或干扰"。[①] 对（支持或不支持社会性别理论的）女性研究者来说，斯托勒的研究细节并不重要，"重要的是他的著作被普遍誉为性征（sexuality）和社会化（socialization）领域的突破性进展"[②]。男子气概和女性气质并非天生就有的，也不取决于个人的生理差异，而是社会化过程的结果。正如社会性别（gender）的定义所示："社会性别……指的是男性和女性在社会建构和社会期望上的差异……在她们（女权主义者）争辩社会性别是由社会建构的同时，也突出了社会性别的文化相关性，即社会性别随时间、不同文化以及不同社会背景改变的方式。"[③]

　　社会性别理论为澳大利亚女权主义者接受和运用是在女权主义运动扩展到学术领域之后。两方面促进了这种扩展：一方面是惠特拉姆政府对女权主义的支持。1975年，惠特拉姆政府任命了一个妇女顾问并在首相府建立了一个 I. W. Y. 秘书处和一个女性咨询委员会。同时，政府还拨款两亿澳元给国际女性年度基金以用来支持旨在提高女性地位的项目。基金最终被用到女性研究的资料搜集和查找上。在此之后，一系列女性研究资料和女性研究的历史著作出现。另一方面是大学课程改革。青年学生积极谋求所学课程的自决，要求

[①] Robert J. Stoller, *Sex and Gender: The Development of Masculinity and Femininity*, London: Hogarth Press, 1968, preface, xi.

[②] Moria Gatens, *Imaginary Bodies: Ethics Power and Corporeality*, London and New York: Routledge, 1996, p. 6.

[③] ［美］谢丽斯·克拉马雷、［澳］戴尔·斯彭德主编：《国际妇女百科全书：精选本·上卷》，高等教育出版社2007年版，第449页。

学校设置与女性相关的课程。课程改革的最直接影响是悉尼大学哲学系在1973年的分裂。在马克思主义者的声援中、在学生罢课的支持下，悉尼大学哲学系最终分裂为传统和现代哲学系（the Department of Traditional and Modern Philosophy）和一般哲学系（the Department of General Philosophy）。传统和现代哲学系主要以英国的分析哲学为研究基础和目标，一般哲学系则以大陆哲学为研究基础和对象，与女权主义和马克思主义紧密联系在一起。一般哲学系吸引的学生是传统和现代哲学系的三倍。

这两方面为澳大利亚女权主义研究提供了优渥的环境，使其可以深入澳大利亚历史、文学、大众文化中解析澳大利亚独特的历史沿革、文化差异和民族精神，并进而探究其伴随和隐含的独特的社会性别意识形态结构。对澳大利亚女权主义者来说，资料的收集、整理与研究女性受压迫情况同样重要并同时进行。资料收集、整理方面的成果包括：若斯·提尔（Ruth Teale）《殖民前夕：1799—1914澳大利亚女性的来源》、凯·丹尼尔斯（Kay Daniels）与玛莉·穆尔兰（Mary Murnane）《上山路：澳大利亚女性历史的证据》、凯·丹尼尔斯与玛莉·穆尔兰以及安妮·皮考特（Anne Picot）《澳大利亚的妇女：记录指南》、安妮·萨默斯和玛格丽特·本迪森（Maragaret Bettison）《她的故事：1788—1945澳大利亚文本中的妇女》、珍妮特·里德和凯瑟琳·欧特斯《1901—1945澳大利亚社会中的妇女：澳大利亚档案记录指南》，等等。① 这些文献挖掘、整理、记录了澳大利亚女性的生活、生存状况，展示了澳大利亚历史中性别歧视的事实。研究方面的重要著作包括：米丽安·迪克森《真正的马蒂尔达》、安妮·萨默斯《被诅咒的娼妓与上帝的警察》、季尔·马修斯《好女人和疯女人：20世

---

① 关于这方面的介绍请参见［澳］凯萨琳·谢菲《丛林、性别与澳大利亚历史的重构》，侯书芸等译，广西师范大学出版社2010年版，第23—24页。

纪澳大利亚历史上女性气质的建构》、克里恩·瑞格尔《家庭魔法的消除：1880—1940澳大利亚家庭的现代化》，等等。米丽安·迪克森《真正的马蒂尔达》和安妮·萨默斯《被诅咒的娼妓与上帝的警察》成为最先"扰乱历史解释的男性独裁的文本"，"这两部具有开创性的研究著作尝试着去重写澳大利亚社会的女性历史，并且去分析其在与其他西方资本主义文化中妇女地位相比较时导致女性地位过于低下的深层结构。它们出现的时机是非常关键的"。[①] 同时，这两部著作也是运用社会性别理论解释澳大利亚性别意识形态结构的范本。

二 历史、社会性别等级结构与女性形象建构

新英格兰大学副教授米丽安·迪克森1976年出版的《真正的马蒂尔达》是直到1994年帕特里夏·格里姆肖（Patricia Grimshaw）等人出版《创造一个民族》之前，唯一一部将女性放在民族身份认同争论核心的著作。[②] "Waltzing Matilda"是班卓·帕特森1895年写作的诗歌，后被谱上曲子，成为澳大利亚非官方国歌。"Waltzing Matilda"并非是一个女性的名字，而是意指"拿着旅行袋"（carrying a swag），代表一个旅人的财产。这首诗中有流浪汉、地主、警察、动物（马、羊）、植物（桉树），却没有女性，正如澳大利亚万神殿中，只有男性神灵，他们结成伙伴情谊，孤独而畏惧和厌弃女性。这样的澳大利亚神话、传奇、文学连缀的历史中，同样没有女性的一席之地。因此，米丽安·迪克森指出："尽管存在诸多不同，我们历史的那些版本共享着一个残缺的核心特征：几乎没有例外，它们是由男性写的关于男

---

① ［澳］凯萨琳·谢菲：《丛林、性别与澳大利亚历史的重构》，侯书芸等译，广西师范大学出版社2010年版，第23页。

② Miriam Dixson, *The Real Matilda: Women and Identity in Australia, 1788 to the Present*, Sydney: UNSW Press, 1999, preface to the fourth edition 2.

性的，但却明确告诉我们是关于民族性格的。"① 澳大利亚历史是"由男性写作的关于男性的"，女性不能成为澳大利亚历史的作者，也不能进入历史，成为澳大利亚民族的组成部分。她们在澳大利亚民族和历史中处于缺席状态，这正是米丽安·迪克森通过《真正的马蒂尔达》所要追溯和讨论的问题。

迪克森将目光聚焦于澳大利亚形成时期（Fomative Period）。一方面，欧洲尤其是英国定居者移民澳大利亚时必将移植"母国"的性别观念。欧洲传统的男尊女卑以及男女气质区分结构在18世纪资产阶级兴起之时被进一步巩固并赋予新的意涵。人与人之间的直接关系为商品关系所隔断和取代（马克思），并使女性物化和装饰化；同时，禁欲主义成为资本主义精神（马克斯·韦伯）。女性的物化（装饰化）与禁欲主义将男性和女性区分为不同的两类，进一步巩固了西方传统区分男女两性的意识形态话语。男性理性、主动、冒险、坚韧、果敢、富有攻击性，女性感性、被动、消极、柔弱、冲动、需要被保护。同时，因为这种不同的气质话语，男女两性被结构进性别的等级秩序之中。理性管理感性、主动优于被动、冒险强于怠惰、坚韧高于柔弱，女性是欲望的发出者，而男性是欲望的控制者。围绕男性的话语俯视和排斥围绕女性的话语，男性高于并控制女性。

另一方面，澳大利亚形成时期独特的成员结构赋予移植的性别意识形态以独特的本土特色。在澳大利亚形成时期，移居澳大利亚的成员主要包括流放犯、看管犯人的军队以及稍后的爱尔兰人和淘金者。这些成员背景各异、经历千差万别。但是，在迪克森看来，他们都是各自社会（领域）的失败者。军官和军队离开母国，如同被放逐在一个陌生环境，充斥着与陌生环境的疏离和对母国的渴望；流放犯是反社会并被社会剔

---

① Miriam Dixson, *The Real Matilda: Women and Identity in Australia, 1788 to the Present*, Sydney: UNSW Press, 1999, p. 57.

除的人,在澳大利亚备受军队压迫,既没有个人尊严也不能获得社会身份认同;爱尔兰人是英国统治下的下等人,离乡背土寻找社会身份认同又被新社会排斥;淘金者是本国的失败者,故此来到澳大利亚淘金,却又受到先行到达的白人的排斥和管理者的刁难。澳大利亚的这些移居者又可分为两个阶层:军官及军队构成的统治阶层以及流放犯、爱尔兰人、淘金者及其后代构成的"下等阶层"(Lower Orders)。统治阶层是被母国放逐的一批人,他们渴望回到母国而不得,不能在母国获得归属感;对母国的渴望又致使他们难以在澳大利亚这一陌生的环境中获得稳定的存在感和归属感。"下等阶层"是社会的失败者,被统治、虐待和刁难的人,没有任何地位。这些人在社会上得不到必要的承认和身份认同,往往只能在家庭中、在他们妻子身上获得补偿。迪克森在埃里克·艾瑞克荪(Erik Erikson)、路易斯·哈茨(Louis Hartz)、约翰·斯图亚特·密尔等人理论的基础上总结了一种心理社会机制(Psycho-social Mechanism),用以解释澳大利亚的性别歧视状况:

> 在男性社会身份接近身份等级底层的社会中,女性总体身份往往最低。这些男性将贬低"他们的"女人作为一种总体上无意识的工具,弥补他们自身在身份阶梯上体验的(经常是不被承认的)创伤。在父权中心社会中,个人的自我评估最终来自于一个人在身份阶梯上的位置。没有有意识的意识形态方法,即便最激进、即便最热情和精心的保护,能够将男人从这种残酷和丑陋的现实中解救出来。男人的女人处于阶梯的最底层,这内化了公认的关于女人价值的界定,这些女人变成"他们的"男人需要她们变成的样子。[①]

---

① Miriam Dixson, *The Real Matilda: Women and Identity in Australia, 1788 to the Present*, Sydney: UNSW Press, 1999, p. 60.

米丽安·迪克森将社会看作等级分明的结构体系。上层阶级通过排斥、压制、伤害下层阶级获得自我身份认同。下层阶级则通过压制和虐待女性获得自我心理的满足。女性处于整个社会阶层的最底端。英国遗传的性别等级区分与澳大利亚各阶层独特的社会心理机制共同完成了对澳大利亚女性的排斥和控制。澳大利亚男性需要排斥女性以获得自我的尊严和身份认同，女性在澳大利亚社会中因排斥、压制和宰制而处于缺席地位。澳大利亚男性通过排斥女性不仅获得了自我身份认同，而且进而构建了整个民族的文化独特性和民族精神/民族性格。

米丽安·迪克森总结的这种心理社会机制不仅为她解释澳大利亚的"厌女"观念提供了基础，还使其能够解释澳大利亚一些独特的社会现象（文化现象）。例如，澳大利亚社会的反知识情况，在迪克森看来，同样源自知识分子的一种自卑心理。"在澳大利亚，精英阶层自信缺失的弱点间接推动知识分子贬低心智（mind），潜在要求所有人类资源的最民主化。知识分子毫无疑问避免了最平等社会（most egalitarian society）精英阶层实际存在的后果，尽管如此，这种策略很难带给他们显著的社会尊重或自信。"[①]

与米丽安·迪克森的写作策略类似，安妮·萨默斯也从澳大利亚独特的历史中看到对承袭自英国的性别意识形态结构的深化和转变。不过，与迪克森以心理学解释女性受压迫的原因不同，萨默斯更关注女性气质和社会性别的塑造。因此，萨默斯关注的焦点不是澳大利亚社会的阶级阶梯和等级结构乃至男女不平等的事实，而是澳大利亚历史上的女性形象所指示的整个社会对女性的观念，也即围绕着女性的话语层面。

安妮·萨默斯（1945—　），作家、记者、女权主义者，曾因采

[①] Miriam Dixson, *The Real Matilda: Women and Identity in Australia, 1788 to the Present*, Sydney: UNSW Press, 1999, p. 294.

访新南威尔士监狱的系列文章获得沃克利奖（Walkley Award）。萨默斯1979年以1975年出版的《被诅咒的娼妓与上帝的警察》（*Damned Whores and God's Police*）获得悉尼大学博士学位。这是向悉尼妇女解放运动致敬的著作，也是安妮·萨默斯参加各种社会实践后思考的结果。萨默斯将她的写作看作对激进女权主义的延续和深化。萨默斯指出："激进女权主义已经正确指出社会的性别区分（sexist division），是女性受压迫的主要途径。但是，这种承认需要伴随着对性别歧视渗透于社会和经济组织各方面复杂且微妙方式的全面理解，同时需要伴随着一种理解它的革命策略。我将这部著作看作对第一方面需要的贡献：这部著作对性别歧视采取了一种批判的立场，聚焦于澳大利亚性别歧视发展中的重要事件、问题和观念。"[①] 萨默斯的研究路径是首先关注"渗透于社会和经济组织各方面复杂且微妙的方式"，进而推进到对"社会性别区分"的研究。

本著作共分为两部分，第一部分名为"压迫的扭结"（the nexus of oppression）。萨默斯主要从四个方面——艺术、民族文化设计、休闲活动、工作与家庭生活——检视澳大利亚文化中排斥和压制女性的现象。在艺术方面，澳大利亚女性一方面被排斥在艺术创作之外，女性很难进入艺术创作领域；另一方面，艺术批评家一般会忽略女性的创作。尤其当澳大利亚文学成为民族主义展示自身的领域时，澳大利亚批评家在其中发现的是一种丛林男性传统。在民族文化设计方面，20世纪30年代，汉考克（W. K. Hancock）《澳大利亚》一书出版。在该书中，汉考克将"澳大利亚人"等同于"男人"，将澳大利亚描述成一个男性世界。汉考克的观念一直为历史学家和批评家所沿用。休闲活动方面，体现澳大利亚民族特征、与澳大利亚民族特色联系在一起

---

① Anne Summers, *Damned Whores and God's Police: the Colonization of Women in Australia*, Ringwood, Victoria: Penguin Books, 1975, p. 27.

第四章　身份政治与澳大利亚性批判　◇◇◇

的足球、啤酒、赛马、赌博等活动完全被男性占据，是男性放纵和交往的形式。女性只能为男性的这些休闲提供服务，被排斥在这些活动之外。工作与家庭生活方面，女性一般被限制在家庭中，工作只是女性的副业，工作成功而家庭失败的女性也被判定为不符合澳大利亚文化标准。这四个方面共同连结成澳大利亚的"男权文化"（a sexist）。这种男权文化并非完全是排斥性的，它还有一个奖励机制。家庭成为限制女性和补偿女性的核心组织。"完全顺服于男权标准的女性会被授予某些补偿。这完全由文化决定。在澳大利亚，主要的补偿是给予母亲角色以崇高的地位。这一地位很大程度上是一种伪装，因为它过于表面且绝不是那一角色需要的合理补偿。但是，大多数女性接受了这一补偿，因为这能使她们赋予她们性别所能从事的唯一活动以价值，进而能使她们骄傲的承担起那一角色。"①

著作的第二部分"过去和现在的性别刻板印象"（sexist stereotype past and present）首先讨论了澳大利亚历史中的两类女性形象。萨默斯指出，犹太—基督（Judaeo-Christian）传统习惯将女性划分为彼此对立的两类，或者至善或者邪恶，代表形象是圣母玛利亚（Virgin Mary）和抹大拉的玛利亚（Mary Magdalene）。这两类女性形象框定了对女性身体、行为、思想的讨论——要么纯洁、神圣、不可靠近，化为纯粹审美对象，成为通往天堂的途径；要么堕入凡尘，污浊、堕落，诱人入地狱。这种对立形象划分在澳大利亚发生了本土化变异。从1788年英国第一舰队押送778名罪犯到达植物湾，澳大利亚就被当作罪犯流放之地。在这个囚笼中，女性（女囚犯）很多都成为满足军队和男囚犯生理需要的妓女。英国政府在移民时以及实际统治澳大利亚的军官都支持或默许对女性的这一角色定位。在最初一段时间，大约五分之

---

①　Anne Summers, *Damned Whores and God's Police: the Colonization of Women in Australia*, Ringwood, Victoria: Penguin Books, 1975, p.26.

一的女囚全职或兼职从事卖淫活动。因此,"被诅咒的娼妓"成为这一时期所有澳大利亚女性的共享称谓。即使为人妻子(军官或军人妻子)也概不例外。1840年之后,非囚犯的新移民逐渐增加,同时,澳大利亚自治加强。在这种背景下,澳大利亚统治者开始重新考虑设计人员结构和未来的发展。家庭成为维护社会稳定和促进社会发展的基本形式。在家庭中,男性负责家庭花销和保护女性,而女性则控制男性的放荡生活和教育孩子。女性的角色发生了转变,从"被诅咒的娼妓"一变而成为维护和传播社会道德的卫士——"上帝的警察"。她们被要求控制浮躁和叛逆的男性,灌输孩子公民美德。女性也可以从事体面的看护女仆(nurse-maid)或类似工作。不过,相对于酒吧女侍每年得到40—70英镑,看护女仆每年只能得到18—25英镑。"当女性承担起上帝的警察角色时,她们被理想化并被给予象征地位,当然,她们失去了经济独立……这些女人是当今大多数澳大利亚女性的先驱:经济依附、文化无能,她们的活动和影响被隐藏在家庭中,因此被忽略。"①

"被诅咒的娼妓"和"上帝的警察"成为澳大利亚女性形象的典范。这两类女性形象在传播澳大利亚性别意识形态、禁锢和限制女性方面起着至关重要的作用。"上帝的警察"发挥着社会和政治保守功能:守护、保存、延续现存的性别意识形态。它的主要任务是将现存的阶级等级、性别意识形态、种族区分观念灌输给丈夫、孩子、学生,为社会稳定做出基本的道德支撑。同时,这个角色也限制了女性的发展。

女性被禁锢在矛盾的位置,在这个位置上,她们传递和监督并非她们设计但包含女性是低等的道德观念。如果她们不能意识到她们拥有的权力,就只能扮演这种精神分裂的角色。她们顺从

---

① Anne Summers, *Damned Whores and God's Police: the Colonization of Women in Australia*, Ringwood, Victoria: Penguin Books, 1975, pp. 313 – 314.

地和毫无置疑地内化了她们的角色。她们将她们的工作看作符合她们性别本性的安排。女性进一步被尊奉于上帝的警察身份的表面地位所愚弄：她们受到尊敬的程度源自男性所具有的良心。①

"被诅咒的娼妓"是社会对女性的警示。凡不接受社会安排给女性的角色、不尊奉社会认同的关于女性的道德标准和价值观念、不安于男尊女卑现状的女性都被贴上"被诅咒的娼妓"的标签。这一标签代表了整个社会对不能循规蹈矩的女性的排斥和谴责。

> "被诅咒的娼妓"的类型是负面的；它用来描述那些不参与维持现存权力且大多数时候主动抵触这些关系的女性——尤其是管理女性的关系。事实上，只要女人被贴上"不值得尊敬的"（unrespectable）标签，往往就会被剥夺任何社会地位以及，如下面所展示的，使其失去作为一个市民所应具有的许多权力。对成为"被诅咒的娼妓"所受惩罚的恐惧使女人循规蹈矩；大多数女人除了遵从"上帝的警察"的范型别无选择，因为成为"上帝的警察"能确保得到社会认可并因此避免许多惩罚措施。②

"上帝的警察"和"被诅咒的娼妓"构成了澳大利亚女性的角色定位。如果社会生活诸方面勾连着整个澳大利亚社会性别歧视的网络，那么，关于女性的角色定位则是塑造、压迫、排斥女性，使女性心甘情愿（或无意识）接受被压迫命运的有效途径。同时，如果按照社会性别气质对立和相互排斥的观点，澳大利亚历史和文学中关于"被诅

---

① Anne Summers, *Damned Whores and God's Police: the Colonization of Women in Australia*, Ringwood, Victoria: Penguin Books, p. 153.
② Anne Summers, *Damned Whores and God's Police: the Colonization of Women in Australia*, Ringwood, Victoria: Penguin Books, p. 154.

咒的娼妓"和"上帝的警察"的记载实际上也从相反意义上界定了澳大利亚男性。凯萨琳·谢菲指出：

> "被诅咒的娼妓"和"上帝的警察"的二元对立根本就不是关于女性的，而是男性对女性的一种投射的两个方面，反映出了他们自我定义的两难处境。"被诅咒的娼妓"可以看做流放社会的替罪羊，"上帝的警察"可以看做救赎的对应物历史性地带入用于控制被诅咒的娼妓所带来的威胁，即不守法的、疯狂的、性欲的威胁，所有这些威胁到了男性权威的一致性。女性不但因此被定义，男性同样如此。然而，命名的过程，不但把读者放置在了男性代表的位置上，还使女性屈从于维系这些概念的话语的操纵之下。①

这一认知的基础是男女两性的性别气质差异。这种性别气质差异相互排斥并且通过对方实现自我界定。在不同语境中，性别气质结构被赋予不同意涵。这正是澳大利亚女权主义者所要分析的核心问题。

三 社会性别话语与民族话语的媾和与分析

在围绕澳大利亚女性的身份建构中，被谢菲以及其他女性研究学者关注的是澳大利亚民族话语的生成。苏珊·西瑞丹（Susan Sheridan）的《"浪漫的性情；偏见，冒犯了女性"：澳大利亚女作家和民族主义文学》（"'Temper Romantic; Bias, Offensively Feminine': Australian Women Writers and Literary Nationalism"）、帕特里夏·格里姆肖

---

① [澳] 凯萨琳·谢菲:《丛林、性别与澳大利亚历史的重构》，侯书芸、刘宗艳等译，广西师范大学出版社2010年版，第29页。

的《历史上的女性：重释过去》（"Women in History：Reconstructing the Past"）、朱迪斯·艾伦（Judith Allen）的《出现或沉默：女权主义和历史的局限性》（"Evidence and Silence：Feminism and the Limits of History"）等文章都强调澳大利亚精神/民族性格与男性/男子气概的等同，以此实现对女性的排斥。谢菲则试图从历史记载的话语运作层面揭示澳大利亚民族身份认同的建构以及在这一建构过程中女性被排斥的情况。

凯萨琳·谢菲（Kay Schaffer）是阿德莱德大学妇女研究系第一任主任。她在《女人与丛林》（*Women and the Bush：Forces of Desire in the Australian Cultural Tradition*，1988）以及翻译成中文的《丛林、性别与澳大利亚历史的重构》等著作中通过分析澳大利亚民族建构的核心话语追溯其暗含的性别意识形态结构。《女人与丛林：澳大利亚文化传统中的欲望力量》是谢菲最负盛名的著作。它主要"探索民族性格的假设如何产生文化实践；民族身份认同话语如何建构特定的澳大利亚男子气概和女性气质观念以及这些建构如何持续影响当代价值、态度和信念"①。

丛林和土地话语在澳大利亚文化中一直处于核心位置。在关于丛林和土地的话语中，澳大利亚身份认同和民族想象得以被建构起来，而伴随着民族身份认同和民族想象的却是对女性的排斥和压制。谢菲在"风景表征和民族身份认同"（"Landscape Representation and National Identity"）一章中指出，英国以及澳大利亚历史史料中专门以女性为主题的记载很少。很多时候，关于女性的记载都与关于风景的记述相伴随。英帝国时期的历史文献中，殖民者怀着骄傲的情绪扩张对澳大利亚的统治。"这种骄傲的情绪源自这样的想法，那就是不管怎样，

---

① Kay Schaffer, *Women and the Bush：Forces of Desire in the Australian Cultural Tradition*, Cambridge：Cambridge University Press, 1988, introduction, xii.

我们对于扩展男性对这个世界的影响是起了作用的，而这世界本来就是交给男人去征服的。"① 澳大利亚则是一片未开垦的处女地，一片期待男人统治的"守约之地"。"因为年老国家的土地开始变得贫瘠并且需要休养和恢复，当务之急是找到未开发的处女地来满足工人和农民日益增长的需要。"② 英帝国与澳大利亚的关系被类比为男女之间的关系：英帝国开发并控制澳大利亚被类比为男性征服和统治女性。这片未开垦的处女地或许暴虐、酷厉，但这更能体现殖民者/男人的统治力量——在"与自然作战，征服土地，在反复无常的季节中坚持，与恶劣气候拼搏，使土地生产出它从未产出过的东西"中体现盎格鲁－撒克逊人在"身体上、精神上和智能上"的"最高形式的品质"。19 世纪末的澳大利亚民族主义时期，虽然寻求民族独立成为澳大利亚人的主要任务，不过殖民时期的女性/景物的类比依旧沿袭下来并获得了新的意义。在这一时期的文献中，土地不再是柔顺的期待开发的对象，而是以干旱、丛林大火、洪水、毒蛇伺机报复的狂暴的母亲。历史学家赋予狂暴的澳大利亚以不同寻常的意义，它是对征服者最有力的抵制。澳大利亚历史学家曼宁·克拉克并没有完全将 1888 年的大旱理解成天灾，在克拉克看来，这次大旱是古老而蛮荒的大陆对妄图夺取其财产的人类的报复。作为狂暴母亲的澳大利亚，拒绝殖民者的完全占领和同化。而这个狂暴母亲真正的"本土之子"，同样需要忍受她的易变与酷烈。景观/女性依旧与男性对立。虽然从英国殖民时代到澳大利亚民族主义时期人们对景观的印象发生了转变，但其基本的结构却是一致的。在谢菲看来：

---

① 转引自 Kay Schaffer, *Women and the Bush：Forces of Desire in the Australian Cultural Tradition*, Cambridge：Cambridge University Press, 1988, p. 82。

② Kay Schaffer, *Women and the Bush：Forces of Desire in the Australian Cultural Tradition*, Cambridge：Cambridge University Press, 1988, p. 85.

第四章 身份政治与澳大利亚性批判

除了说话者不同，这些有关澳大利亚的话语中有相同的语言元素，都试图通过自我与他者二分法的语言表象来建立一个稳固的男性构架的主体空间。男性将女性他者作为身份认同的衡量物，而景观又被比喻为女性他者……通过将女性的消散转入他者的指定场所，有关自我权力的问题得到了解决。植根于西方话语语境中的女性作为一个观念，被假想为表象的对象和基础、欲望的根本和源头、文化的客体和标志。但这文化是被一个男性主体命名的男性文化，它将女性定位为景观他者。①

在以上的阐述中，谢菲关注的核心不是史料的内容，而是史料组织的形式。她试图从陈述主体与客体关系的角度阐述景观如何被认识与建构以服务于民族身份认同，并在这一过程中排斥女性的。殖民时期文献中，陈述主体是殖民者，他们以男性的姿态试图征服和开发澳大利亚，实现的不仅是帝国对澳大利亚的统治、为帝国增添荣耀，而且暗示了男性对女性的统治；民族主义时期，狂暴母亲不仅与殖民者对立，而且与她的"本土之子"对立。在对立中，"本土之子"面对狂暴母亲建立起对抗、排斥母亲（女性）的澳大利亚民族精神——伙伴情谊、平民主义。

景观与女性的类比、景观/母亲狂暴的形象持续存在于澳大利亚历史中。在"丛林与女性"（"The Bush and Women"）一章中，谢菲在殖民者的记述，亨利·劳森的小说，万斯·帕尔默、曼宁·克拉克的历史以及当代电影——《悬崖上的野餐》——中都看到这一主题的延续。《悬崖上的野餐》是彼得·威尔（Peter Weir）根据琼·林赛的同名小说拍摄的影片。1975年首映后获得好评，被看作澳大利亚"AFC"

---

① [澳]凯萨琳·谢菲：《丛林、性别与澳大利亚历史的重构》，侯书芸、刘宗艳等译，广西师范大学出版社2010年版，第57页。

类型电影的代表作。电影主要讲述了三个年轻女孩和她们的一位老师在悬崖上失踪,英国来的男孩米歇尔和土著男孩阿尔伯特寻找失踪女孩(女性)的故事。凯萨琳·谢菲借用劳拉·穆尔维的"凝视"理论解读电影对澳大利亚观众男性主体身份认同的建构作用。女孩被"吸收"进丛林,与丛林合二为一。观众在男孩米歇尔和阿尔伯特搜寻女孩时,与米歇尔和阿尔伯特的凝视相一致,并将丛林/女孩作为凝视的客体——女性观众如果不加质疑地观看这部影片,也会被吸收进男性的幻想中。当米歇尔开始搜索时,影片以全景形式展示了他在悬崖上的游弋和无助。全镜展示暗示了在米歇尔之上的自然母亲对她自身的掌控,即使米歇尔耗尽心力也不能找到失踪女孩所在的子宫状的洞穴。观众与男孩的凝视相一致,在男孩身上获得了自我身份认同,与恐怖的自然对立起来。谢菲的这些分析依旧为了证明萦绕着澳大利亚人的关于丛林的想象:

> 当女孩们,随后是米歇尔、阿尔伯特和搜寻小组接近失踪地点时,镜头逼近恐怖的原始面貌,在悬岩之外凝视到女孩们(观众),它的受害者,而后凝视转换到悬岩上一个更高的位置,让自然和观众从一个母性全能的位置上远远地观察到底下那些无关紧要的人。(在这个构想里,母性会产生吸收孩子的威胁,而父亲保护他或她在文化中作为完整的个人的位置,从母亲和想象中的她的力量中分离出来)通常,当这种场景通过几个人物角色萦绕的回忆表现或者再现出来时,被留下来的女生伊迪斯(Edith)刺耳的尖叫把我们从原始的诱惑场景中拯救出来。原始的母亲,作为"可怕的幻想之地",在表述之外,表现出了贪得无厌、无所不食的欲望。

景观与女性的类比、景观/母亲狂暴的形象不仅持续存在于澳大利

第四章 身份政治与澳大利亚性批判

亚历史中,而且不断攫取澳大利亚人的想象。探险家穿越澳洲大陆时的遇险、孩童的走失都被想象成被丛林/母亲的神秘力量吸引并最终被吞噬或吸收(absorption),真正的原因反而不能激起人们的兴趣。谢菲分析的一个事件是林迪·张伯伦的孩子失踪事件。张伯伦宣称孩子是被野狗从岩石底下的帐篷叼走的。不过,警察在没有任何证据的情况下宣称这是一起谋杀并判处孩子的母亲张伯伦终身监禁。在这个事件中,新闻媒体更多的将目光聚焦于张伯伦的异常行为,民众则对判决结果欢欣鼓舞。此后七年,张伯伦都在试图证明自身的无辜。在谢菲看来,这个事件之所以能攫取澳大利亚民众的想象,是因为它很容易为澳大利亚文化所编码和解释。张伯伦的异常行为与吞噬婴儿的岩石等同,都是残酷而邪恶的,刺激着澳大利亚人对狂暴母亲(丛林)的恐惧。

> 围绕着婴儿之死,具体化的"意义"早已在一个澳大利亚的想象中建构起来了。受害婴儿代表着所有被压抑的、不理智的对民族身份的担心——民族之子或许会屈服于残忍的母亲;母亲也许会残忍地伤害她无辜的孩子;母亲的天性会把儿子当作牺牲品;自我对他者的身份、力量、权威不再可靠,这些强大的有想象力的联想镶嵌于每一个澳大利亚人的潜意识中。似乎通过新闻媒体,在张伯伦案件中的想象建构中,它们就都被激活了。值得仔细考察的并不是案件的"真相"或"事实",而是使大众能够根据事先存在的意义系统来阅读这些事件的象征的模型。①

文本记述、电影内容、事件都不是谢菲关注的核心问题;如同格雷姆·特纳一样,谢菲对所谓的真相并不痴迷——不关注记述、话语

---

① [澳]凯萨琳·谢菲:《丛林、性别与澳大利亚历史的重构》,侯书芸、刘宗艳等译,广西师范大学出版社2010年版,第22—23页。

与现实的对应。对谢菲而言，最重要的是记述本身，是话语对现实的组织，是这些话语组织现实的结构。谢菲不是以解释批评的方式阐述文本的真正意图，也不从事件的角度推演其对观念的影响。她以症候批评的方式挖掘文本、电影、关于事件的话语的内部结构以及这一结构的意识形态性质。对于谢菲来说，文本和事件表现出来的并不重要，重要的是隐藏在话语之中却反映着整个社会状况的东西。

文学、电影、关于事件的记述都是意义生成之所，反映并进一步生成澳大利亚文化独特性。在澳大利亚民族独特性在这些场所生成过程中，性别意识形态结构伴随着形成并发挥作用。谢菲的写作即是透过话语表层追溯性别意识形态的结构及其运作。在其他意义生成的领域，澳大利亚女性研究者同样解读出性别意识形态的意涵。1983年，《澳大利亚文化研究》第1期刊载德利斯·博德（Delys Bird）的文章《澳大利亚女人：一个民族笑话？》（"Australian Woman: A National Joke?"）。与凯萨琳·谢菲相同，博德关注的核心也不是社会历史史实，而是文本——笑话。

以男性为表述核心的伙伴情谊、平民精神构成了澳大利亚民族精神的规范表述；女性要进入主流话语就必须成为"伙伴"，接受与男性协商的定位和角色。不过，澳大利亚伙伴情谊和平等主义精神以男性气质为核心，女性要进入这一世界就必须放弃自己作为女人的特质。如果这样，女性将面对双重的不利：在女性和男性的世界中都是异类。在博德看来："异常或差异是笑话的主题，是表现文化态度范式（paradigm of cultural attitudes）的社会话语形式。作为一个指意系统，笑话受到语义封闭性（semantic closure）的高度激励（highly motivated）并依靠语义封闭性。"[①] 笑话，作为文本，依靠语义封闭性存在；它表达

---

① Delys Bird, "Australian Woman: A National Joke?", *Australian Journal of Cultural Studies*, Vol. 1, No. 1, May 1983, p. 113.

第四章 身份政治与澳大利亚性批判

了语义封闭性的规范范式。在这里，语言与现实的关系问题成为核心问题。语言是"表达经验的方式"，但同时语言建构现实，是权力运作的一种方式。"语言，像意识形态，隐藏或抹平存在于社会组织和表现于其话语、传奇等之中的矛盾。"①

在文章中，博德主要分析了两个笑话。一则是：

> 完美的澳大利亚妻子是什么类型（description）的？一个聋哑女色情狂，刚刚去世的拥有一间酒吧的百万富翁的唯一女儿。

在这则笑话中，女性处于单面性交易（one-side sexual exchange）中，她们只有物质价值而不能成为男性思想、感情、文化上的伙伴。最重要的是，女性被剥夺了言说的权力。在父权制体系中，"女性被文化言说，却不能表达她们自己对文化的体验，也不能在这种文化中言说"②。

另一则笑话是关于女性角色的：

> 在工作结束后，工人在回家面对厨房中的老虎前，需要自己喝些啤酒。

这则笑话证明澳大利亚男性与女性在角色上的区分：男性习惯与伙伴去酒吧，能够积极独立地参加社会组织的活动；被以动物命名的女性，证明其更接近自然而与社会化的男性相区分。在这则笑话中，通过将女人比作老虎，女性的身份被否定，而在厨房中的老虎，则证

---

① Delys Bird, "Australian Woman: A National Joke?", *Australian Journal of Cultural Studies*, Vol. 1, No. 1, May 1983, p. 113.
② Delys Bird, "Australian Woman: A National Joke?", *Australian Journal of Cultural Studies*, Vol. 1, No. 1, May 1983, p. 114.

明女性身份的矛盾性。作为老虎,她强力、自由、富于攻击性,有自己的世界;但是,这只老虎却被限制在厨房中,不仅从自己的世界中被抽离,更被驯化和吸收,消除了自由和攻击性。在博德看来,作为老虎的女性本质上是模糊的:作为老虎的女性,兼具"野性"和"驯顺"(domestic),意指女性在男性世界——这个男性世界因为"阴性"(feminine)对于文化自身是非自然的而予以排斥——的错置(displacement)。她可以进入男性世界,但必须放弃自己的"野性"而被主流文化"驯服"。

博德的研究进一步证明,在所有民族话语生成的领域,都存在着性别歧视和父权制统治。对所有意义生成领域的检视成为女性研究的基本工作。不过,在这些研究中,存在一个简化论的趋势,似乎所有这类女性研究,如博德,都在透过一个具体的现象、论述探索其背后的性别意识形态/父权制。任何意义生成的领域都受到父权制的宰制,是父权制运行和扩张自身的支点。女性研究的任务就是透过任何现象揭示其背后的父权制本性。从特殊到一般,从现象到其背后的规则成为女性研究的仪式化方法。

第二节 "批判白人性研究"、土著性与差异政治

如《逆写帝国》所指出的:"定居者殖民地一个更为复杂的特征,是土著与定居者之间的关系。"[①] 不过,《逆写帝国》更为关注的是定居者对土著文化的挪用。"土著与殖民定居者之间关系产生的最初成果,便是定居者们试图以兼并或使用当地土著人既有美学视角,去

---

① [澳]阿希克洛夫特等:《逆写帝国:后殖民文学的理论与实践》,任一鸣译,北京大学出版社2014年版,第136页。

'建构本土性'。"① "本土性",如我们在第二章中指出的,本就是被建构的概念。在其建构过程中,衍生着梦的阴暗面。土著文化研究的核心任务是解构本土性与白人性的等同。

一 本土性与白人性的解析与批判

虽然澳大利亚原住民是土著黑人,但是,澳大利亚本土性完全被等同于白人性(whiteness)。澳大利亚民族精神的载体是白人男性。第一任联邦总理巴顿宣称:"我不认为生而不平这一不辩自明的真理也包括种族之间的平等。种族平等根本不存在。根本的平等在白种人之间的比较……这些种族(指有色人种)是(与白种人)不可相提并论的,是低人一等的。"② 1901 年,澳大利亚联邦成立,"白澳政策"被宣布为既定国策。学者们对"白澳政策"的基本认知是:

> 白澳政策是对这个国家土著居民的一种否认。他们不能出席庆祝联邦诞生的庆典,无法现身于为新的民族情感服务的艺术和文学作品之中。早年的风景画家的画作经常出现一群群的土著人以逼真地描绘出自然荒野的景色,海德堡画派将土著人排除在画作之外,而将白人作为原始荒野的一部分。澳大利亚本土协会会员甚至被剥夺了土著人的土著身份,将本土的概念只用于那些在本土出生的欧洲人。③

---

① [澳]阿希克洛夫特等:《逆写帝国:后殖民文学的理论与实践》,任一鸣译,北京大学出版社 2014 年版,第 136 页。
② 转引自王宇博等《世界现代化历程·大洋洲卷》,江苏人民出版社 2011 年版,第 459 页。
③ [澳]斯图亚特·麦金泰尔:《澳大利亚史》,潘兴明译,东方出版中心 2014 年版,第 134 页。

从文化批评角度对"白澳政策"和白人性进行的研究可称为"批判白人性研究"(critical whiteness studies)。所谓批判白人性研究即是:

> 将白人性看作社会、政治和经济构型中的民族身份认同,在此之前,这种身份认同是不可见的(至少对白人来说是这样的)。它基于这样的假设,在这种不可见的掩饰下,白人性赋予白人大量特权和利益。白人性研究的目标是探讨这一霸权的权力结构,使白人性而不是它种族化的他者成为批判关注的主题,使白人性服从于严密审查——在与批判种族、后殖民以及庶民研究(subaltern studies)相似的领域——这一审查已经被运用于检视作为一个类型的种族的表征和历史起源。[①]

批判白人性研究最先出现于北美和欧洲。最先在书目中使用"白人性"的批判白人性研究著作是戴维·勒迪格(David Roediger)《白人性的报酬》(*The Wages of Whiteness*, 1991)和托尼·莫里森(Toni Morrison)《在黑暗中弹奏:白人性和文学想象》(*Playing in the Dark: Whiteness and the Literary Imagination*, 1991)。澳大利亚批判白人性研究的代表性著作包括:加桑·哈格(Ghassan Hage)《白人国家》(*White Nation*, 1998)、沃里克·安德森(Warwick Anderson)《白人性的培养》(*The Cultivation of Whiteness*, 2002)、乔·斯特拉顿《种族晕眩》(*Race Dazes*, 1998)、艾琳·莫尔顿-罗宾逊(Aileen Moreton-Robinson)《讨好白人女性》(*Talkin' up to the White Woman*, 2000)。

如定义所示,批判白人性研究主要从两个方面进行:

第一,将英国移民(白人)作为定居者标示出来,使默认和不可

---

① Anne Brewster, "Critical Whiteness Studies and Australian Indigenous Literature", 卡特、王光林编, 中国海洋大学出版社 2010 年版, 第 193 页。

见的白人性可见，强调英国遗产和白人性在澳大利亚的非本土性。如欧苏里（G. Osuri）和班纳吉（S. B. Banerjee）2004年的文章《白人移民》（"White Diasporas: Media Representations of September 11 and the Unbearable Whiteness of Being in Australia"）所显示的，澳大利亚人并不等同于英国人（白人），澳大利亚民族性格并不等同于白人性。在澳大利亚，英国人（白人）是流散者和移居者，而非本土居民。这种对澳大利亚白人的标示，如作者所指出，是为了宣示澳大利亚土著居民对土地和国家的主权。这种对澳大利亚土著居民土地和国家所有权的宣示自多元文化主义政策实施之初就不断被争论。"虽然后来的行动在许多方面并没有带来实际的改变，因为联邦和州政府并没有立法确立原住民的土地权和自治权，但是，这种象征性的转变还是有它实际的效果。它确定了原住民自己而非政府机构有权决定他们的未来，因此它也提出了对于政治赋权的要求。"①

第二，与对现实的斗争相对，批判白人性批评最核心也是最重要的一点是对白人性与澳大利亚民族特征媾和的研究。文学、历史、电影、新闻媒体、肥皂剧等建构澳大利亚民族话语时往往以白人性为核心，将原住民以及移民排除在外。彼得·盖尔在《澳大利亚媒体中白人性的建构》（"Construction of Whiteness in the Australian Media"）一文中将20世纪90年代以后澳大利亚媒体表征白人性的方式分为两类：恐惧叙事（a narrative of fear）和同化叙事（a narrative of assimilation）。盖尔通过媒体对1992年高等法院关于马宝案的判决的表征阐述媒介关于恐惧叙事。法院判决原住民依其传统习惯法而拥有某些土地的权利。他总结了《澳大利亚周末报》（Weekend Australian）关于此事的报道：

---

① John Frow and Meaghan Morris (eds.), *Australian Cultural Studies: A Reader*, Sydney: Allen & Unwin, 1993, introduction, ix.

害怕和冲突的主题占据《澳大利亚周末报》头版报道的核心。第二页的评论——以"马宝预留10%的民族土地赔偿黑人"为标题——包含一幅澳大利亚地图,这幅地图有黑色和灰色区域,阐明已经存在和未来可能的赔偿。地图叠加了手持长矛的"土著人"及其准备与之发生激烈冲突的骑在马背上端着枪的"欧洲人"两个开放、激烈冲突的形象。①

在盖尔看来,对土著人冲突与威胁的判断在关于原住民土著所有权的过去和现在、公共和政治争论中都起到重要作用。马宝案被表征为民族危机。这种表征不仅建构了黑人与白人之间的冲突,还创造出原住民与非原住民之间冲突的表征。当然,不同于土地所有权的冲突与威胁,盖尔还在媒体报道中发现了另一种恐惧叙事。这种恐惧叙事将土著人表征为对秩序的威胁,也即,土著人被表征为失控的野兽。基于这种表征,澳大利亚白人的财富和财产同样时刻处于危机之中。

与恐惧叙事相对的是同化叙事。澳大利亚白人为了控制原著民、消灭原住民文化,曾经将土著儿童从其父母身边带走交由白人或土著养育院抚养。土著批评家以及许多文化研究学者都对这种被称为"被盗掠一代"(the stolen generation)充满同情,对白人的民族同化政策提出批评。不过,盖尔却在澳大利亚媒体关于这一问题的表征中看到白人性的运行。盖尔发现,澳大利亚媒体习惯通过对比为民族同化政策辩护。媒体往往表征被同化的孩子所处环境的变化,对比在同化后获得的"自然的"优势——教育、就业、健康、住房——和原住民家庭孩子的贫穷、消极和低劣的生活。"这种二元表征将看起来是种族

---

① Peter Gale, "Construction of Whiteness in the Australian Media", John Docker and Gerhard Fischer (eds.), *Race, Colour and Identity in Australia and New Zealand*, Sydney: New South Wales University Press, 2000, p. 259.

第四章 身份政治与澳大利亚性批判

等级的无可避免的结果自然化了（即是，描述为'自然的'）。它将同化种族叙事再生产和建构为'正常的'。"① 衍生自环境对比，或与环境对比相互渗透和支持的是对被同化土著成功的叙写。例如，对土著运动员凯西·弗里曼（Cathy Freeman）的报道。澳大利亚媒体大肆报道弗里曼被同化的过去以及其现在的成功，试图证明澳大利亚是一个自由、包容、平民主义和多元文化的社会。在这个幸运之邦中，即使一个人身处劣势，也可以通过努力或其他境遇改变自身。如果人们不能获得成功，并不是因为社会，而是因为个人没有付出努力。通过对比白人与土著生存环境的差异，以及土著被同化后获得的成功，澳大利亚媒介成功为白人统治以及隐含的白人性辩护。

随之，盖尔在检视澳大利亚媒体关于波林·汉森（Pauline Hanson）的表征中同样发现了澳大利亚白人性的存在方式及维护白人特权的方式。单一民族党（One Nation Party）领袖波林·汉森往往被澳大利亚媒体从两种不同的白人性形式表征：普通白人性（Ordinary Whiteness）和极端白人性（Extreme Whiteness）。当汉森被与各种澳洲形象（国旗、袋鼠等）联系在一起，当其与带着澳新军团纪念日勋章的挖矿工人同台、亲吻孩子时，她就被表征为普通澳大利亚中产阶级妇女，也即与普通白人性联系在一起；而当汉森被表征为拯救澳大利亚白人的弥赛亚、殉道者、斗士时，汉森就被叙述为种族主义者，也即与极端白人性联系在一起。在盖尔看来，对汉森的两种表征都维护了白人特权但却以不同方式进行。盖尔指出，极端白人性的表征在引起争论的同时，也扮演着分散注意力的作用。当波林·汉森被表征为政治极端主义者，其明显的种族主义也往往在媒体中受到批判。对汉森极端

---

① Peter Gale, "Construction of Whiteness in the Australian Media", John Docker and Gerhard Fischer (eds.), *Race, Colour and Identity in Australia and New Zealand*, Sydney: New South Wales University Press, 2000, p. 261.

主义及其批判的表征隐藏了普通白人性声称的特权，它同样将这种特权建构为自然的，反映着幸运之邦的神话。与波林·汉森相对的是前澳大利亚联邦总理约翰·霍华德（John Howard）。霍华德及其团队往往被表征为政治中间派，被看作合理、公平、为我们所有人服务。当媒体中不断强调需要通过教育、医疗、住房福利补贴"劣等土著"而联邦政府又削减土著和托雷斯海峡岛委员会（ATSIC）预算时，就进一步使得土著居民边缘化。土著救助项目资金的削减往往在"极端"的阴影下被表征为"温和"，也即可以在"温和"的名义下堂而皇之地贬斥亚洲移民、废除土著和托雷斯海峡岛委员会以及协商委员会（Reconciliation Council）。①

　　澳大利亚白人性问题不只是盎格鲁-撒克逊种族问题，更与澳大利亚民族结合在一起，建构着澳大利亚白人统治并为其辩护。正如我们前文所说，文化研究以及批判白人性研究的一个基本策略即是凸显白人性的存在及其建构以及与民族国家的媾和，只有如此，才能使人们警惕白人性的霸权。苏珊·谢区（Susanne Schech）和珍·哈吉斯（Jane Haggis）在解构白人性方面提出了两条具体建议：一方面，寻找民族核心价值，经常与白人性联系在一起的工作必须停止；另一方面，必须摧毁作为身份、民族和自我霸权叙事的白人性再生产的制度和话语大厦。在谢区和哈吉斯看来，只有这样，白人性才变得可见，才能使人们意识到其在特定历史、机制和政治环境中的生产，才能使其不被看作理所当然。也只有解构白人性的中心地位，才能使"核心"价值变成不同文化群体的协商。②

---

① Peter Gale, "Construction of Whiteness in the Australian Media", John Docker and Gerhard Fischer (eds.), *Race, Colour and Identity in Australia and New Zealand*, Sydney: New South Wales University Press, 2000, p. 265.

② Susanne Schech and Jane Haggis, "Migrancy, Whiteness and the Settler Self in Contemporary Australia", John Docker and Gerhard Fischer (eds.), *Race, Colour and Identity in Australia and New Zealand*, Sydney: New South Wales University Press, 2000, p. 237.

二 土著主义、土著性与原住民身份认同

与"批判白人性研究"并行或稍前的是对土著话语的分析和关注。如《梦的黑暗面》所示,定居者通过建构原住民形象完成对自身合法性的确认。澳大利亚批评家分析了各时期、各类话语形式中建构的土著形象的方式和途径。一系列著述构成这一方面研究。伊丽莎白·韦比(Elizabeth Webby)《早期澳大利亚文学中的土著》("The Aboriginal in Early Australian Literature",1980)、韦杰·米什拉《澳大利亚文本中的土著表征》("Aboriginal Representations in Australian Texts",1988)、罗伯特·霍奇(Robert Hodge)《土著真理和白人媒介:埃里克·麦克遇见土著主义精神》("Aboriginal Truth and White Media: Eric Michaels Meets the Spirit of Aboriginalism",2009)、安德鲁·金(Andrew King)《"黑人是美丽的"和原住民:澳大利亚流行音乐中的土著性和创作者》("'Black is beautiful', and Indigenous: Aboriginality and Authorship in Australian Popular Music",2010),等等。

如果说批判白人性研究主要凸显白人形象的话语建构,那么,以上文本则主要探究土著形象在不同文本中的扭曲。米什拉参照东方主义概念将白人文本中的土著表征命名为土著主义(Aboriginalism),并如是界定这一概念:"作为充斥澳洲白人意识并成为独立存在的思想系统的霸权体系,'土著主义',像东方主义,从根本上确认了基于进化差异和智力低下信条的种族歧视。"①

土著主义对土著进化和智力的表征从两个维度进行:土著形象和土著文化。除19世纪的很少人将澳大利亚土著想象为高贵的野蛮人,

---

① Vijay Mishra, "Aboriginal Representations in Australian Texts", *Continuum*, Vol. 2, Issue 1, 1988, p. 167.

几乎所有著作中，土著形象都被置于进化论进程中，被表征为身体或智力的低下者。如同最初的探索者所观察到的：

> 这块土地上的居民是天底下最可怜的人……若是不注意他们长的人样，他们和畜生几无二至。他们个子很高、窄扁身材，较单薄，四肢又小又长。他们脑袋大，额头圆，眉毛浓粗。他们的眼皮半张半闭，不叫苍蝇飞上眼睛……他们长着一张长脸，叫人看了很不舒服；脸上的五官无一样生的得体……他们什么衣服也不穿；只有一块树皮像腰带一样系在腰部，还有一把长长的青草或三四枝叶子浓密的小绿树枝塞到腰带下面，以遮盖裸露的身体。他们没有房子，而是躺在野外，没有遮盖；他们以地为床，以天为篷。他们是一男一女同居还是乱交，这我不知道；但他们确实是男女老幼二三十人生活在一起。他们唯一的食物是小鱼……我没有看见他们崇拜什么东西……我没有见过铁，也没看见过其他什么金属。①

里查德·怀特如是解读以上论述：

> 丹皮尔的评论也是对文明人与自然之间的关系的一种独特见解的产物……欧洲人和野蛮人之间的区别是文明，或者像丹皮尔所说，是"财富"。这一切都是用物质的字眼来加以衡量：衣服、武器、永久性住房和物质享受是文明人的特征；文明人和野蛮人的区别在于文明人勤劳、重视物质财富，而且还读《圣经》。土著人野蛮的证据在于"这些贫穷的家伙似乎不习惯于搬运重物"，他们不"羡慕我们的任何所有物"，而且看起来还没有宗教。②

---

① 转引自［澳］里查德·怀特《创造澳大利亚》，杨岸青译，杨志达校，云南人民出版社1999年版，第3—4页。
② ［澳］里查德·怀特：《创造澳大利亚》，杨岸青译，杨志达校，云南人民出版社1999年版，第5页。

沿着对土著形象表征的路径，土著主义话语将土著文化表征为落后的、不发达的、有待发展的形式。如同弗雷德里克·麦卡特尼（Frederick T. Macartney）在《文学与土著》（"Literature and the Aborigine", 1957）中所指出的，土著人模糊了自我与外部客体的区分，必然不能进行批判性的自我反思，因此很难创作出自身优秀的文学作品。麦卡特尼拒绝用"文学"称呼土著人的文字创作，而将其称为"冗长的无序和初始"。

米什拉区分了土著文学和白人文学，并分别用 A 或土著话语（A or Aboriginal Discourse）和 W 或白人话语（W or White Discourse）命名。白人话语是后古腾堡（post-Gutenberg）书写文本，可以如是界定：封闭、字系学、机械再生产、编辑机制、评论、批判的元文本、互文性，等等。土著话语则是前古腾堡的口语，其基本特征是非封闭、叙述主导、史诗风格、作者缺席、集体叙述、类型不固定、用委婉的遁词规避神圣的词语、宗教或神话、对信息独特本质的过分敏感、叙事的内在力量，等等。当我们区分前古腾堡和后古腾堡时，很容易陷入土著主义的陷阱，将土著文学指认为原始的、不发达的、需要被超越和摒弃的形式。不过，米什拉并没有从文学演化的角度探究这一问题，而是讨论这两种文学创作的适用语境。米什拉用韩礼德（M. A. K. Halliday）的语域理论对白人话语和土著话语进行了区分。在米什拉看来，区分土著话语的核心要素是语调（tenor）——交际者之间的关系，包括彼此之间的身份（社会地位）以及角色关系、亲属关系等，而区分白人话语的核心要素是语场（field）——语篇（text）发生的社会行为，也即实际发生的事情，它包括谈话的主题、交际的主体等在内的整个活动——和语式（mode）——既指交际的媒介或渠道，像书面语或口语，也指修辞的方式。因此，主导土著话语的是人际功能（Interpersonal Function，一种角色关系，既涉及说话人在语境中所充当的角色，也涉及说话人给其他参与者所分派的角色）；白人话语的标识是概念功能（Ideational Function，包括经验功能和逻辑功能。经验功能与说话的内容发生关系，它是说话人对外部环境的反映的再现，是说话人关于各种现象的外部世界和自我意识的内部世界的经验。逻辑功能则仅仅是间接地从经验中取得的抽象的逻辑关系的表达）和语篇功能（Textual Function，使说话人所说的话在语言环境中起作用，反映语言使用中前后连贯的需要）。"人际功能领域产生祈祷、问候、流言蜚语等，而我们可以将概念功能和语篇功能与政治争论、哲学、雄辩术、布道、神圣或精神话语等联系起来。"① 随之，米什拉对土著话语和白人话语进行区分。"土著话语为语调和语式所控制，是将概念功能严重边缘化的高度的人际功能（尽管一些语篇功能明显存在）。因此，理想的土著语篇是口语的、人际交流的和'对话的'。理想的白人话语是书写的、概念的和'非对话的'。"② 尽管这只是对土著话语和白人话语进行的理想界定，不过，在澳大利亚，这确实是表征土著的两种基本话语类型。在米什拉看来："因为附属文化（subject culture）比另一种、其他文化更好的表征自身，土著话语将是独特土著文化的最佳载体。最终，在澳大利亚，土著话语生产出积极的语篇而白人话语生产出负面的、讽刺的语篇。"③

米什拉对文学差异性的强调指示和确认了土著性（aboriginality）的存在。土著性成为土著和为土著辩护的批评家宣示土著独特性、抵抗外部文化入侵的关键词语。马德鲁鲁·纳罗金（Mudrooroo Narogin）是将土著文学批评确定为相对独立的文学流派的土著批评家。纳罗金

---

① Vijay Mishra, "Aboriginal Representations in Australian Texts", *Continuum*, Vol. 2, Issue 1, 1988, pp. 168 – 169.
② Vijay Mishra, "Aboriginal Representations in Australian Texts", *Continuum*, Vol. 2, Issue 1, 1988, p. 169.
③ Vijay Mishra, "Aboriginal Representations in Australian Texts", *Continuum*, Vol. 2, Issue 1, 1988, p. 169.

原名科林·约翰逊（Colin Johnson），出版多部文学著作并于 20 世纪 80 年代开始涉足文学批评，先后出版《边缘处的写作：现代澳大利亚的本土文学》（*Writing from the Fringe*: *A Study of Modern Aboriginal Literature in Australia*，1990）、《澳大利亚的本土文学》（*The Indigenous Literature of Australia*: *Milli Milli Wangka*，1997）等著作。纳罗金将土著文学看作与白人文学并行发展的另一条路径。在纳罗金看来，白人文学创作不过是欧美文学的舶来品，只有土著文学才称得上澳大利亚本土文学。澳大利亚土著作家如凯斯·沃克（Kath Walker）、杰克·戴维斯（Jack Davis）等在被主流白人文学排斥与模仿主流中寻找灵感，充实土著文学的创作。

> 他们喜欢传统的韵律，每每提笔就喜欢那样写诗，他们用这样的形式写成的英语诗歌在近期的白人澳大利亚批评家那里完全不受重视。与此同时，土著作家也普遍对于白人文学缺少共鸣，在土著作家看来，澳大利亚的白人创作大多不表现群体价值，其中刻画的生活素材大多与土著人全然无关，所以不能引发土著读者的兴趣，土著读者更愿意去看与土著文学相类似的其他的边缘文学。①

在土著文学与引起土著共鸣的创作中，或者说在被白人主流文学排斥的边缘文学中，纳罗金试图寻找其独特的种族特性。纳罗金将土著性看作土著人自我衍生的特性，他怀着种族纯洁的理想排斥白人世界的影响；对土著性的表征应该根植于土著人的生活和经验，在土著人的生活和经验中挖掘适合土著性表达的文学形式与内容；对土著文学的评价和鉴赏不应该以白人文学批评方法和标准为依归，而应该注重其对土著性的表达；最重要的是，土著文学作品不应该

---

① 王腊宝等：《澳大利亚文学批评史》，中国社会科学出版社 2016 年版，第 327 页。

迎合白人读者的口味或顺从白人读者的"土著主义",即表现土著生活的灰暗,土著人的落魄、懒惰、道德水平低下,而应该塑造正面的土著形象,为土著人民树立道德楷模和精神领袖,激发土著人奋发向上。

当纳罗金固守土著性和土著传统,将其单纯界定为不受白人污染的特性时,其不可避免地滑入文化本质主义的深渊。不同于霍奇和米什拉对纳罗金土著性的支持,澳洲文化研究的另一位代表学者——西蒙·杜林——强调这一概念的虚构性和不可界定。而当纳罗金的土著身份受到质疑时,其基本主张和观念也就很难获得自我确证的立场,最终只能移居国外,销声匿迹。

第三节 文化区隔、东方主义与族裔性研究

批判白人性研究不只是土著研究的一个核心问题,同样受到其他学者的关注。艾琳·莫顿-罗宾逊(Aileen Moreton-Robinson)、温迪·布雷迪(Wendy Brady)和米歇尔·凯里(Michelle Carey)从女权主义视角批判白人性的男权至上;苏珊·谢区和珍·哈吉斯则从移民的角度批判白人性的排外。当然,白人性最初即通过"白澳政策"制度化,而"白澳政策"的最初实行是为了限制移民,尤其是亚洲移民。用第一任联邦总理巴顿的话说:"人生而不平之说不包括英国人和中国人享有同等地位。"[①] 澳大利亚白人定居者对移民的排斥体现在一系列具体措施上:《限制移民法案》、"白澳政策"、"好邻居运动",等等。移民地位的改变自多元文化主义推行之后,相对宽松的种族相处环境也促使移民研究以及关于多元文化主义的反思。

---

① 转引自王宇博等《世界现代化历程·大洋洲卷》,江苏人民出版社2011年版,第459页。

第四章　身份政治与澳大利亚性批判

一　文化区隔批判与多元文化主义解析

对种族区隔的批判主要来自有移民背景的学者。这些学者关注的首要方面是澳大利亚文化对其他移民的排斥。

学者们较为集中的关注点是文学。罗洛·霍贝恩（Lolo Houbein）、A. J. 格拉斯比（A. J. Grassby）、塞吉·李博曼（Serge Liberman）、斯内娅·古尼夫（Sneja Gunew）以及华裔欧阳昱等一大批学者都参与进关于澳大利亚文学构成的讨论。罗洛·霍贝恩"或许是澳大利亚移民批评中第一位从理论的高度讨论移民文学的批评家"①。霍贝恩呼吁将移民文学纳入澳大利亚课堂教学之中，与之相对应的是她对移民文学意义和价值的论述。霍贝恩先是举证澳大利亚移民文学创作情况——《澳大利亚族裔和移民创作概览：编制中的报告》（"Survey of Ethnic and Migrant Writings in Australia: Work in Progress"，1976）、《黄昏地带的创作：澳大利亚族裔及移民作家》（"Creativity in the Twilight Zone: Ethnic and Migrant Writers in Australia"，1978），随后讨论澳大利亚移民创作与主流创作的关系——《澳大利亚文学中"族裔"作家的角色》（"The Role of 'Ethnic' Writers in Australian Literature"，1982）。霍贝恩主要从移民文学的意义和价值方面为其辩护。在她看来，移民文学有助于丰富澳大利亚文学创作实践，推动澳大利亚文学创作多元化。对移民文学的关注更能证明和推动澳大利亚的多元文化主义进程。

澳大利亚移民文学批评家斯内娅·古尼夫于1982年主编了澳大利亚首部移民文学选集《背井：移民小说家》（*Displacements: Migrant Storytellers*），联合霍贝恩等人编辑了《澳大利亚多元文化作家书目提

---

① 王腊宝等：《澳大利亚文学批评史》，中国社会科学出版社2016年版，第329页。

要》(A Bibliography of Australian Muticultural Writers),并先后出版《边缘之框:多元文化文学研究》(Framing Marginality: Multicultural Literary Studies, 1994)和《焦虑国度:殖民视域中的多元文化主义》(Haunted Nations: The Colonial Dimensions of Multiculturalisms, 2004)等著作。在这些著作中,古尼夫严厉批评了主流文学面对移民文学时的傲慢态度。"在他们看来,移民文学主旨太过明确,语言太过幼稚,形式太过简单,缺少文学水准,读来更像自传或者自白,不值得批评家认真地对待。"① 与土著研究的策略类似,古尼夫抵制这种傲慢态度的方式也是诉求移民的独特特性——族裔性,以此强调移民文学的特殊性。当然,古尼夫并不接受移民、族裔等称谓。在她看来,这些称谓都是站在澳大利亚白人立场上区分自我与他者、主流与边缘的方法。因此,古尼夫主张

  抛弃澳大利亚主流文化建构起来的移民他者形象,而把移民重构为一种立场和多元自我身份,从这一立场看,文学创作不只是一种审美活动,更是一种政治的、认识论的行动,一种质疑传统澳大利亚社会历史习俗、语言能力观和性别划分的重要行为。所以,"移民立场"宣示一种多元存在和复杂自我,它既不是一种自我认同的自我,也不表示一个统一完整的"我们"。因为没有了支点,所谓的移民写作很难简单进行界定,所以一个更好的方法就是将它置于互文性的情景之中,读者可以通过将其与其他澳大利亚和欧洲文学并置起来才能实现理想的解读。②

在其他意义生产领域,体育备受关注,而体育在澳大利亚民族身

---

① 转引自王腊宝等《澳大利亚文学批评史》,中国社会科学出版社2016年版,第332页。
② 转引自王腊宝等《澳大利亚文学批评史》,中国社会科学出版社2016年版,第332页。

份认同中的重要地位成为阻碍其他民族移居者融入澳大利亚社会的障碍。这其中，尤以板球受到澳大利亚学者的关注。迈克·罗伯茨（Michael Roberts）与阿尔弗雷德·詹姆斯（Alfred James）所著的《对冲：板球运动中的斯里兰卡和澳大利亚》（*Crosscurrents*：*Sri Lanka and Australia at Cricket*）、苏巴西·杰瑞思（Subash Jaireth）《板球运动中的东方主义：一些近期关于巴基斯坦板球的澳大利亚板球写作的解读》（"Tracing Orientalism in Cricket：A Reading of Some Recent Australian Cricket Writing on Pakistani Cricket"）、彼得·凯尔（Peter Kell）《好的运动：澳大利亚体育与公平竞争的神话》（*Good Sports*：*Australian Sport and the Myth of the Fair Go*）以及苏文德尼·佩雷拉（Suvendrini Perera）的《"板球运动，要有情节"：民族主义、板球和散居身份》（"'Cricket with a Plot'：Nationalism, Cricket and Diasporic Identities"）。这些著述共同关注了澳大利亚板球运动、民族主义以及澳大利亚板球认知中的东方主义问题。正如彼得·凯尔所言：

> 澳洲人有一种强烈的信仰，那就是体育是少数的每个人都仍然能"公平竞争"的社会领域之一……远远不是一种团结的源泉……澳洲的体育一直以来都是一种分裂的源泉和一个排他的场所。体育加强了对于外来者的焦虑和恐惧……强化了对澳洲的亚洲邻居尤其是中国的非理性的恐惧。有些体育运动一直都被成功的精英作为一种工具使用，并把它与帝国主义和盎格鲁中心主义相联系。[①]

作为斯里兰卡裔的女性，不懂板球的苏文德尼·佩雷拉以自己的

---

① 转引自[澳]苏文德尼·佩雷拉《"板球运动，要有情节"：民族主义、板球和散居身份》，托比·米勒主编《文化研究指南》，王晓路等译，南京大学出版社2009年版，第431页。

经历证明板球在澳大利亚民族认同中的核心地位以及自己的边缘位置。佩雷拉指出：

> 在那些周和那几个月里，我发现，除了去了解板球以外我别无选择——并且如果说我不能在关于板球的问题上表明立场，那是不行的。我的发现与詹姆斯的恰恰倒了个个儿，当时他在《边界之外》中宣称："板球在我意识到之前就早已使我陷入政治之中。"生活在澳大利亚，日常政治在我意识到之前就早已使我陷入了板球之中。①

佩雷拉的阐述远不止于此。她检视了澳大利亚观众以及批评家如何运用板球规则将斯里兰卡板球队界定为异类，以实践一种东方主义话语；斯里兰卡如何将板球与本国民族话语相结合以加强一种辛哈拉国家主义；在对迈克·罗伯茨和卡德里·伊斯梅尔理论的介绍中，阐述如何开辟不为民族主义侵蚀而为球队加油的观众空间的可能。当然，对佩雷拉来说，最重要的问题是散居民众的身份认同问题。

佩雷从C. L. R. 詹姆斯（C. L. R. James）和格兰特·法雷德（Grant Farred）的著述中摘取了三个例子，并用这三个例子证明：移居者的身份认同并不必然来自与"母国"的联系，它更多的是一种对当前的反映。在澳大利亚足球联盟大决赛中，当耶索伦柯抓住投掷的球并大吼"有色外国佬还可以"时，澳大利亚少数群体移居者（无论任何国家）在其中都体验到一种身份认同。"'有色外国佬'……的称呼在观众那里与土耳其人、马其顿人、意大利人、波斯尼亚人、希腊人或黎巴嫩民族主义关系甚少。相反，它是一种反应，这种反应确定了一种

---

① ［澳］苏文德尼·佩雷拉：《"板球运动，要有情节"：民族主义、板球和散居身份》，托比·米勒主编《文化研究指南》，王晓路等译，南京大学出版社2009年版，第433页。

身份，它产生于并指向观看者的澳大利亚语境。"① 佩雷拉赞同保罗·吉尔罗伊的看法，移居者最重要的不是来自哪里，而是处于哪个位置。移居者的身份认同往往是在其所处位置被建构的。"移居所产生的对抗性和创造性身份不必是使用'祖国'的无可非议的民族主义对主体进行质问的结果，而是对当前现实的一种反应：'你在哪里'。"② 也即是说，移居者的身份认同并非局限于原民族的民族话语建构，或与原民族有必然的本质联系，相反，它是在不同场景中不断被建构并且随着语境的转换不断变化的。

二 形象表征与澳大利亚的国际关系

白人性、土著居民、移民以及女性的叙述不仅反映了澳大利亚国内不同群体之间的关系，还折射出澳大利亚的国际关系。在对白人性以及土著居民的叙述中，反映的是澳大利亚的大英帝国取向，如同我们分析后殖民主义与澳大利亚的"文化谄媚"所示。对亚洲移民（亚洲人民和国家）的表征则折射出澳大利亚与亚洲邻国的关系。

作为斯里兰卡移民，一直关注澳大利亚移民散居身份的苏文德尼·佩雷拉在《表征之战：马来西亚、〈大使馆〉和澳大利亚外交使团》（"Representation Wars: Malaysia, *Embassy*, and Australia's Corps Diplomatique"）一文中，通过解读澳大利亚媒体尤其是电视系列剧《大使馆》对东南亚尤其是马来西亚形象的表征展示出澳大利亚处理与亚洲邻国关系的心理状况。佩雷拉首先分析了澳大利亚媒体对马来西亚总理马哈蒂尔·穆罕默德（Mahathir Mohamad）的形象展示。佩

---

① ［澳］苏文德尼·佩雷拉：《"板球运动，要有情节"：民族主义、板球和散居身份》，托比·米勒主编《文化研究指南》，王晓路等译，南京大学出版社 2009 年版，第 442 页。
② ［澳］苏文德尼·佩雷拉：《"板球运动，要有情节"：民族主义、板球和散居身份》，托比·米勒主编《文化研究指南》，王晓路等译，南京大学出版社 2009 年版，第 443 页。

雷拉指出，在一系列澳大利亚电影和小说中，例如《危险年代》(*The Year Living Dangerously*)、《龟滩沥血》(*Turtle Beach*)、《大使馆》中，东南亚一般被表征为中东的替代品：专制、暴力、资源丰富且色情，少男少女充满欲望和破坏精神；而马来西亚总理马哈蒂尔·穆罕默德则被表征为新时代的萨达姆·侯赛因。在《澳大利亚人报》中的一幅卡通画中，穆罕默德被描绘成带着拳击手套的神气活现的流氓，而其背景则悬挂着澳大利亚形状的拳击袋。佩雷拉指出，澳大利亚媒体对东南亚形象的这种表征沿袭了英国的殖民主义和霸权主义，以一种东方主义的眼光看待东方。澳大利亚承袭西方白人至上信念，将自身看作亚洲秩序的维护者和亚洲邻国的统领者。基于这种心态，澳大利亚媒体在对外方面以一种东方主义的眼光表征和贬斥亚洲邻国。当马来西亚不再屈服于澳大利亚的表征，争夺自我表征的话语权时，澳大利亚媒体就会以一种战争关系理解澳大利亚和马来西亚的关系，将马来西亚的自我表征行为理解为对本国的挑衅。在对内方面，澳大利亚媒体则时时警惕本国对外政策的妥协。当本国官员在外交中表现出卑恭和谦逊时，澳大利亚媒体就会攻击其跪拜姿态，将其表征为用澳大利亚国旗为别人擦鞋。

在佩雷拉看来，澳大利亚媒介不仅以东方主义的眼光表征别国领导、警惕本国外交政策的妥协，在对别国普通居民的表征中，同样充满东方主义的想象和排斥。在这方面，佩雷拉解读了《大使馆》中的一个故事。澳大利亚外交官迈克尔（Michael）为其亚洲女仆卡图特（Katut）所勾引并致使卡图特怀孕。当卡图特的父母知道其怀孕的消息之后，将无辜的迈克尔告上法庭，使这件事情众人皆知。最终，迈克尔的外交职位朝不保夕，澳大利亚与拉甘（Ragaan）——一个虚构的穆斯林国家——的石油交易也横生波折。在佩雷拉看来，这则故事体现了一系列澳大利亚观念认知：首先，澳大利亚伙伴情谊、男性团

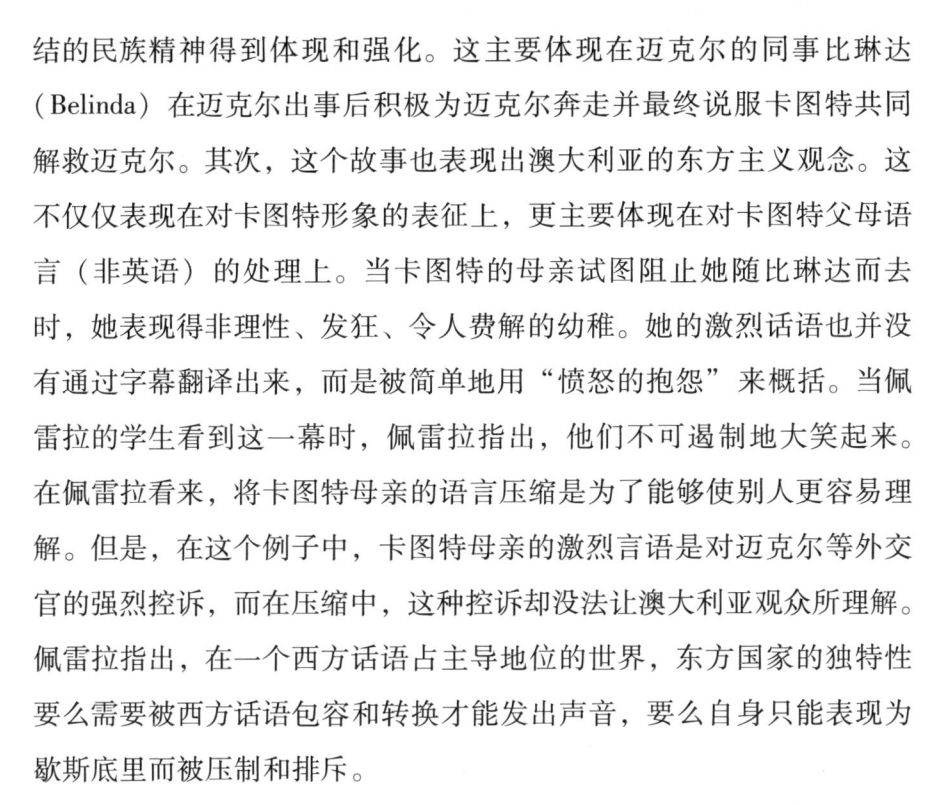

结的民族精神得到体现和强化。这主要体现在迈克尔的同事比琳达（Belinda）在迈克尔出事后积极为迈克尔奔走并最终说服卡图特共同解救迈克尔。其次，这个故事也表现出澳大利亚的东方主义观念。这不仅仅表现在对卡图特形象的表征上，更主要体现在对卡图特父母语言（非英语）的处理上。当卡图特的母亲试图阻止她随比琳达而去时，她表现得非理性、发狂、令人费解的幼稚。她的激烈话语也并没有通过字幕翻译出来，而是被简单地用"愤怒的抱怨"来概括。当佩雷拉的学生看到这一幕时，佩雷拉指出，他们不可遏制地大笑起来。在佩雷拉看来，将卡图特母亲的语言压缩是为了能够使别人更容易理解。但是，在这个例子中，卡图特母亲的激烈言语是对迈克尔等外交官的强烈控诉，而在压缩中，这种控诉却没法让澳大利亚观众所理解。佩雷拉指出，在一个西方话语占主导地位的世界，东方国家的独特性要么需要被西方话语包容和转换才能发出声音，要么自身只能表现为歇斯底里而被压制和排斥。

当然，佩雷拉并没有完全从民族对立的角度理解西方的东方主义。她强调亚洲本土的接受至关重要。在佩雷拉看来，这些国家并非一味谴责、否认、消除东方主义观念，而是会为了某个目的挪用西方对东方的理解和表征。佩雷拉举了马来西亚一则招商广告的例子。在一本招商手册中如是描述本国女性：

> 东方女性灵活的双手举世闻名。她的双手小巧、小心翼翼而工作迅速。在本性和遗传上，谁能比东方女孩对台式装配生产线的高效生产做出更大贡献。

在佩雷拉看来，这则消息不能简单被解读为东方女孩被表征和再生产为民族商品，而应该从马来西亚和西方国家交流的角度进行理解。

这则消息对东方主义话语的运用是为了吸引西方对马来西亚的投资。佩雷拉指出，这一方面是关于马来西亚官方与东方主义话语媾和以实现自身目的的问题，另一方面，这种媾和又说明亚洲国家的无力感。"后殖民国家的官方文化生产不能凭空产生，而只能在其漫长的变形历史中形成。"①

正如佩雷拉指出的，澳大利亚实际上需要处理两方面民族和社会关系：与"母国"英国的关系，尽管与英国脱离，并充满构造自身独特性的欲望，可在心理上仍然以错放位置的欧洲国家自居；与亚洲邻国的关系，正是因为澳大利亚与英国关系的复杂性，致使其一方面想要加强与亚洲诸国的联系，又承袭英国文化的白人中心主义，排斥和贬低亚洲国家。这两方面构成澳大利亚文化研究后殖民研究与移民研究的核心。

三 洪美恩与"中国性"研究

中国人于19世纪中期"淘金热"起大量移居澳大利亚。与其他国家移民一样，华人同样被排斥和压迫。他们被表征为疾病携带者、喜欢赌博、吸食鸦片，被看作低等民族。自1855年《为某些入境移民作出的规定》到1901年澳大利亚联邦通过的各项法案（《邮政电信法案》《移民限制法案》《太平洋诸岛劳工法案》），排华一直是澳大利亚立法的基本准则。澳大利亚学者与华裔学者都曾致力于华人在澳洲的历史、华人形象的表征、所受排斥以及华人文化的研究。以《观看〈豪门恩怨〉》（*Watching Dallas*: *Soap Opera and the Melodramatic Imagi-*

---

① Suvendrini Perera, "Representation Wars: Malaysia, *Embassy*, and Australia's Corps Diplomatique", John Frow and Meaghan Morris (eds.), *Australian Cultural Studies*: *A Reader*, Sydney: Allen & Unwin, 1993, p. 27.

nation，1985）出名的华裔学者洪美恩（Ien Ang）在这方面做出了重要贡献。她的《论不说汉语》(*On Not Speaking Chinese*: *Living between Asia and the West*，2001）一书是华裔学者关于"中国性"（chineseness）探讨的经典著作。洪美恩写作这部著作的缘起是身份认同的危机：十多年前，她第一次到台湾开学术会议，因为不会说汉语而令别人困惑，成为一种尴尬而久不能忘的经历。这也构成了洪美恩身份认同危机的核心。"因为我不会说汉语，我在台湾显得另类；因为我是中国人的相貌，我又在西方显得另类。"① 于是，洪美恩决定写这样一部半自传性质的著作探讨这一问题。

"中国性"对海外华人来说表现为一种强烈的向心力。洪美恩讲述自己第一次到中国的情形：虽然没有勇气自己来，因为不会说中文，也不会说任何一种方言，"但我必须来，我没有选择。它就像必须要做的一次朝圣"②。洪美恩通过自己的经历如是描述海外华人的中国情结：洪美恩在印度尼西亚出生并度过童年。尽管华人对印尼的发展做出重大贡献，但印尼政府还是强迫华人放弃自己的习俗、改取印尼名字、与其他民族联姻等以消除华人印记。许多印尼华人在20世纪60年代开始往印度移民。洪美恩也随父母移民荷兰。移居荷兰的印尼华人再次寻找自己的文化印记。他们将自己的根源追溯到中国而不是印尼，坚持自身的中国特性。借助这些事件，洪美恩反思了"中国性"概念。在洪美恩看来，"中国性"沿袭自中国古代的"天朝上国"观念。中国古代"天朝上国"观念以自身为主导，将非汉族居民称为蛮夷。这种民族优越感尽管在近代受挫却从来没有消弭。尤其是当代社会，中国学者甚至是西方学者都将中国文化、汉字看作完全不同于西

---

① Ian Ang, *On Not Speaking Chinese*: *Living between Asia and the West*, London and New York: Routledge, 2001, preface, vii.
② Ian Ang, *On Not Speaking Chinese*: *Living between Asia and the West*, London and New York: Routledge, 2007, p. 21.

方的文明。德里达就将非表音系统的汉字看作非西方逻各斯中心的伟大发明。

  洪美恩并不赞成以上理解"中国性"的方式。在她看来，这种理解方式完全将东方和西方、中国文明和其他文明对立起来。海外华人往往将自己与中国联系起来，与中国共荣辱。这就完全将自身建构为西方社会的"他者"。这种"他者"身份不仅源自一种血脉沿袭或文化怀旧，更被有意无意地建构为挑战西方文化霸权的支点。可是，在洪美恩看来，"中国性"在今天已经很难维持其源初性和单一性。无论是华裔血脉还是汉族文化都在与其他民族的接触中融入了其他元素，变成了一种"混血"的融合。"中国性"是一个杂交，是一个公开的能指，包容了所有特殊形式和与其他形式融合导致的变异；它是"海外华人'想象社群'的核心，它是一个公开的能指，也是一个共同的所指，它内部的差异性、特殊性和分裂性是无法抹杀的。而它们恰恰也是统一和集体身份的基石所在"[①]。

[①] 陆扬、王毅：《文化研究导论》，复旦大学出版社2006年版，第300页。

第五章　澳大利亚文化研究的多元性：从约翰·佛柔谈起

澳大利亚文化研究关涉的核心问题当然是民族问题，但是，这并不意味着澳大利亚文化研究学者不去关注其他问题。一个典型的例子是女性主义研究。澳大利亚的女性主义者尽管强调解构民族神话的重要性，但也在学理层面对女性所受的压迫进行了广泛而深入的探讨。杰梅因·格里尔的《女太监》、伊丽莎白·格罗兹的"肉体女权主义"在国际上都产生了巨大的影响。约翰·菲斯克来到澳大利亚后，其关于电视的研究以及提出的大众文化作为"生产者式的文本"的观点，对传统文化研究的冲击也十分巨大。本章将以约翰·佛柔为例，讨论澳大利亚文化研究多元性问题。

第一节　对文化研究学科逻辑的批判

约翰·佛柔（John Frow，1948—　），当代澳大利亚文学理论家和文化研究者，于1968年毕业于澳大利亚国立大学，在1970年和1971年居住和工作于南美洲，随后从1971年到1975年在美国的康奈尔大学完成比较文学学科的研究生学习（包括在海德堡大学的一年），其后分别在澳大利亚的莫道克大学（1975—1979）和昆士兰大学（1990—1999）、英国的爱丁堡大学（2000—2004）和澳大利亚的墨尔本大学（2004—2012）从事研究和任教工作，现为悉尼大学ARC资深研究教授和英语教授（ARC Professorial Fellow and Professor of English）。佛柔的主要研究方向是文学理论、文化研究理论和欧洲、澳大利亚、美国小说等。到目前为止，佛柔出版的著作主要有《马克思主义与文学史》（Marxism and Literary History，1986）、《文化研究和文化价值》（Cultural Studies and Cultural Value，1995）、《时代与商品文化：文化理论和后现代性文集》（Time and Commodity Culture: Essays in Cultural Theory and Postmodernity，1997）、《类型》（Genre，2005）等，另外还有一些与其他人编著或合著的著作：与米亨·莫里斯（Meaghan Morris）合编的《澳大利亚文化研究读本》（Australian Cultural Studies: A Reader，1993）、与托尼·本尼特（Tony Bennett）和米歇尔·埃米森（Michael Emmison）合著的《口味：澳大利亚日常文化》（Accounting for Tastes: Australian Everyday Cultures，1999）、与本尼特合编并与本尼特共同写作序言的《经典文化分析手册》（The SAGE Handbook of Cultural Analysis，2008）。

  在绪论中我们已经指出约翰·佛柔对"澳大利亚文化研究"的批判性意见。在这里，我们需要进一步指出，佛柔的文化研究首先关注的并非是这一学科中的两个重要方面：对"文化"的界定——佛柔虽然在《文化研究和文化价值》一书的导言部分对雷蒙德·威廉斯等人关于文化的定义进行了批判，但他本人却并没有兴趣纠结于"文化是什么？"这一问题；对具体文化事实的关注，佛柔并不特别注重对文化事实的实地考察。佛柔的文化研究首先关注的是文化研究这一学科的逻辑和方法，纠缠于对这一学科逻辑的批判。

一 文化研究的方法逻辑与推演

在佛柔看来,当今的文化研究中存在两种固有的逻辑:"高雅"(high)文化与"低俗"(low)文化("高雅"文化的"他者",也即是"大众"文化,"mass culture"或"popular culture",佛柔一般用的是后者)之间的等级区分。研究者在进行文化研究时会不自觉地陷入"高雅"文化与"低俗"文化的等级逻辑中;文化本质主义——将文化看作某一阶级或群体的表现。佛柔的文化研究即从对这两个有着一定关系的文化研究逻辑的考察开始。

(一)高雅文化与大众文化的类型区分与对立逻辑

在当今的文化研究中,文化研究者基于某种价值评估往往会将文化事实划分为两种不同的类型:高雅文化和大众文化。这种文化类型的区分将会建立起文化事实之间的等级与对立——当然,这也可能是文化类型划分的基础。

高雅文化与大众文化的类型区分和对立基于对文化价值的考量和评估。高雅文化是艺术家自由的创作,体现着艺术家自身的内在需要,具有原创的独特性并且内在地符合艺术的标准;而大众文化则是工业化生产的产物,体现着资本追逐利润的需要,具有标准化和统一性的特征,其衡量的标准不是艺术的标准,而是外在的经济价值。正像雷蒙德·威廉斯在《关键词》中对大众文化的描述:"Popular culture(大众文化、通俗文化)并不是来自普通百姓的认同,而是其他人的认定,这个词具有两种古老的意涵:(一)低下的工作(……);(二)可以讨人欢心的工作(……)。另外,还有一个比较现代的意涵,指'受到许多人喜爱的',当然在许多早期的例子里也有此意。'Popular culture'指由普通百姓自己创造出来的文化,这种概念与上述的论点不同。"①

在马克思主义传统中,坚持这种对立逻辑进行文化研究的是法兰克福学派。阿多诺借用本雅明研究德国悲剧的原则——"哲学史,即关于起源的科学,是以发展过程中最遥远的极端和明显的过分揭示理念构架的那种形式——是这些对立因素所有可能的意义并置的总合"②——指出其从哲学的角度研究音乐的依据:"这样的研究方法,即基本上只对两个独立的旗手进行研究,甚至在音乐学科内也可采用。因为新音乐的本质只有在这类对立面中可以说明;只有这些对立面能让人看到新音乐包含的真实。"③ 阿多诺研究音乐的原则适用于法兰克福学派对现代艺术与大众文化的研究。法兰克福学派习惯于将现代艺术与大众文化(将其看作是文化工业的产物)相对比。④ 霍克海默在《现代艺术和大众文化》一文中对比了现代艺术与大众文化的不同。在霍克海默看来:"艺术作品——从实际世界中分离出来的精神的客观产物——包含着一些原则,根据这些原则,孕育艺术作品的世界似乎是异化的、虚假的。不仅是莎士比亚的愤怒和忧郁、而且是歌德的诗歌之超然的人道主义、甚至是普鲁斯特之虔诚地沉迷于尘世生活的转瞬即逝的特征,都能够唤起人们对于自由的回忆,自由使得流行的标准显得偏狭和粗俗。"⑤ 在这里,霍克海默所说的"艺术作品",是他所谓的"真正的"艺术作品,其代表就是现代艺术;而与现代艺术

---

① [英] 雷蒙·威廉斯:《关键词:文化与社会的词汇》,刘建基译,生活·读书·新知三联书店 2005 年版,第 356 页。

② [德] 本雅明:《德国悲剧的起源》,陈永国译,文化艺术出版社 2001 年版,第 18 页。

③ 朱立元总主编,李钧编:《20 世纪西方美学经典文本·第 3 卷·结构与解放》,复旦大学出版社 2001 年版,第 110 页。

④ 需要指出的是,阿多诺并不认为文化工业与大众文化是完全等同的:大众文化强调的是接受,允许大众对他们所消费的文化有所反应,可以根据自身的情况来作出判断和取舍;而文化工业强调的是某一文化类型的生产,文化工业是自上而下强加给大众的,是统治阶级向大众灌输自身意识形态的手段。

⑤ 曹卫东编选:《霍克海默集:文明批判》,上海远东出版社 2004 年版,第 214 页。

第五章 澳大利亚文化研究的多元性：从约翰·佛柔谈起

相对的则是大众文化。大众文化产生自工业生产，受到其背后的资本逻辑的控制。"过去曾继承了艺术传统的所谓娱乐，今天只不过是像游泳或足球一样的大众化兴奋剂"①；"在现代，雕塑和绘画已经失去了构造城市和建筑的功能，这些艺术的创造已沦落到适合于任何室内装修的水平"②。大众文化并不能给人带来自由和对社会的反思。相反，"人性本来并不恶，恶来源于社会所施加给极力想要发展的人性之上的暴行"③，而大众文化就是压制人性自由发展的帮凶。

在法兰克福学派中，践行这种对立逻辑最彻底的还是阿多诺。阿多诺对文化工业的批判最为猛烈，影响也最大。仅以音乐为例。在阿多诺看来，在诸多艺术形式中，音乐是最后被工业生产和商品文化吞没的种类。"音乐的非理性成分，直到有声电影、无线电和歌唱的广告节目时代，才被商业社会的逻辑所没收。"④ 随着工业生产和商品文化逻辑扩展到音乐领域，作为一种艺术形式的音乐就呈现出两种对立的倾向。置身于文化工业逻辑之中的音乐形式是浮夸、呆滞和僵化的。阿多诺对比了20世纪初期的轻歌剧和他所处时代的轻歌剧，发现两者之间并没有太大的差异，只不过是艺术形式上更加流线、顺滑、匀称，节奏上更加悦耳、轻柔，语言上更加精致、华丽，但其实质只不过是对那种毫无独创性的音乐进行不断的重复加工而已。阿多诺认为："在发达国家里，通俗音乐可以定义为标准化，其典型是流行音乐。"⑤ 这些僵化的音乐形式能够更容易为大众所接受。但是，流行音乐的生产依靠的是标准化的模型，大众对流行音乐的接受实际上是对僵化模型的接受。这一僵化的模式是标准化的和非个性的，因此，既不能表

---

① 曹卫东编选：《霍克海默集：文明批判》，上海远东出版社2004年版，第214页。
② 曹卫东编选：《霍克海默集：文明批判》，上海远东出版社2004年版，第212页。
③ 曹卫东编选：《霍克海默集：文明批判》，上海远东出版社2004年版，第215页。
④ 朱立元总主编，李钧编：《20世纪西方美学经典文本·第3卷·结构与解放》，复旦大学出版社2001年版，第112页。
⑤ Theodor Adorno, *Introduction to the Sociology*, New York: Seabury Press, 1976, p.2.

现作家的独创性和个性,也没有真正的艺术价值。听众能够很容易接受流行音乐,是因为流行音乐的模型更为听众所熟悉。可是,在这熟悉的模型中,听众既不能体会到灵魂的自由和完满,也不能对工具化的社会现实进行批判。相反,听众在流行音乐中放弃了对真正自我的追寻——流行音乐是非反思性的,因而不需要听众费脑筋进行思索。当然,在文化工业盛行的状态下,"真正的"音乐依旧存在,其代表就是阿多诺所推崇的勋伯格的无调式音乐。流行音乐之所以流行就在于其优美的曲调,而无调式音乐则以其对调性的拒绝来实现对传统音乐向文化工业和商业化逻辑妥协的拒斥,以其对社会的隔绝和疏离求得对艺术精神("艺术乃是社会的对立面"[①])的保持。阿多诺在勋伯格的创作中发现了音乐对社会极权(同一性思想)的强烈抗议。

法兰克福学派的这种将现代艺术与大众文化(文化工业)相对立的逻辑,建立在一系列相关的价值对比之上。

其一,比较其创作而言,现代艺术是创作者自由的创作,体现着创作者的个性和感受,是创作者本质力量的表达,其价值在于独特性(独创性、个性);而文化工业生产的大众文化则是艺术固有形式的不断重复生产,是工业标准化向艺术领域扩张的结果,其结果是标准化和僵化。

其二,就其与社会的关系而言,现代艺术固守艺术自律的准则,(理论上)隔绝与社会的联系,尤其是隔绝与商品化的联系;而大众文化则是文化工业和商品逻辑的产物。在现代社会中,电影、音乐、书籍的生产都有其背后的资本运作。资本为了能够更快地取得更大的利润,必将使其所生产的艺术形式更符合大众的口味。这种对大众口

[①] 朱立元总主编,李钧编:《20世纪西方美学经典文本·第3卷·结构与解放》,复旦大学出版社2001年版,第140页。

味的迎合在某种程度上会销蚀对艺术自身价值的追求。文化工业即是最好的体现。在文化工业中，文化形式的生产与艺术无关，而只向经济效益妥协。

其三，就其价值取向而言，现代艺术的价值在于其独立性和与社会现实的距离。现代艺术的独立性和与社会现实的疏离是其进行社会批判的支点，其价值在于对社会的批判能力。"真正的"艺术展现了艺术家的独创性和个性，这与标准化、同一性的社会现实相疏离。人们在真正的艺术中能够体味到艺术的真谛和真正的自由、体味到灵魂的圆满。真正的艺术以其独创性和个性表现了人的本质力量，并以此为基础为人们批判僵化的社会现实提供了支点。而流行艺术的评价标准则是其受欢迎的程度，与受欢迎程度相关的则是其创造经济价值的能力。因此，流行艺术并不寻求对现实的批判，相反，它与现实构成一种同谋关系。流行艺术寻求的是与社会现实的妥协，在与社会现实的妥协中实现其经济效益。流行艺术受到商业逻辑扩展的支配，只以利润的创造为目的，并不为人的自由和解放负责。相反，流行艺术依靠其标准化的模式消解着人的自由，阻碍着人类解放的历程。

其实，对于法兰克福学派的思想家来说，现代艺术与大众文化的对立实质上是个人（"自由""人格""灵魂""幸福"等）与现实的对立：个人对人格的独立、灵魂的自由、精神的圆满、感情的张扬等的追求与现实社会中统治的极权、大众文化的单纯刺激、劳动的理性管理、现实社会中劳动与娱乐的分离以及娱乐的工具化等相冲突。当然，究其根本，法兰克福学派立论的根基是个人的实存，是个人在资本主义大工业生产和商品逻辑中的个人价值（个性、"本真性"）的保持。在法兰克福学派的思想家（以及其他一些具有"泛审美主义"倾向的思想家）看来，现实社会是受到权力统治的社会，是工具理性压制人的自由和个性的社会，是内心冲动被压抑的社会，是功利的、目的性的社会。我们要想实现对当今社会的批判，就必须寻求一个不同于当下同一性社会精神的支点。我们在真正的艺术中能够抛弃功利性的和目的性的筹划，能够体会到一种自由的、无功利的状态。这种状态即是一片理想的飞地。它高于社会现实，因此，能够为批判社会现实提供支点。这种对现代艺术和文化肯定性质的探讨是在被工具理性主宰和商品逻辑支配的现实社会中寻求一种宁静的独立的坚守——是在艺术中体味的救赎。

法兰克福学派在现代艺术与大众文化（文化工业）之间建立的对立并没有考虑到以下三个方面：一是，大众文化和现代艺术并非是两种同质性的文化类型，它们内部各有其复杂性；二是，在现代社会中，与商品的关系并不能作为区分大众文化与现代艺术的标准，现代艺术独立性的自我标榜反而成为其商品估价的手段；三是，大众文化并非简单的文化工业的产物，文化工业所生产的产品要经过大众的选择、认同抑或是抵制，大众并非被动地接受文化工业的产品。

关于佛柔的文学理论与法兰克福学派主张的相似性我们已在上一章的最后予以说明，这里就不再重复。

（二）文化研究中的本质主义倾向

与建立文化类型之间的对立和等级关系相关（但并不一定具有直接联系）的是文化研究中存在的另一种研究逻辑：将文化看作某一集团（或阶级）的自我展现形式，将给定的文化形式与特定的集团（或阶级）相对应，将集团（或阶级）的属性看作一定文化形式的本质。布迪厄（Pierre Bourdieu）在对审美趣味进行社会学研究时就存在着这样的倾向。

通过广泛的社会调查和研究，布迪厄将审美实践与其他形式的趣味实践（practice of "taste"）联系起来（这一系列的趣味实践的功能就是构造统一的阶级生活风格），这些趣味实践又都产生自布迪厄所

第五章 澳大利亚文化研究的多元性:从约翰·佛柔谈起

谓的习性（habitus）。当然，对于布迪厄来说，最重要的不是去证明不同阶级采取不同的生活方式，而是去探索凭借什么样的过程，文化方面偏好的差异变成了一种社会功能。因此，最重要的就不是差异本身，而是统治阶级赋予差异的价值："在'好的'趣味和'粗野'的趣味之间，在合法的和非合法的风格之间去施加一种对于这种差异的认同。"① 于是，一方面，审美判断不是一个自主性的领域，审美趣味的差异来自阶级的差异，通过审美趣味的差异对阶级趣味差异的确认加强了阶级之间的区分；另一方面，这种差异的确认强调了统治阶级对其他阶级统治的合法性。文化编码上的能力构成了"文化资本"，而文化资本在不同的社会阶级之间是不平衡分布的。这种文化资本之间的区分既产生"区分的利润"（a profit in distinction）——特定的文化产品需要特定的方式来欣赏；又产生一种"合法性利润"（a profit in legitimacy）——包含着对文化产品进行解读的正当感和自身的独特感。② 于是，布迪厄所讨论的审美趣味（统治阶级的审美实践和偏好），就成为独立于现实生活之外的独立领域。它的独立依靠对现实生活领域的疏远，并将审美的目的与现实生活隔绝开来。

在对布迪厄《区隔》（*Distinction*）一书进行简单介绍后，佛柔总结了布迪厄从社会学角度探讨审美趣味的三个关键点："首先，审美禀性（aesthetic disposition）被确定为是遵循康德审美原则的，将艺术品与现实的目的和实践的功能割裂开来。其次，这种审美被与一种本质的阶级体验相等同：审美禀性'假定远离于世界……是资产阶级体验世界的基础'。最后，这种联系被提高到更一般的水平：'分类斗争中的位置依靠阶级结构中的位置'；一类（审美趣味）可以从其他种

---

① John Frow, *Cultural Studies and Cultural Value*, Oxford: Clarendon Press, 1995, p. 29.
② Pierre Bourdieu, *Distinction: A Social Critique of the Judgment of Taste*, Cambridge, Massachusetts: Harvard University Press, 1984, p. 228.

类获得解读。"①

佛柔认为，布迪厄对审美趣味的这种解读包含两种本质主义的归约：一是，假定一种单一的阶级体验普遍独属于单一的阶级；二是，一种单一的审美逻辑符合于这种阶级体验。这两种本质主义逻辑结合起来就暗示了一种文化实践的二元划分："高雅"文化和"低俗"文化被看作不同阶级的语言。正是通过这种本质主义的归约逻辑，布迪厄建立起一系列阶级之间的文化等同与对立，诸如，将统治阶级的审美与形式主义联系起来，它拒绝审美的实践或道德功能，拒绝轻率的和粗俗的东西，并且将文化产品看作互文性的而非简单对世界的模仿；与工人阶级相关的是大众美学，大众美学被认为是建基于道德基础之上的，并且将艺术实践附属于社会调节功能，它主要是现实主义的和排斥互文性的。与这组对立相关的是另外一组对立：统治阶级的"高雅"文化偏爱形式，而工人阶级的"低俗"文化偏爱内容。统治阶级的审美是"冷的"和"疏远的"，而工人阶级的审美则是"热的"和"参与性的"。

佛柔从两个方面对布迪厄文化研究中的本质主义倾向进行了反驳：首先，佛柔认为布迪厄的研究忽视了审美的独立性（暗含着强调审美禀赋的普遍性）。如果审美趣味只是阶级的表达，那么，我们如何去理解流行文化呢？尤其是在现代大众传媒勃兴的情况下，统治阶级和被统治阶级在日常生活中接受着同样的文化传播形式（电视、互联网等）。在佛柔看来，这些文化传播形式有能力打破"文化资本"分布不均带来的阶级区分，因为普通的大众可以通过这些文化传播形式提高自己的品味，参与到其他（较"高端的"）文化产品的讨论中。其次，针对统治阶级偏爱形式，而不喜爱工人阶级"日落""人性"等审美主题的看法，佛柔认为，一件文化产品或一个审美主题的意义和

---

① John Frow, *Cultural Studies and Cultural Value*, Oxford: Clarendon Press, 1995, p. 31.

价值并不在于它自身，而在于它所处的互文性关系，是互文性关系决定了某件文化产品或某个审美主题的意义和价值。

佛柔对布迪厄的反驳有效却并不有力。正如佛柔自己所言，布迪厄的研究最注重的是统治阶级如何通过文化资本维护自身的权力，通过审美趣味标出审美的差异并以之确认阶级的区分。对于这一根本性的问题，佛柔的反击是相当无力的。正因为如此，佛柔强调文化领域相较于阶级的自主性，强调大众传媒在塑造超阶级的文化认同方面的作用等，只不过是抓住了布迪厄逻辑推演中存在的问题。大众传媒可能会使工人阶级参与到对"高雅"文化的讨论，但是，这只不过是降低了进入这一文化圈子的门槛。实际的问题是，工人阶级并没有参与讨论"高雅"文化的专业知识和能力。正如布迪厄所证明的，尽管艺术展出对所有社会成员开放，但是，因为工人阶级本身缺乏欣赏这些艺术作品所必需的知识，因此，他们并不愿意将时间耗费在艺术走廊之中。而恰恰是这种文化资本的缺乏，剥夺了工人阶级参与"高雅"文化讨论的权利。是专业的知识构成了进入和讨论某种文化形式的门槛，而不是实际的准入条件。

对佛柔而言，将审美趣味归约为阶级的表现实际上固化和确认了高雅文化与低俗文化的区分，并且压制了每种文化自身存在的复杂性。反驳文化研究中的高雅文化与低俗文化的区分和等级的逻辑、确认实际存在的审美事实的独特性并以之为基础研究权力制度才是佛柔研究和立论的基础。

二 现代社会中文化研究逻辑的消解

约翰·佛柔通过逻辑分析指明了将文化事实归类为高雅文化和低俗文化、将文化类型约减为特定集团（阶级）的表现等文化研究方法存在的问题：高雅文化和大众文化的对立本身是建立在特定的价值取向之上的（例如，法兰克福学派对大众文化的批判建立在精英文化标准的取向上），这必然会推崇一类文化形式而贬低另一类文化形式，并且，这种对立抹杀了各自类型中文化事实的差异性；认为文化是特定集团（阶级）的表现，忽视了现代大众传媒对集团（阶级）文化的冲击和对文化类型的重构作用。同时，佛柔立足于当代资本主义社会的事实，指出在现代资本主义社会中坚持固有的文化研究逻辑的不可能性。

（一）当代资本主义社会现实对文化研究逻辑的冲击

佛柔主要论证了将文化事实归类为高雅文化和大众文化的方法在当代资本主义社会的不合时宜。

第一，将文化与商品生产的关系作为区分大众文化（与商品生产联系紧密）和高雅文化（与商品生产隔绝）的标准的做法并不符合当代社会现实。在现代社会中，无论高雅文化还是大众文化都被完全吸纳进文化生产之中。"与市场的关系因此不能被用作区分高雅文化产品与低俗文化产品的一般原则，也不能再运用无利害的、有机的、原创的、自我管理的艺术品与利害性的、机械的、刻板的、商业的大众文化文本的传统价值负载的对立的逻辑。"[①] 在现代社会中，高雅文化与大众文化享有共同的序列形式，它们都运用平装书、唱片、电影等形式进行生产、保存和传播。在整个文化市场中，高雅文化与大众文化分别形成了不同的买卖市场。并不是市场和商品形式污染了艺术的纯净，相反，市场和商品形式成为区分艺术的一种重要的手段。

第二，以价值的大小划分高雅文化和低俗文化以及确认它们之间的等级的做法实际上已经行不通了。在现代社会中，高雅文化变得越来越专业，并且往往与高水平的教育系统联系起来，它已经很难与日

---

① John Frow, *Cultural Studies and Cultural Value*, Oxford: Clarendon Press, 1995, p. 23.

常生活发生关系,很难对日常生活起到指导作用;相反,大众媒体却承担起传播文化价值的主要责任,它更贴近大众生活,也更容易为普通民众所接受、认同和参与。同时,在高度阶级化的社会中,高雅文化往往被等同于统治阶级的文化,并且,统治阶级往往以之为标准将其他文化形式纳入自身的逻辑之中,而在现代社会,已经很难形成单一的文化中心和单一的文化逻辑,每一种文化都确认自身,并且有自身的衡量标准和等级。

第三,高雅文化和低俗文化被构建为对立的两极的论点实际上或多或少地假定了文化与阶级之间的直接从属关系,也即是认为文化是阶级的直接表达。这样,实际上就在不同的文化形式之间设置了界限。但是,在20世纪,随着大众传媒的发展,大众文化越来越具有包容性,它能穿越阶级的界限,在不同的阶级成员中塑造相同的趣味。不同的阶级成员共享着相同的传媒形式,彼此之间欣赏着相同的文化传播的内容,因此,也就培养着相同的审美趣味。大众传媒能够打破阶级对文化传播和认同的限制,从而形成超阶级的文化认同集团。当然,佛柔并非否定阶级的存在,而是认为阶级不能再成为解释文化形式的锚点。

第四,现代主义企图通过反对"堕落的"大众文化的方式确认自我的做法已经过时。确认现代主义,反对大众文化的标准已经难以维持,正像我们所讨论的那样,现代主义/先锋艺术已经越来越专业化、越来越与现实生活相疏离(认为只有维持自身的独立地位才能保持对现实生活的批判),这实际上就使生产和传播文化价值的责任落到"堕落的"大众文化身上。

当然,对于高雅文化和大众文化的划分,最重要的还是这种划分先在地预设了某种判定的标准。我们需要做的是先对这一标准提出质疑,然后才能确认将不同的文化形式进行归类是否合理。只是,在佛柔这里，任何标准都是权力践行的手段，因此自然而然地会对高雅文化和大众文化的区分进行批判。

（二）文化研究的可行性方法及其困境

在现代文化研究中，许多学者开始确认大众文化的价值，确认大众文化对文化价值的传播作用和对人民生活的塑造作用。但是，在佛柔看来，这种文化研究的方法依旧沿用着高雅文化与大众文化区分的二元对立逻辑，只不过是将高雅文化和大众文化的地位做了个颠倒。"这种方法突出了价值的问题，它通过翻转价值在两极的分布来解决这一问题。"[①] 也即是说，确认大众文化的积极意义，只不过是赋予了大众文化以更多的价值，但是，整个二元对立的体系并没有改变。对于约翰·佛柔来说，坚持高雅文化与低俗文化的二元划分、确认彼此之间等级的做法已经不合时宜。这种文化类型的二元设定至少在两个方面被看作是有问题的。其一，文化类型的区分和等级设定是建基于某种价值分配标准之上的，如法兰克福学派将体现和保有人的本真性和自由的责任赋予高雅文化，而大众文化则体现着社会现实的同一秩序和实践着对人的规训的职能，于是，自然而然地就在高雅文化和大众文化之间建立起明确的等级秩序。这样，一方面，建立起一种绝对的和普遍适用的价值标准，将不同的文化形式置于同一价值标准之下，体现着某种文化阐释的霸权，它不仅忽视了"下层"文化存在的权力，更甚而言之，忽视对"下层"文化的研究。另一方面，某种价值标准体现着某种权力关系，一种价值体系的推行代表一种权力关系的统治。其二，将文化事实自然而然地归类于这两种文化类型，换句话说，将文化事实置于这种对立的文化研究逻辑之中，忽视了包含在这两种文化类型中的具体文化事实的独特性，即，这两种文化类型本身并非同质性的，其本身由不同的文化事实组成。不同的文化事实具有

---

① John Frow, *Cultural Studies and Cultural Value*, Oxford: Clarendon Press, 1995, p. 27.

第五章 澳大利亚文化研究的多元性:从约翰·佛柔谈起

不同的特点。简单的文化分类会抹杀不同文化事实的本真特点。

对约翰·佛柔来说,在反驳这种文化类型的二元设定的基础上,文化研究可以沿着两条不同的路径进行:一条路径是运用人种志(ethnography)的方法研究具体的文化事实,也即是研究不同时空中不同的文化形式的特点和表现形式。但是,到目前为止,人种志研究虽然很少反映自身的研究程序和研究逻辑,但是,"在这一语境下,人种志研究的典型方面必定不过是与殖民的(和新殖民的,和后殖民的)统治的同谋(关系)的残酷事实"①。另一条是话语分析的路径,即揭示关于文化的话语陈述背后所隐藏的价值预设和权力关系。

佛柔坚持知识与权力之间存在同谋关系的观点并将之推进到文化研究领域,认为:一是个人的认知和判断总是受到特定价值制度的制约,即个人的价值判断总依靠某种特定的价值阐释框架;二是对其他文化事实的研究也依照自身的价值标准。"'他们的'文化框架与'我们的'并不构成简单的对照,因为前者是作为知识客体从'我们的'文化框架内产生的。"② 也即是说,我们在研究其他文化现象时,是依照"我们的"价值标准将"他们的"文化构造为不同于我们的他者的。正是因为如此,在文化研究中,关于价值判断的标准有两种不同的逻辑。

其一,自然而然地接受某种价值标准,并将其一般化和普遍化,在文化研究中用这种标准衡量所有的文化事实。这种文化研究的逻辑将某种价值预设为普遍的价值。文化研究就是衡量不同文化事实中这种价值的分布状况,并依此对文化现象进行归类和建立等级秩序。佛柔所批判的高雅文化与低俗文化的二元预设的逻辑就是这种文化研究逻辑的典型形态。

---

① John Frow, *Cultural Studies and Cultural Value*, Oxford: Clarendon Press, 1995, p. 161.
② John Frow, *Cultural Studies and Cultural Value*, Oxford: Clarendon Press, 1995, p. 3.

其二，不承认任何一般的和普遍的标准的存在，认为在文化研究中，唯一的普遍准则就是没有衡量所有文化现象的一般标准。每一种文化形式都有其自身的价值逻辑。不同文化形式的价值逻辑往往是不相通融的。将一种价值标准普遍化，运用于研究和评估所有文化现象，将会压制其他文化形式的价值和权利。因此，在文化研究中就可能存在另一种价值逻辑，即承认不同文化逻辑的相对性，承认每一种文化形式的相对价值。

但是，在佛柔看来，价值相对主义的文化研究方式会造成一系列的困境：首先，坚持每种价值标准只适用于特定的文化形式，虽然强调了每种文化形式自身的价值，但是也禁止了文化之间交流的可能性——每种文化形式都被缝合为封闭的体系。其次，没有一种共享的价值判断标准，就没法判断某一文化现象是不是合理。每一类文化现象都可以依据自己的价值标准宣称自己是正确的，就不存在对"不合理的"文化现象进行批判之说，进而言之，这种相对主义的价值观会造成政治无为主义（Political Quietism）；最后，如果每个人的价值判断都受到自身所处的环境的影响，都是一定的价值准则的具体实现，那么，也就否定了某一集团代表其他人的可能，因为，一个集团的言说和行为只能展现自身的价值立场。

在佛柔看来，如果既不想坚持普适的价值标准，成为某一价值标准压制其他文化形式的帮凶，又不想陷入价值相对主义，唯一的办法就是分析价值陈述本身的社会关系。"分析价值话语，读者的价值判断所由产生的价值的社会构架。更一般的意义上来说，这将会分析不仅仅是规范和程序而且还包括价值所由形成、传播和调节的制度结构；文化的社会分布；价值主体的训练和获得证书的机制；不同的年龄、阶级、性别、种族等的价值构形的多样性等。"[①] 按照佛柔的看法，这

---

① John Frow, *Cultural Studies and Cultural Value*, Oxford: Clarendon Press, 1995, p.135.

种冷静分析的实践能够对不同的文化形式进行客观分析，因为它没有预设普遍的标准。这种研究方式可以不用预设一种普遍的价值立场，尤其是知识分子的价值立场。它承认了不同文化形式各自的权利，又能够揭示具体文化形式中可能暗含的权力斗争。

佛柔认为，对文化事实进行话语分析是进行文化研究不可或缺的第一步。但是，按照佛柔的逻辑，既然每个人都不能逃脱价值规范的影响，每个人的价值陈述都体现着一定的权力关系，那么，他自身的陈述也必然会受到自身价值规范的制约。于是，佛柔同样面临着他质疑预设普遍价值标准和价值相对主义的困境。他并不能解决他所面临的两个困境：一是既然不同的文化形式各具不同的价值逻辑，那么，文化研究又如何能超越自身价值规范的限制，去研究其他的文化形式呢？二是，与上一个问题相关，如果对"他者"进行文化研究，是不是就代表了一种价值压迫呢？

佛柔企图通过强调价值规范的相对自主性和构造知识分子自身的阶级利益来解决这两个问题。

三 科学的文化研究的可能条件：价值规范的相对自主性与知识分子客观的阶级利益

从前面的讨论可以看出，佛柔反对高雅文化和低俗文化二元预设的最终目的是反对普遍的价值标准，承认每一种文化形式所具有的独特性和价值。但是，他又不认同价值相对主义。价值相对主义认为，不同的文化形式和价值逻辑之间是不可比较和相互隔绝的。这不仅与事实相违背——我们总是依照自己的观点对其他文化事实进行评判，况且经济和文化的全球化必然会导致不同文化形式之间的碰撞，又否定了对他者文化进行积极研究的可能性。在这两难之间，我们是不是还可以确定某种文化现象的价值呢？也即是说，我们还能不能在既不求助于普遍的价值标准又不陷入价值相对主义中去确认某种文化现象的价值呢？同时，如果每个人的价值判断都是在特定价值逻辑的制约下进行的，那么，谁又可以去进行文化研究呢？

佛柔从两个方面对文化研究中面临的这些问题进行了回答。

(一) 价值规范的相对自主性

价值规范（the regime of value）是规范和调节某一群体的行为和思考方式的文化构架。"价值规范构造了'什么是可以欲求的，哪些交换是合理的'和在什么环境下谁被允许去实践特定的行为的一系列广泛的协议；这种规范在调节不同的利益时往往是政治性的。"[①] 但是，价值规范并不是特定集团的表达。从两个方面看它是自主的。

其一，就价值规范的形成来说，它与特定社会集团的关系并不一定是直接的表达关系。规范的形成是一定的机构和社会关系的产物。"规范的概念表明了在文化研究中一个基础性的命题：没有客体、没有文本、没有文化实践拥有一种本质的或必要的意义或价值或功能；那些意义、价值、功能一直都是特定的（和改变的、可变的）社会关系和指意机制的效果。"[②] 前面我们讨论过佛柔关于现代传媒在塑造大众文化中的作用。电视的传播是穿越阶级界限的。不同阶级或社会集团的成员可能接受同一套电视节目。电视可以通过这种广泛的传播形式塑造一种跨越阶级界限的审美趣味。这种跨越阶级界限的审美趣味可能影响不同阶级的人的行为方式和思想方式。

佛柔也对高雅文化规范和流行文化规范形成的自主性作了说明。对于高雅文化规范来说，它的自主性来自上层文化的历史传统和现代教育机制的相对自主性。这两个方面共同产生了一种解释和评价传统，而这

[①] John Frow, *Cultural Studies and Cultural Value*, Oxford: Clarendon Press, 1995, p. 144.
[②] John Frow, *Cultural Studies and Cultural Value*, Oxford: Clarendon Press, 1995, p. 145.

种解释和评价传统又不可能被看作特定阶级的直接表达。尤其是对现代教育制度来说，它的自主性集中于受教育的机会平等。这种受教育的机会平等具有打破阶级或集团垄断的效果——不同集团或阶级的人都有机会接受同样的教育。在学校教育中，因为遵守着同样的教育规范和接受着同样的教育内容，出身不同的个体可能会形成相同的价值观念。"阅读的礼仪和价值的形成的训练一部分是在与地方文化和地方社会相分离的大众教育机构和大众文化中接受的；在这个意义上，也只有在这个意义上，它们是'普遍的'。"① 另外，需要额外注意的一点是，在当今社会，学校教育也成为打破固化的阶级区分、促使阶级身份变动的重要方式。形成高雅文化的机制包括一系列相互联系的实践和生产特定价值规律的机制：学校课程、出版工业、音乐厅和博物馆等机构、专业或非专业的刊物和杂志，等等。这些各式各样的机制所构成的网络与其接合的礼仪和规范一道形成了高雅文化的特殊功能。"其中的一点，但不是唯一的一点，就是强化了美学与经济价值话语的区分，通过命名审美——即是，非经济的——价值为一个标出的地位。"②

相较于高雅文化，大众文化的自主性很少来自其所坚持的历史价值。大众文化的自主性更多的来自大众传媒。大众传媒能穿越阶级、种族、群体、性别和国家的界限构造一种超越阶级（广义上的）界限的文化形式，这一文化形式不受特定群体的限制而具有相对的自主性。在佛柔看来，大众文化很少能自我确认——基本上对大众文化进行研究的都不是大众，而是所谓的精英。但是，大众文化依旧能对商品/经济价值进行转化。例如，将商品价值转化为道德或一般的生活体验。

约翰·菲斯克在《理解大众文化》一书中通过电视节目的例子说明了电视的商品要在两个平行的层面上实现自身的价值。"我们可以

---

① John Frow, *Cultural Studies and Cultural Value*, Oxford: Clarendon Press, 1995, p. 155.
② John Frow, *Cultural Studies and Cultural Value*, Oxford: Clarendon Press, 1995, p. 146.

分别称之为金融经济（它在两个子系统中使财富流通起来）与文化经济（流通着意义和快感）。"[①] 某个电视节目被生产出来，为了谋求利润，首先会被卖给电视台，这只是简单的金融交换。这一电视节目的金融利润并没有因此而结束。当这一电视节目在电视上获得播出时，它必然会吸引一部分观众，使这一部分观众认同这一节目。于是，这一电视节目就生产出了一批观众。而电视台可以将这一批观众卖给广告商，即在这一电视节目中插播广告。于是，这一电视节目又创造出新的金融利润。这两个方面是一个电视节目的金融经济。电视节目的播放可能是以获取金融利润为目的，但是，在电视节目的传播和接受中，这一电视节目同样也传播了某些文化价值，即传播某些文化思想和观念。它能够生产出某种意义和快感。在电视节目传播文化价值这一过程中，观众成为了意义和价值的生产者。

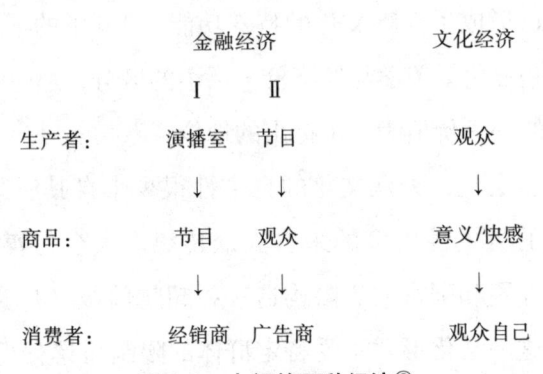

	金融经济		文化经济
	Ⅰ	Ⅱ	
生产者：	演播室	节目	观众
	↓	↓	↓
商品：	节目	观众	意义/快感
	↓	↓	↓
消费者：	经销商	广告商	观众自己

图 5.1　电视的两种经济[②]

当然，需要注意的另一个问题是：大众文化的传播往往是超越阶级界限的，它能够弥散到不同阶级的人群中，这就为打破文化的阶级限制提供了可能；大众对文化商品的接受并非完全是被动的，它源自

　　[①]　[美] 约翰·费斯克：《理解大众文化》，王晓珏、宋伟杰译，中央编译出版社 2001 年版，第 31 页。
　　[②]　[美] 约翰·费斯克：《理解大众文化》，王晓珏、宋伟杰译，中央编译出版社 2001 年版，第 31 页。

于大众的文化需要。大众能够主动对所接受的文化进行筛选,并对所接受的文化形式进行重构,进而对所接受的文化进行重新创造。大众对文化形式的主动选择和接受抵制着文化工业对人的规训。关于这一方面,我们将在后面予以详细的说明。

约翰·佛柔通过对高雅文化（规范）和大众文化（规范）形成的论述阐明了价值规范并非是简单的某个集团、阶级、民族、性别等的直接表现,它有其相对的自主性。正是价值规范的这种相对自主性,使不同集团、阶级、民族、性别等的人有共享同一种价值规范的可能性。我们也正是依据这种共享的价值规范对不同的文化事实和形式进行价值评判。

其二,与上面论述价值规范的相对自主性相关,约翰·佛柔通过指出个人可以同时存在于不同的文化领域,从另一方面证明我们能够对其他文化形式进行研究。同样以对大众文化的研究为例。对于大众文化的界定历来有两种对立的倾向:传统的倾向（精英主义的）认为,"大众文化不是大众自己所为,而是政治和商业机制自上而下强加给大众的"[1],"它是自上而下强加给大众的,所以是一种文化工业"[2]。大众文化的目的即是推行统治阶级的意识形态。统治阶级的意识形态通过大众传播机构渗入社会生活的方方面面,从而控制人们的思想。大众文化所传播的思想总是维持现存社会秩序的意识形态。这种意识形态通过标准化规训着大众的思想,消解着大众的反抗意识。在大众文化中,我们看不到任何反抗现存秩序的可能。总体来说,这种观点认为大众文化就是推行资本主义意识形态的手段,其作用和效果是规训人的思想和情感,消弭大众的反抗意识;与上面对大众文化整体的批判态度相反,为大众文化进行辩护的人则认为,在现代社会

---

[1] 陆扬、王毅:《大众文化与传媒》,上海三联书店2000年版,第13页。
[2] 陆扬、王毅:《大众文化与传媒》,上海三联书店2000年版,第50页。

中，文化标准和规范总是由精英阶层制定的。这些规范和标准维护着精英阶层的地位和利益，体现精英阶层的审美趣味。可是，精英阶层的审美趣味并不能为大众所接受，表现大众的利益和审美趣味，它们是对大众的文化压迫。相反，大众文化的传播则有助于打破精英阶层对文化的垄断。它们与普通大众的联系更为密切，更能反映大众的审美趣味和文化选择。或许在大众文化的生产中，统治阶级或精英阶层会参与其中，但是，大众完全可以根据自己的审美趣味对文化形式进行选择，进而影响统治阶级或精英阶层的文化生产。

在佛柔看来，关于大众文化的这两种观念都并不是特别令人满意。这两种观念都将大众文化"理想化"了，将其理解成不同于高雅文化的"他者"。究其根源，还是将大众文化看作不同于知识分子的"大众"的表现。"就其词源上看，大众不是泛指普通民众，而是用来指民众的绝大部分，它的对立面是富人阶级、特权阶级和受到良好教育的阶级。"① 由于从事大众文化研究的大都是后一阶级的成员（一般都是受过良好教育的知识分子），所以，他们自然而然地将大众文化构造成不同于自身文化的"他者"。

佛柔对知识分子将大众文化塑造成理想的"他者"的文化研究方式持否定的态度。他认为知识分子可以对大众文化（以及其他的文化形态）进行正确的研究，其理由是基于以下的认知。

个人在现实生活中并不是被限制在特定的社会集团或阶级之中的，也并非只接受单一的价值体系，在任何情况下都按照同一种价值规范思考和行动。"提出的问题是这样一个事实：在我们的社会中，社群的边界总是千疮百孔的，因为大多数人同时属于多个价值社群；因为不同的社群相互重合；还因为他们是多种多样的。"② 因为个人总是同

---

① 陆扬、王毅：《大众文化与传媒》，上海三联书店2000年版，第15页。
② John Frow, *Cultural Studies and Cultural Value*, Oxford: Clarendon Press, 1995, p.143.

时属于不同的价值社群，因此，个人可以不用把其他的文化形式想象和构造为"他者"，而只需要基于自己的参与就可以获得对那种文化形式的认识。"这种情况对于'文化'知识分子尤其如此，他们在转换符码的能力方面受到特殊的训练，能够轻易地在不同的阅读和价值实践之间穿梭。"① 比如，对大众文化的研究。知识分子并不需要把大众文化想象为神秘的"他者"，也不需要与大众文化保持距离，因为知识分子自身就处于大众文化之中，不能与大众文化完全分离。"我们一直是大众中的一员（如果不是很多）。因此，我们不能通过依靠我们自己的兴趣和厌恶的状况（尽管我们的学术旅行一直都受到他们的污染）、或我们的将神话般的（一直是占统治地位的）主流从魔术般的（一直是抵抗性的或反思性的）边缘中区分开来的想象的边界、或我们假定的知识分子自身和大众媒体之间的巨大鸿沟的观念进行地形学的区分从而开始我们的研究。"② 个人同时处于不同的价值规范之中。在个人身上价值规范的重叠是我们可以在不相容的规范中进行研究的可能性条件。正因为知识分子本身就处于大众文化之中，所以知识分子才能一方面接受大众文化的规范，另一方面又能对大众文化进行研究。

我们在现实生活中总会面临不同的事件，并需要依据不同的处理方式来处理这些事件。每个特定的生活领域都有其独特的价值规范。佛柔在《价值的实践》一文中列举了2005年7月6日一天的各项活动并将之归类为：行政（administrative）事务、研究（research）事务、日常（everyday）事务、美学（aesthetic）事务、时事（current affairs）。每一件现实中的事件都有其所属的领域。我们在处理这些事件时也需要遵循这一事件所属领域的规范。

---

① John Frow, *Cultural Studies and Cultural Value*, Oxford: Clarendon Press, 1995, p. 154.
② John Frow, *Cultural Studies and Cultural Value*, Oxford: Clarendon Press, 1995, p. 159.

但是，即使佛柔的解释是合理的——每个领域都有其思考和行事的规范，我们在处理某一类事务时总是依照这一领域的规范进行，他依旧陷入了我们前面提到的（在处理话语与意识形态关系时的）两难境地：个人的思想和行为要依照特定的规范进行，如果这些价值规范都是权力斗争的产物，体现着特定的权力关系，那么，佛柔的分析重点就应该是权力与规范话语的关系而不是探讨在规范的制约下个人（对"他者"文化）研究的可能性。如果权力与规范处于一种同谋关系，个人的行为本身也就一方面是行为规范的表现，另一方面则体现权力规训的效果。从这个意义上讲，探讨个人在规范的制约下进行文化研究的可能是没有意义的。如果佛柔认为在特定的规范下个人是可以进行文化研究，并且这种文化研究还是合理的话，他首先就需要确认规范自身的合法性。如果价值规范与权力关系相互交织，佛柔也需要分清在哪些情况下确立的规范是合理的，而文化研究只能在合理的规范下进行。很遗憾，佛柔并没有对这些相关问题进行梳理和分析。

导致佛柔没有对这一核心问题（根本的困境）进行思考的原因是他关注的重心的转移：从关注统治权力到关注阶级。如果统治权力总是与阶级相关，那也是因为某一阶级占据着统治地位。但是，对于统治权力的研究往往关注的是（对被统治阶级的）压迫，而对于阶级的关注往往集中于阶级（固有的）属性、本质等。对统治权力的关注使佛柔注意到权力如何进行话语的生产和再生产，进而规范整个社会；而对于阶级的关注则使佛柔聚焦于阶级与特定文化类型的关系。关注重心的转移使佛柔暂时逃避了他的整个理论研究的核心困境。但这一问题并没有得到解决，在他以后的研究中还会重新浮现出来。

佛柔在文化研究中依旧在确认规范与解构规范（分析规范背后的权力话语，否认任何规范的中立性，尤其是否认规范的合法性）之间摇摆。他的学术上的困境在他对知识分子的分析中依旧延续。

(二) 对知识分子自主地位的辩护

佛柔认为，我们可以对"他者"文化进行合理的分析。这种合理分析的任务可以由一个特殊的阶级——知识分子——承担。佛柔对知识分子的分析可以看作布迪厄关于知识分子分析的延续，只不过佛柔走得更远，在其两难困境上，也陷入更深。

布迪厄分析知识分子的一个核心概念是（知识）场域。通过场域，布迪厄构建了知识分子的阶级地位——知识分子是统治阶级中的被统治阶级。说知识分子是统治阶级，是因为知识分子在（知识）场域中一般占据统治地位，是知识和文化的生产者和这方面的权威，但是由于文化资本与金融资本之间的对立和不平衡关系，文化资本一般受到金融资本的制约和控制，知识分子在文化场域中又是被统治阶级。布迪厄对知识分子的具体分析也是以场域为切入点的——知识分子的交锋和斗争是在场域中进行的、知识分子与工人阶级的同盟关系是因为他在知识场域中所占的位置与工人阶级的阶级地位具有同构的相似性，等等。因此，"对布尔迪厄来说，谁是知识分子、什么是知识分子特有的特征，这本身就是文化场域内的争夺对象。界定谁是知识分子与谁有权威来进行这样的界定是紧密联系的"[1]。

知识分子和对知识分子的界定都是在场域中确定的。只有在特定的场域中，我们才能确认知识分子，才能确认知识分子的功能。所以，对知识分子分析和研究的着眼点不能是知识分子本身，而是他们所身处的具体的、特定的场域——这一场域如何界定知识分子，知识分子在场域中是如何被构造的，他在场域中的地位是如何的，等等。因而，"知识分子"不是一个具有内在本质的概念。关于知识分子的界定总是在特定的场域中进行的，而特定的场域又指向具体的社会历史现实。

---

[1] ［美］戴维·斯沃茨：《文化与权力：布尔迪厄的社会学》，陶东风译，上海译文出版社2012年版，第253页。

场域会随着社会历史现实的变化而变化，关于知识分子的界定自然也会发生变化。然而，虽然布迪厄强调社会学的任务不是分析谁是知识分子，而是分析具体场域的斗争。但是，他还是怀有强烈的知识分子情结并具体实施于对知识分子使命——科学知识分子的批判性——的界定中。布迪厄认为，知识分子应该保持对社会的批判性。这种批判性的集中表达就是科学。知识分子要实现对社会的批判就必须使自身摆脱经济和政治的约束和侵染，保持自身的独立性。只有知识分子保持超越于政治和经济束缚的自主地位，才能有批判功利的社会现实的支点。

布迪厄对知识分子的界定充满了悖论：一方面，强调知识分子的被建构性——只有在特定的场域中才能确认谁是知识分子，他所承担的功能是什么；另一方面，又希望确认知识分子本然的批判功能。布迪厄的悖论同样存在于佛柔对知识分子的讨论中。一方面，佛柔从话语分析的角度指出："与其追问'存在着什么阶级？'或者'谁在这个阶级？'，我们更应该关注阶级的理论建构及其话语效果。"[1] 同时，佛柔也否定超越话语的社会位置和阶级立场的存在。在佛柔看来："社会位置和身份确认是话语构造和想象的；它们是不断地转换的和多种多样的。但是，说话位置，和伴随着它们的权力（或权力的缺少），是非常有力的和具有非常真实的运行效果的。"[2] 因此，对佛柔来说，对于知识分子的分析首先要关注的是宣称"知识分子"的人所处的社会关系以及这种宣称所具有的权力和话语效果。但是，另一方面，佛柔又宣称只有知识分子才能承担起对"他者"文化进行合理研究的责任。因此，他又首先必须对知识分子进行明确的界定，去探讨知识分子的构成和所应该承担的责任。这就使佛柔陷入与布迪厄阐述知识分

---

[1] John Frow, *Cultural Studies and Cultural Value*, Oxford: Clarendon Press, 1995, p. 143.
[2] John Frow, *Cultural Studies and Cultural Value*, Oxford: Clarendon Press, 1995, p. 164.

第五章 澳大利亚文化研究的多元性:从约翰·佛柔谈起

子时所面临的相同的窘境。

约翰·佛柔并不赞同布迪厄对知识分子是"统治阶级中的被统治阶级"的界定。在佛柔看来,布迪厄对知识分子阶级地位的界定来自一种假设:文化资本与金融资本的等同关系。文化资本与金融资本构成了同一阶级中的不平衡的两个部分,这两个部分在现实的社会生活中是可以相互转化的。从这一假设出发,就可能错误地推论出知识分子及其文化形式与资产阶级和资产阶级的文化形式相互融合的观念。在佛柔看来,认为知识分子与资产阶级同属一个阶级的观念依据的是传统的通过经济基础划分阶级的方式:知识分子的文化资本可以转化为金融资本(我们在这里必须指出,布迪厄对知识分子的探讨是从场域的角度进行的,知识分子的阶级地位是从其在知识场域中所占的位置得以界定的)。但是,佛柔并不认为经济关系是唯一可以构造阶级的条件。经济、政治、意识形态三者相互关联又相互独立,每一种关系都能够起到构造阶级的效果。并且,经济、政治和意识形态这三者每一种关系又都反映在生产领域、政治领域和意识形态领域。如下表所示:

表5.1 阶级构造的条件[①]

	生产领域	政治领域	意识形态领域
经济的阶级关系	生产资料(金融资本)的所有权;劳动的技术分工	在政府部门、政治机构和家庭中的政治资本的分布	符号资本的拥有(正式或非正式的资格,社会合法性的承认)
政治的阶级关系	在确保财产权的法律关系的基础上,在工作过程(组织财产)中和之外的斗争和控制关系	在亲属或姻亲集团内,忠诚和/或团结关系,与其他集团斗争的能力	对立结构的地位关系("区分")和集团忠诚的符码化
意识形态的阶级关系	精神劳动和手工劳动的区分("技术资本");性别、人种、种族的关系	政治信念系统,忠诚和责任的符码,共享的斗争叙事	主体形式的符号构造;自我确认和社会他者的确认的感觉

[①] John Frow, *Cultural Studies and Cultural Value*, Oxford: Clarendon Press, 1995, p.106.

因此，佛柔很看重布迪厄对知识分子与资产阶级在意识形态上不相容性的讨论，尤其是习性上的差别。由于文化资本与金融资本的差异，更由于知识分子所依托的文化市场的发展，知识分子发展出与资产阶级的世俗享乐主义完全不同（或者说针锋相对）的"贵族苦行主义的习性"。这种"贵族苦行主义的习性""指向最少花费、最简朴的休闲活动以及严肃的，甚至有时是苛刻的文化实践，它与奢华的趣味相对"①；尤其是对于教师而言，"几乎没有与他们趣味相匹配的手段，文化资本与经济资本之间的这种不一致迫使他们走向禁欲的审美主义（'艺术家'的生活方式——最大限度地利用自己拥有的东西——的一个更加严厉的变种）"②。此外，在布迪厄这里，知识分子与资产阶级的不相容性还表现在他们因为在知识场域中受到金融资本的压迫而兴起的对资产阶级和金融资本的批判和反抗态度。

约翰·佛柔正是从知识分子在意识形态上的独特性入手去建构作为一个"新兴阶级"的知识分子的。这个新兴阶级对自身利益（interest）的追求决定了它可以代表其他集团（或阶级）对其他集团（或阶级）的文化进行合理研究。

佛柔并不像布迪厄那样在意知识分子的分化。在佛柔看来："我不是通过'知识分子'（intellectual）这一名称指意'传统的'或'高级的'知识分子（intelligentsia）……相反，追随着葛兰西，我意指所有那些被社会界定为基于知识的拥有和行使的人，无论这些知识是受尊敬的还是日常的，技术性的还是沉思性的。除非这个更广泛的社会分类关系被采用，否则对于我来说，任何对于知识分子的阶层和阶级

---

① Pierre Bourdieu, *Istinction: A Social Critique of the Judgement of Taste*, Abridge, Mass.: Harvard University Press, 1984, p. 286.
② Pierre Bourdieu, *Istinction: A Social Critique of the Judgement of Taste*, Abridge, Mass.: Harvard University Press, 1984, p. 287.

的解释都仅仅是一种自我仇恨和自我理想化的道德实践。"①

关于知识（文化）被整合进商品经济的逻辑、知识（文化）生产在市场上所占的比重和从事知识（文化）生产的人数的增加等问题，佛柔引用了一些数据和论点进行了简要的说明。佛柔对知识分子构成一个新阶级的原因的讨论并没有太多的新意。他基于三个维度认为他所指称的"知识分子"——包括从事知识生产的知识分子和技术阶层——可以构成一个内在统一的阶级：其一，涉及一系列公共机构和社会进程。对于知识分子来说，这一阶层的再生产是在阶层之内完成的。大学等专门学术机构和一系列专业机制掌控着个人教育和对知识的传播，这使得这个专业管理阶层（Professional-managerial Class）控制着自身的再生产。"对于这一阶级来说，地位的再生产的重要性的确认不是经遗传获得的，而仅仅是在阶级生产的教育机构（class-productive apparatus）中获得的。"② 也即是说，这一领域是控制在知识阶层手中的。其二，涉及知识分子特殊的工作方式。知识分子并非完全屈从于他所臣属的资本。越是专业性比较高的知识形式就越独立。知识分子只有依靠独立的知识体系才能进行知识生产或进行研究。"（知识的）职业化（professionalism）通过三类要求确定：拥有专业的知识体系；坚持道德标准；不受外在的监督和控制的自主性的需要。这些要求当然是一种政治斗争，但是，他们也心照不宣地奠定了更深层次的要求：对于道德和社会启蒙的要求。"③ 也即是说，知识分子本身对于自身阶级利益——知识相对于经济和政治的独立性——的寻求，在客观上会导致知识的独立性和合法性以及社会启蒙的效果。其三，知识分子的内聚力还由于他作为一个"服务"阶级的观念和与服务工

---

① John Frow, *Cultural Studies and Cultural Value*, Oxford: Clarendon Press, 1995, p. 90.
② John Frow, *Cultural Studies and Cultural Value*, Oxford: Clarendon Press, 1995, p. 115.
③ John Frow, *Cultural Studies and Cultural Value*, Oxford: Clarendon Press, 1995, pp. 115 – 116.

作相关的特殊的理性形式。知识分子的工作需要调和两个方面的问题：它自身有一套普遍的运行规范，这一套规范具有普遍的约束效力（专业知识方面）；客户的特殊需求（工作的目的）。当然，知识分子服务于社会和其他阶级的约束力往往来自道德而不是来自于契约（合同）。也即是说，知识分子服务于社会的功能是受社会形成的关于这一群体的道德准则约束的，而非是知识分子与社会签订了实在的契约。

围绕着文化分析学科建设问题，佛柔继续深陷于他的整个理论的基础困境：一方面，强调文化研究的主体在场性——必然的价值判断，试图解构任何规范性和准则——任何价值准则都是权力的运用；另一方面，又必然寻求文化研究的可能性，寻求某种普遍的价值规范。佛柔在对具体问题的阐述中总是摇摆于这两种观念之间。

第二节　现代社会的话语逻辑与权力的同谋关系

佛柔从马克思主义文学理论建构走向之后的文化研究，一方面仍然坚持分析话语与权力的同谋关系，强调话语背后所隐藏的权力实践；另一方面，佛柔开始有意无意地区分语域（register）和类型（genre），逐渐离开对具体"语域"的分析，而走向对抽象"类型"的研究。从《文化研究与文化价值》开始，佛柔越来越重视类型对塑造个人思想的作用，也越来越注重分析类型的生成和其隐藏的权力关系。前面谈到的佛柔对于高雅文化和大众文化的分析即是如此。而在《时代与商品文化：文化理论和后现代性文集》（Time and Commodity Culture: Essays in Cultural Theory and Postmodernity）一书中，佛柔将这种方法运用到对现代社会中不同话语实践的分析上。

第五章 澳大利亚文化研究的多元性：从约翰·佛柔谈起

一 后现代主义的生成逻辑

"后现代"已成为我们熟知的称谓，可是，在约翰·佛柔看来，"后现代"并非命名了一种社会历史现象，它有其独特的生成逻辑，而这种逻辑本身体现着特定的权力关系。

（一）后现代主义的生成逻辑

佛柔对后现代主义的研究，其起始并非是对后现代主义的界定。他的兴趣也不是提出一种新的后现代主义理论。对于佛柔而言，问题的核心并不在于后现代主义是什么，而在于"后现代主义"这一理论话语是在何种理论框架下被建构起来的？这种对于后现代主义的理论建构将产生何种后果？"这个词（后现代主义）仅仅被用来命名了一种理论书写的类型。"[1] 当我们用到这个词的时候，我们会陷入这个词背后所隐藏的理论逻辑之中。"首先，你要假定在知觉中有一种历史的转变存在，你称这种转变为后现代；然后，你要通过逆反你所认为的所谓的现代来界定后现代；最终，你在现代主义的反面的意义上寻求给予后现代主义内容。"[2] 以艺术为例，后现代主义艺术为了将自身与现代主义艺术区别开来，先假想了现代主义的艺术观念——"艺术作品是一个封闭、自足、自主的物品，其同一性来自于其形式主义各部分之间的相互联系"——后又对这一观念进行了颠覆。[3]

后现代主义与现代主义的对立构成了一个基础的知识生成框架。正是这一框架不断地衍生出关于后现代主义的各种知识。"现代主义

---

[1] John Frow, *Time and Commodity Culture: Essays in Cultural Theory and Postmodernity*, Oxford: Clarendon Press, 1997, p. 14.

[2] John Frow, *Time and Commodity Culture: Essays in Cultural Theory and Postmodernity*, Oxford: Clarendon Press, 1997, p. 14.

[3] ［加］琳达·哈琴：《后现代主义诗学：历史·理论·小说》，李杨、李锋译，南京大学出版社2009年版，第168页。

与后现代主义之间的对立扮演着价值操作器的功能……，这种简单的二元结构可以生成几乎无限的进一步的对立。通常，这种操作器建立起一系列的明确的对立，例如，在现代与后现代之间，而从来不去质疑这种对立的地位本身。"① 现代主义与后现代主义的对立可以通过哈桑的图表予以展示：

表5.2　　　现代主义与后现代主义之间纲要性的差异②

现代主义	后现代主义
浪漫主义/象征主义	诡异物理学/达达主义
形式（连接的，封闭的）	反形式（分离的，开放的）
目的	游戏
设计	机遇
等级制	无政府状态
控制/逻各斯	枯竭/沉默
艺术对象/完成了的作品	过程/表演/偶然发生
距离	参与
创造/极权/综合	破坏/解构/对立
在场	不在场
集中	分散
风格/边界	文本/互文性
语义学	修辞学
示例	语段
主从结构	并列结构
隐喻	转喻
选择	合并
根源/深度	根茎/表面
解释/阅读	反解释/误读

---

① John Frow, *Time and Commodity Culture: Essays in Cultural Theory and Postmodernity*, Oxford: Clarendon Press, 1997, p.14.
② 参见［美］哈维《后现代的状况：对文化变迁之缘起的探究》，阎嘉译，商务印书馆2003年版，第61—62页。

续表

现代主义	后现代主义
所指	能指
列举的（读者方面）	改编的（作者方面）
叙事/大历史	反叙事/小历史
大师代码	个人习语
征候	欲望
类型	变异
生殖的/生殖崇拜的	多形的/男女不分的
妄想狂	精神分裂症
起源/原因	差异—差异/追溯
圣父	圣灵
形而上学	反讽
确定性	不确定性
超越	内在性

这种二元结构作为一种历史解释模式而存在。它对知识的生产并不以社会现实的实际状况为准绳。它的知识生产活动是独立于我们是否接受后现代的现实的。

但是，这种后现代主义知识生产的结构并没有生产出一致的关于后现代主义的知识，相反，它所生产出来的知识是多种多样的，甚至在"后现代主义"这一名义下的诸多知识是彼此矛盾和互相冲突的。例如，最基本的情况是，不同的领域对后现代主义的界定是完全不同的（甚至在同一领域中，关于后现代的界定也存在很大的差异）：一种情况是将后现代主义界定为现代主义的晚近转变，或是作为突然快速转向的、戏仿的超现代主义。对于后现代主义的这一理解在文学中尤为常见。琳达·哈琴就是从充满矛盾的、暂时性的、颠覆传统的意义上（即是，从现代主义美学的意义上）理解后现代主义文本的；而从另外完全不同的意义上，我们可以将后现代主义理解为一个更宽阔的文化领域，即标示出晚近时代的特点的称谓。这个晚近的时代主要关注大众媒介而非高雅文化，它主要关注的形式是电视（肥皂剧、广告、视频剪辑等）；另外，在政治上，它指代一种流行的政治犬儒主义或一种美学取向的无为主义；在流行哲学的意义上，它是后结构主义理论的代名词，等等。"后现代主义"是一个缺乏准确性的、具有完全弥散的意义的词语。它可以指代完全不同的描述。"一旦你已经承认它的存在，或者这一问题的存在，或者后现代主义这一观念的准存在，这一类型允许你将其与任何政治立场相联系。"①

表5.3　　　　　詹姆逊关于后现代主义者政治观点的列表②

	反现代主义者	前现代主义者
前—后现代主义者	伍尔夫 － 詹克思 ＋	利奥塔 $\begin{cases} + \\ - \end{cases}$
反后现代主义者	塔夫里 $\begin{cases} + \\ - \end{cases}$	克莱默 － 哈贝马斯 ＋

注："＋"和"－"分别代表政治上的进步作用和反动作用。

在佛柔看来，关于后现代主义的知识类似于一个陷阱，无论我们接受后现代主义观念与否，无论我们是支持这一观念还是反对这一观念，我们都会陷入关于这一观念的逻辑之中。"它是一个准意识形态概念，不是命名而是试图编织一种现实，为了文化或学术的自我扩展的最平庸的目的。"③ 虽然如此，可是，我们却没有办法逃避后现代主义的逻辑。其原因有二：首先，反抗后现代主义的逻辑依旧是在后现代主义的逻辑之中进行的，我们对于后现代主义的反抗实际上是强化了后现代主义在当代的影响力。正是因为如此，一系列批判后现代主

---

① John Frow, *Time and Commodity Culture: Essays in Cultural Theory and Postmodernity*, Oxford: Clarendon Press, 1997, p. 21.
② ［美］詹姆逊：《文化转向：后现代论文选》，胡亚敏等译，中国社会科学出版社2000年版，第28页。
③ John Frow, *Time and Commodity Culture: Essays in Cultural Theory and Postmodernity*, Oxford: Clarendon Press, 1997, p. 22.

第五章　澳大利亚文化研究的多元性:从约翰·佛柔谈起

义的著作,诸如名为"反抗后现代主义""后现代主义的末路"等的效果实际上都背离了自己的初衷,反而强化了后现代主义的逻辑。其次,对于"后现代主义"这一词语的运用似乎默认了一个时代转变的现实,即承认有一个时代可以被称作"后现代",或者,"它可能是指称没有很好的定义、相当模糊、相当多样性的,但是,尽管如此,却是在时代断裂中运行的真实的理论和实践的兴趣"①。

因此,对于佛柔而言,单纯反对后现代主义的做法是很难行得通的。"在任何情况下,你只能在游戏规则之内生产关于这一观念的知识;任何看起来外在于它的视点都是一种虚假的外在性,没有看到自身参与进游戏之中。"② 在佛柔看来,唯一可能超越后现代主义逻辑的方法就不是采取一种特定的立场,而是设计一种分析这一知识构架的方法,并且同时追问各种后现代主义话语的建构原则及其所体现的权力关系。

(二) 后现代主义内在不一致性的原因

"后现代主义"并不是一个具有内在一致性的概念,它也并不指涉一个固定的领域。在不同的领域中甚至在同一领域中,关于后现代主义的界定都是千差万别甚至相互之间充满矛盾的。造成后现代主义理论话语内在不一致的原因主要有两个方面:

第一,后现代主义指涉性方面的差异:首先,后现代主义究竟指涉哪些领域从来就没有获得过一致的认同。同时,在同一领域中,哪些人或作品是属于后现代主义也往往争执不休。关于后现代主义,有些人习惯从政治方面进行谈论;有些人认为后现代主义意味着MTV、时尚的广告或者垃圾视频;而另外一些人则认为后现代意味着超文本、

---

① John Frow, *Time and Commodity Culture: Essays in Cultural Theory and Postmodernity*, Oxford: Clarendon Press, 1997, p. 23.
② John Frow, *Time and Commodity Culture: Essays in Cultural Theory and Postmodernity*, Oxford: Clarendon Press, 1997, p. 23.

"奥普拉"和蓝色天鹅绒。对于同一领域，比如文学，我们也从来没有就哪些作家是属于后现代主义作出明确的界定和取得过的看法一致。当琳达·哈琴"把具有鲜明后现代主义特征的小说称之为'历史元小说'（historiographic metafiction），诸如加西亚·马尔克斯的《百年孤独》、格拉斯的《铁皮鼓》、福尔斯的《蛆》、多克托罗的《鱼鹰湖》、里德的《可怕的两岁》、汤亭亭的《女勇士》、芬德利的《著名的遗言》、拉什迪的《耻辱》这样一些充满矛盾的流行作品"[1]，肯定不同于哈桑所列举的"斯特恩（Sterne），萨德（Sade），布雷克（Blake），洛特雷阿蒙（Lautreamont），兰波（Rimbaud），德亚（Jarry），霍夫曼斯塔（Hofmannsthal），斯坦（Stein），乔伊斯（Joyce），庞德（Pound），杜尚（Duchamp），阿尔托（Artaud），罗塞尔（Roussel），巴塔耶（Bataille），格诺（Queneau），卡夫卡（Kafka）"[2]。他们对于范例的选择不仅毫无相通之处，并且最重要的是，他们自身在选择这些范例时也没有区分现代主义和后现代主义。基于这种情况，他们在谈论后现代主义时基本上是在各说各话，因为对于后现代主义的界定是基于他们对典范客体的选择。

与通过选择具有代表性的后现代主义者对后现代主义进行界定不同，另一种方法是任意的和兼容并包的罗列可能的后现代主义者和后现代主义现象。这一方法想要罗列一份后现代主义现象的清单。但是，这种罗列是可以无限扩展的，我们很难确定这一罗列的边界在哪里。并且，除了依靠直觉或经验，我们也很难有恰当的挑选方法。

第二，关于后现代主义历史时期的界定往往并不具有一致性。其一，人们习惯于选取某个具有代表性的领域来研究后现代主义，然后

---

[1] ［加］琳达·哈琴：《后现代主义诗学：历史·理论·小说》，李杨、李锋译，南京大学出版社2009年版，第1—2页。

[2] Ihab Hassan, *The Right Promethean Fire: Imagination, Science, and Cultural Change*, Urbana: University of Illinois Press, 1980, p. 108.

第五章　澳大利亚文化研究的多元性:从约翰·佛柔谈起

将在这一领域的研究投射到其他领域上。这种研究假定了不同的实践领域在逻辑上的相似性。但是,因为选取视角的问题,造成对后现代主义特征的归纳和对后现代主义历史时期的界定往往并不相同;同时,这种界定最致命的缺陷是并不考虑不同的文化领域的特征,而企图通过单一的逻辑将不同的领域构建为同质性的整体。"这看起来是讨论不平衡的时间性的一条路径,因为不同领域的时间各不相同;但是,事实上,它关注的是历史分期的不可避免的逻辑,如此以至于尽管各自领域的不平衡性,但是,历史时期的内在一致性却得到了保存。"①其二,与上一方面相关,这一方面的问题涉及后现代主义观念的边界和范围。问题的来源是许多比较具有影响力的历史分期处理的往往是完全不同的客体。佛柔列举了一系列具有影响力的关于后现代主义分期的观点:利奥塔和波德里亚将后现代看作反对19世纪资本主义现代性的,因此,它包含着大多数我们所谓的"现代主义"美学生产;詹姆逊则将后现代的历史分期追溯到20世纪60年代前后。"一般来说,看起来'欧洲的'和(北)美洲的后现代主义描述指涉相当不同的一段时间。"②

总体来说,对后现代主义历史时期的界定先在地依赖于对现代主义历史时期的界定,进而需要界定现代(modern)和资本主义现代性(Capitalist Modernity)的历史时期。但是,对于"现代"的界定面临着与界定后现代主义同样的问题。即"现代"这一词语指涉的时间并没有获得一致的认同,其指涉的意义也处于变更之中。同时,现代主义也不能被理解为是纯粹的、与历史无关的、事实的存在。现代主义和后现代主义一样也是通过话语构造出来的。现代主义是通过与传统

---

① John Frow, *Time and Commodity Culture: Essays in Cultural Theory and Postmodernity*, Oxford: Clarendon Press, 1997, p. 29.
② John Frow, *Time and Commodity Culture: Essays in Cultural Theory and Postmodernity*, Oxford: Clarendon Press, 1997, pp. 29 – 30.

文化的二元对立模式被建构起来的。

对于约翰·佛柔来说,"现代主义""后现代主义"的建构逻辑掩盖了社会历史发展的事实状况,即不同社会领域的发展可能各具自身的特点,并且具有自身的规范和逻辑。但是在"现代主义""后现代主义"的逻辑建构中,不同领域的独特性实际上被消弭了;另一方面,"现代主义""后现代主义"的思考逻辑基本上是以西方—欧美为中心建构起来的,这种思考逻辑将亚非拉等地区建构为边缘性和附属性的,这种思考逻辑的扩展实际上是欧洲中心主义的扩张。

除了关注后现代主义自身的矛盾,佛柔更注重具体社会领域的转变,比如商品形式的扩展对于整个社会的影响等。关于这一方面,我们并不想做过多的讨论。佛柔实际上是通过对社会、历史现实的实证性描述对"现代主义""后现代主义"等逻辑形式进行批判。

二 关于旅游的话语分析

佛柔对旅游话语的分析与其关注话语与权力的同谋关系相关。与关注旅游本身不同,佛柔更关注的是旅游话语的建构。具体来说包括:关于旅游的讨论依靠怎样的话语逻辑、旅游话语中的悖论问题以及旅游话语背后所隐藏的权力关系。

(一)旅游的本质先于旅游的体验

在一本名为《时间之痕——南方丝绸之路旅行笔记》的书中,作者记述了追寻南方丝绸之路的旅行。其中记述旅行杉阳古镇的第一句话是:"我总觉得杉阳古镇是个与太阳有关的地方,至少它的命名与太阳有关。"[①] 对于这个旅行者而言,眼中看到的景物并不重要,重要的是这些事物背后所蕴含的东西。"在杉阳,无论到哪里,你总会有

---

① 周勇:《时间之痕——南方丝绸之路旅行笔记》,云南人民出版社2001年版,第15页。

一种被历史包围的感觉。你会觉得这片阳光充足的大地上到处都是历史的河垃。被马蹄打磨得光滑的驿道、废弃的寺庙以及即将倾颓的老房，随处可见的历史遗迹，都在无声或有声地讲述一段历史往事。"①这个旅行者旅行的目的是很清楚的，就是追寻古代的丝绸之路。整个游记中至少有三个方面是使作者梦回古代的名字："吕老师说：从史料上看，从明代大学者杨升庵来到杉阳时，杉阳就已经不叫'杉木河'而是叫'杉阳'了。如此算来，杉阳这个名字至少使用了三四百年了。"② 这个名字本身就包含了一段关于过往的故事；关于这个地方的传奇；主题诗歌；对于杉阳的古老房子引建文帝的诗："平坡逶迤山隽秀，百万雄关铁索悬，西山晚翠江顶寺，山木和醉御楼眠。"③ 这些流传至今的知识将古代与眼前的事物联系起来并且建构了这一旅行者旅行的本质。作者旅行的目的不是某种现实的经验（对经历事物的单纯欣赏），而是寻找与这些古代要素（知识或回忆）相关的现实对应物。"因此，诗学记录传播了一种知识形式，这种知识形式可以在世界的表象中被认知，并且比世界的表象更有力。旅行者所看见的是通过这种样式已经被给予的……旅行的本质先于他所经验到的事物。"④

当然，佛柔举了一个类似于上面这个例子的日本古代旅行者的例子。他认为，现代意义上的旅游（佛柔意指的是现代化的旅游产业）相较于古代（或者像上面这种知识分子式的"朝圣之旅"）的旅行已经发生了某些方面的变化。尽管两者之间在结构上具有某种相似性，即对于现代的旅游和古代的旅行来说，眼前的事物总是被附加物（关于眼前之物的知识或宣传）所包裹，并且被各种附加的意义所解

---

① 周勇：《时间之痕——南方丝绸之路旅行笔记》，云南人民出版社2001年版，第21页。
② 周勇：《时间之痕——南方丝绸之路旅行笔记》，云南人民出版社2001年版，第18页。
③ 周勇：《时间之痕——南方丝绸之路旅行笔记》，云南人民出版社2001年版，第23页。
④ John Frow, *Time and Commodity Culture: Essays in Cultural Theory and Postmodernity*, Oxford: Clarendon Press, 1997, p. 66.

释——旅游的本质先于旅游的体验。但是，现代意义上的旅游"缺乏任何超越性的附着物，它更是绵密的覆盖着我们世界的再现的密度和这种密度的技术条件的效果"①。对佛柔而言，现代意义上对事物的再现是一种拟象，现实就存在于这种拟象之中，并且，这种拟象完全抛弃了它的起源（被模仿物），相反，它的起源（被模仿物）是被拟象所建构的。

（二）不同类型的旅游的话语

依据现代社会对旅游的态度和不同的理论解释形式，佛柔总结和区分了三种不同形式的旅游话语。

第一种，将旅游看作一种不真实的行为进行批判。这里指的旅游应该是旅游产业意义上的行为，它与古代的（或知识分子式的）"朝圣之旅"或"文化寻根"相对。这种旅游行为往往对文化的"本真性"缺乏兴趣——它是一种猎奇和休闲的体验。这种对现代旅游的批判是与对大众文化的批判相关的。佛柔援引了丹尼尔·布尔斯廷（Daniel Boorstin）《从旅行者到旅游》（From Traveller to Tourist）一文中描述大众旅游的修饰词——"可塑的""人为的""预制的""便宜的""偷工减料的""代用的""仿制的""净化的""合成的""人造的""洁净的""同质性的""派系的""冒牌的"——来证明一部分人对现代旅游工业的不满。这种对现代旅游工业的不满和蔑视尤其能获得知识分子的认同。对知识分子来说，现代旅游业的兴起使更多的人有出门旅行的机会。可是，现代人的旅游往往是为了猎奇，单纯为了一饱眼福。他们并不关注旅游地的人文、文化、习俗，或者，他们对这些方面的关注仅仅是为了茶余饭后的谈资。对现代人来说，在旅游过程中拍照的意义远远大于旅游本身的体验。大众旅游玷污和破坏了旅行

---

① John Frow, *Time and Commodity Culture: Essays in Cultural Theory and Postmodernity*, Oxford: Clarendon Press, 1997, p. 67.

之地文化、人文、民俗的本真性。但是，在佛柔看来，这种知识分子站在旅行者（"朝圣""寻根"等）的立场上对现代旅游的蔑视态度至少忽略了以下两个问题：其一，从事实上来说，旅行者的形象并非与旅游工业相互隔离，相反，旅行者是旅游工业的功能。他们既是旅游工业的先行者和开拓者（比如，将第三世界开拓为旅游工业的资源），也是旅游工业塑造和推崇的典范。其二，这种对立的强调实际上暗示了旅行者和旅游工业同属于旅游的两种不同历史类型，并且在这两者之间建立起等级对立，将旅游工业看作（旅游工业也自认为是）最基础（最初级、最粗糙）的水平。通过建立旅行者和现代旅游业的逻辑对立，知识分子就可以站在"本真的""高级的"旅行的立场上对大众旅游进行批判，进而扩展到对大众文化进行贬低和批判。

第二种关于旅游的话语想要寻求旅游的积极方面，旅游源自对已经失落的真实的重新体验。"现代性相当于一个结构分化的过程，在这一过程中失落的是传统社会中结构的完整性。"[①] 在现代社会中，物变成了符号，人失去了对物的本真性的体验；人与人的关系变成了人与物的关系，而人与物的关系实际上就是金钱关系。在现代社会中，人的周围充斥着千千万万的符号和信息，个人对物的体验已经完全为这些符号和信息所塑造，已经很难体会到物的本然状态和关于物的"陌生感"。而人们在旅游的过程中，却能重新体味到那种现代社会中已经失落的奇异感和本真性。于是，这种旅游话语建基于本真体验与非本真体验的对立之上。另一方面，这种旅游话语又是建基于现代社会与传统社会的对立之上的。人们认为现代世界是一个堕落的世界。传统或异国文化的他者却是逃避了"堕落的"现代社会侵染的记忆中的世外桃源。异国文化"逃避了信息的条件（在本雅明的意义上），

---

① John Frow, *Time and Commodity Culture: Essays in Cultural Theory and Postmodernity*, Oxford: Clarendon Press, 1997, p. 71.

没有意识到他们自身的相对性,免于被吸收进旅游的自我意识中"①,从这个意义上讲,旅游的目的倒并不在于"身游"——"身游属于现实之旅,旅游者在现实的旅途中观照世界,直接获得旅游印象和旅游感觉"②,不在于旅途和目的地的景色,而在于心游——"心游是一种历史之旅,它在身游规定的旅游世界中旅游;也是精神之旅,它的旅程在印象世界里"③。在旅途中,旅行者规避了污浊的现实社会的束缚,可以在身心游走中完全沉溺于自我的世界,达到暂时的自由。旅游的本质不过是一种审美化的逃避。对于旅行者来说:"古旧的老屋和博物馆中展示的前工业社会的工具和人工制品的魅力在于它们直接的使用价值:它们粗糙、陌生、缺乏商品的同质性。这一把黑色的、粗糙的、布满凹槽的剪刀;这把仍然类似于它所由来的树枝的木叉;这副用手从兽皮上切割下来的皮革挽具,都使它们在我们时代所看到的农业文化的缓慢死亡的意义上被解读。"④ 我们在旅游中沉迷于另一个在我们身边已经消失的世界,沉迷于那个时代的文化和习俗。失落的世界构成了我们的回忆,虽然那个世界在过去和我们并不相关。

第三种关于旅游的话语与第二种相关,探讨的是关于在旅行中追寻本真性的悖论问题:旅游的过程是追寻本真性体验的过程,但其结果却造成了本真性的消逝。在记述对江西一个小村子的旅游的一本书的后记中有这样一段话:"石邮村由于地理位置比较偏僻,不发达,受外界影响小,而且村里的整个秩序都依附于极有表现力的傩舞而形成独特的根系,使传统得到了很好的保留……我觉得石邮村最有价值的是它呈现出的汉民族艺术,以及汉民族老百姓最真实的生存状态和

---

① John Frow, *Time and Commodity Culture: Essays in Cultural Theory and Postmodernity*, Oxford: Clarendon Press, 1997, p. 72.
② 陈涛:《论旅游文化形态》,《西南民族学院学报》(哲学社会科学版) 2000 年第 9 期。
③ 陈涛:《论旅游文化形态》,《西南民族学院学报》(哲学社会科学版) 2000 年第 9 期。
④ John Frow, *Time and Commodity Culture: Essays in Cultural Theory and Postmodernity*, Oxford: Clarendon Press, 1997, pp. 72 – 73.

性格。石邮村的村民谦恭、守道,长相端庄、大气,同时民风极为纯朴、坦直,都堪称原汁原味的汉族人",而非"都看成最原汁原味的汉族人。"① 对于古代旅行或现代的文化考察一类的旅行而言,旅行或是去追寻传统或是去体验异域特色。然而,这种追寻和体验是建立在一种对立逻辑之上的,即真实与非真实——现代社会中的一切都已经符号化了或者模糊了,唯有边缘的,非中心的,没有受到现代化进程侵染的异域才保留着最原汁原味的本真性。石邮村的汉族之所以能被称为"最后的汉族",是因为它偏僻、边缘、与现代文明相隔膜。旅行者从"非汉族"的地域进入石邮村,追寻到了"最原汁原味的汉族人"。可是,体味本身就是现代人对边缘村落的现代体验。石邮村本真性的生活状态对于现代人来说不过是一个陌生的"他者"。在对这个他者的体验中,现代人所体验到的并非石邮村的本真性,而是现代人与这个陌生村落的疏离感,是这种陌生性和疏离感构造了这个陌生他者的本真性。现代人对陌生的、边缘文化的体验不过是对那种异域文化的现代构造。"本真性"不过是为现代话语所建构起来的,对于本真性的追求和体验本身就在销蚀本真性。

(三) 旅游话语的悖论及其与权力的关系

与上述第二、第三种旅游话语相关,旅游来自对失落的真实性的怀旧体验,这种怀旧体验在现代社会中大量存在并且呈现为不同的形态,其中海德格尔对梵高的《鞋》的解读也可以看作是对"物"的本真性的追寻。"这器具属于大地,它在农妇的世界里得到保存。正是由于这种保存的归属关系,器具本身才得以出现而自持,保持着原样。"② 可是,这种在旅游中体现出的现代社会的怀旧话语本身面临着一系列的悖论,而这些悖论恰好体现出某种特定的权力关系。

---

① 陈彤、刘春、晋永权:《最后的汉族》,中央编译出版社2001年版,第305—306页。
② [德]海德格尔:《林中路》,孙周兴译,上海译文出版社1997年版,第17页。

其一，在旅游中寻求本真性和传统的做法本身就是站在现代立场上构建"他者"的方式，也是使事物失去其本真性的过程。我们在旅游的过程中体验某一事物的过程，实际上就是将这一事物从其本真性的关系中抽取出来，并在意识中对其进行重新建构的过程。在认识和体验中再现/占有事物与对其重新建构是不可分割的两个方面。就边缘村落而言，在它们自身的关系中，一切都是习以为常的，自然而然存在的，并没有将自己体验为"本真"的意识，也没有意识到自身是"失落"的那一段。恰恰是外来者，为了从意识中占有这些事物，而将其构建为"本真性"的和"失落"的。或者过程相反，外来的旅行者在将其构建为"本真性"和"失落的文明"的过程就是在意识和体验中占有这些事物的过程。而这种在意识和体验中的占有就是站在现代文明的角度重新构建他者关系的行为，也即是他者本真性失落的过程。

旅游的本真性话语建构了传统社会与现代社会的对立。"真实的和非真实的体验、社区和社会、有机的和机械的团结、相对的地位和合约、使用价值和交换价值……通过这些结构对立传统社会和现代社会的关系被建构出来（或者，更确切地说，通过这些结构对立现代社会通过与它的神秘的'他者'的对立确认了自身），这些对立是潜在的、无穷无尽的，但是，在形式上却是同质的。旅行者与旅游、异国风情的与熟悉的、立即的和人类关系的形式之间的关系也属于这一结构，并且，他们继续作为强有力的体验种类运行。"[①] 对于游客来说，旅游的目的不在于旅游本身，而在于在旅游中体验到的疏离于他所熟悉的现实的感觉。但是，旅游者的这一规划在他准备之初就失败了。他所看到的总是他想看到的，他所体验的也是他想体验和别人希望他

---

① John Frow, *Time and Commodity Culture: Essays in Cultural Theory and Postmodernity*, Oxford: Clarendon Press, 1997, p. 81.

体验的。他对旅游的认识先在于现实的旅游体验。或者说，他关于旅行的体验是在他对旅行的认识的指引下进行和实现的。

其二，从现实的角度来讲，在旅游的过程中寻找本真性和传统的过程实际上也就是旅游地点的本真性消逝和传统被侵蚀的过程。这主要体现在两个方面：第一，旅游并不单纯是旅游者的观赏和体验行为，这种观赏和体验行为同时也对被观赏和被体验者产生重大的影响。旅游者在寻找本真性的旅行过程中，不可避免地将现代文明带进旅游地，从而使具有"本真性"的异域受到现代文明的侵染，逐渐失去其本来的面目。一方面是外来文明对于本地文化的冲撞和影响；另一方面，也由于经济地位的不对等，使得旅游目的地有意识地改变自身的文化形态以迎合旅游者的心理。第二，旅游工业对旅游目的地的宣传和造势本身就是重构旅游目的地话语的过程。旅游工业对旅游目的地的呈现本身就是一种包装策略，其目的往往是迎合旅游者的猎奇心理；另一方面，旅游者自身也是构成重构旅游目的地形象的重要一环。照片和纪念品构成了旅行的过程和回忆。旅游者的那些照片中的景物和纪念品抽离了它们本身所在的社会文化关系，单纯地存在于旅游者的叙述中。旅游者通过自身的叙述重构了旅游目的地的形象。这种对旅游目的地形象的重构构成了旅游的话语，成为以后旅游者先于旅游体验的本质。

其三，对于佛柔而言，最重要的是通过对旅游话语的阐释分析其背后所隐藏的权力关系。旅游话语中所体现出来的现代怀旧情结建构了传统社会/异域社会与现代社会的对立，这种对立建立起来的是一种中心与边缘的结构，代表了一种新的殖民形式。以迈克尔·丹宁对邦德旅游的分析为例。"观光这看待事物的方式不仅刻写在弗莱明的文字中，而且组织起弗莱明的'世界体系'……这个背景主要建立在路易斯·特纳和约翰·阿什所称的'快乐边缘'，这是一条围绕着工业化世界的旅游带,包括地中海、加勒比海、菲律宾、香港以及印度尼西亚。这个世界在很大程度上依赖于旅游业的新殖民主义;对于邦德而言,这是人间天堂,是一种更真实的文化,是威胁和颠覆的渊薮。"① 同时,传统社会/异域社会与现代社会的对立还在逻辑上建构起一种等级制度:"赞扬非'现代'——自然、非西方、传统、异域、原始、不同——对应于一种在一个明确的对立领域内的想象话语,现代性在这种关系中被建立,它所庆祝的他者却被毁灭。"②

三 对商品形式的界限的反思

佛柔对商品形式的反思是通过对不同的商品话语的反思进行的,也即是说,通过对商品话语和抵制商品形式的话语的反思来确认商品形式的扩展状况。

(一)佛柔研究商品经济的目标

资本主义的发展伴随着商品经济的扩展,商品形式的逻辑不断地深入社会生活的各个角落,不断地将外在于商品形式的物品纳入市场经济之中。但是,随着商品经济的扩展,关于商品经济伦理问题的探讨也在不断进行,总有特定的领域被排斥在市场经济之外,例如:宗教信仰,个人的身份、身体、亲属关系,政治领域,公共服务领域,等等。这些领域是被预想为外在于市场规律的,它们的存在不是为了利益的最大化,包含在这些领域中的事物也不是在市场上可以买卖的。

佛柔对商品形式关注的焦点是商品形式的界限问题,即可购买和

---

① [英]马尔赫恩编:《当代马克思主义文学批评》,马海良译,北京大学出版社2002年版,第236页。
② John Frow, *Time and Commodity Culture: Essays in Cultural Theory and Postmodernity*, Oxford: Clarendon Press, 1997, p. 101.

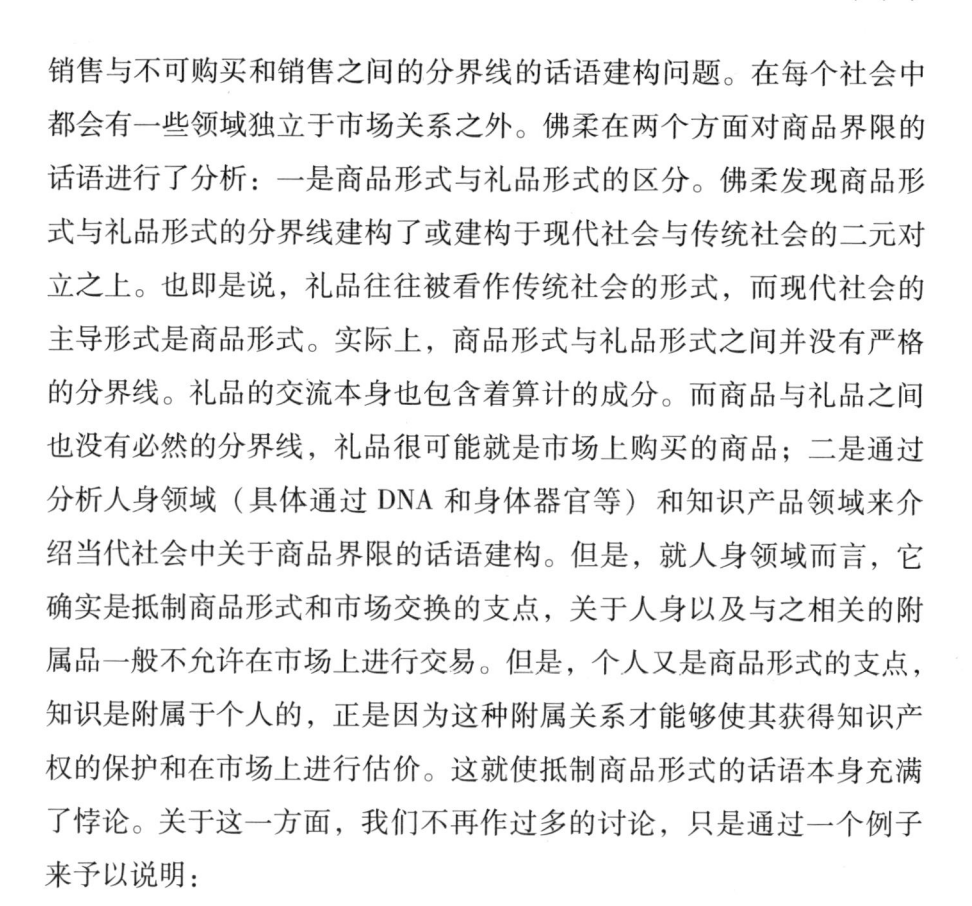

销售与不可购买和销售之间的分界线的话语建构问题。在每个社会中都会有一些领域独立于市场关系之外。佛柔在两个方面对商品界限的话语进行了分析：一是商品形式与礼品形式的区分。佛柔发现商品形式与礼品形式的分界线建构了或建构于现代社会与传统社会的二元对立之上。也即是说，礼品往往被看作传统社会的形式，而现代社会的主导形式是商品形式。实际上，商品形式与礼品形式之间并没有严格的分界线。礼品的交流本身也包含着算计的成分。而商品与礼品之间也没有必然的分界线，礼品很可能就是市场上购买的商品；二是通过分析人身领域（具体通过 DNA 和身体器官等）和知识产品领域来介绍当代社会中关于商品界限的话语建构。但是，就人身领域而言，它确实是抵制商品形式和市场交换的支点，关于人身以及与之相关的附属品一般不允许在市场上进行交易。但是，个人又是商品形式的支点，知识是附属于个人的，正是因为这种附属关系才能够使其获得知识产权的保护和在市场上进行估价。这就使抵制商品形式的话语本身充满了悖论。关于这一方面，我们不再作过多的讨论，只是通过一个例子来予以说明：

博斯曼法案

让-马克·博斯曼（Jean-Marc Bosman）是比利时足球乙组联赛列日队的一名普通队员。在1990年合同到期时，博斯曼打算转会到法国的敦刻尔克队踢球。然而敦刻尔克队提供不出列日队所需的转会费，所以列日队不放他走。同时，由于博斯曼不再是甲队球员，所以收入大为减少。然后他在卢森堡公国的欧洲法院起诉转会的贸易限制。经过了长期艰苦的诉讼之后，博斯曼终于赢得官司，并且在1995年12月15日法庭裁决：博斯曼以及欧盟的所有球员在合约期满之后，可在欧盟成员国内自由转会。"博斯曼法案"同时禁止欧盟成员国本地联赛及欧洲足协在比赛中限制非本地球员的数目,但不包括非欧盟的球员在内。①

欧盟法院在1995年12月15日所作出的关于"博斯曼事件"的裁决,即所谓博斯曼法案的具体内容如下:

欧洲足联关于球员转会以及限制队员国籍等的相关规定属非法条款。

欧洲足联限制俱乐部关于外籍球员上场人数的强制规定,有悖于欧盟法律中关于劳工自由流动的条款。根据此前制定的相关法律,只有当涉及球员代表国家队出场的问题时,欧洲足联现有规定方能生效并执行。

欧洲足联关于球员转会的规定与欧盟现行法律相抵触。根据现行转会条文,当球员合同期满寻求转会时,新东家必须向球员原所属俱乐部支付转会费或其他形式的补偿。

欧盟15个成员国下属的体育管理机构必须执行法院作出的最终决定。②

博斯曼法案内容:

合同期限:俱乐部和球员最长的合同为期5年。

二十八岁以下球员:二十八岁以下球员(不包括二十八岁)"自合同签订之日起的三年为保护期"。之后两年可随时接受其他俱乐部的出价,而这时他一旦答应加盟新球队,那么新球队将支付一个相当于他剩余合同上的工资作为赔偿。

二十八岁以上球员:二十八岁(包括)以上球员的相应的保护期为两年。

---

① http://zh.wikipedia.org/wiki/%E5%8D%9A%E6%96%AF%E6%9B%BC%E6%B3%95%E6%A1%88.

② http://baike.baidu.com/link?url=6GieCTsQX0eoU7kUqk_ qt0C_ iUIoEIH8W0Pzj2t7kO02MErW3Mt2QrFVohB.TRvTP.

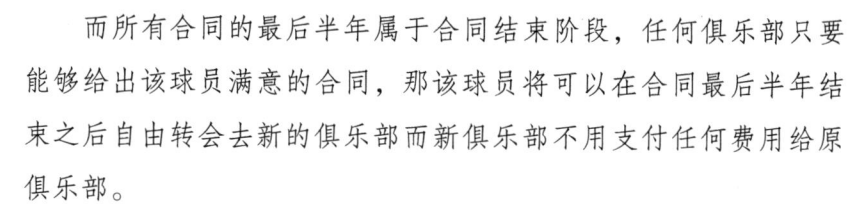

而所有合同的最后半年属于合同结束阶段,任何俱乐部只要能够给出该球员满意的合同,那该球员将可以在合同最后半年结束之后自由转会去新的俱乐部而新俱乐部不用支付任何费用给原俱乐部。

这是合同上的一点说明,还有关于欧洲十六岁以下青训合同:合同只能一年一签,并且可以自由转会去其他俱乐部,而新俱乐部则要支付给原俱乐部一笔赔偿金,以鼓励青训培养。①

博斯曼法案推行的依据是球员的人身自由("劳工自由流动")。球员在合同期满可以自由转会并且转会的俱乐部不需要支付转会费。可是博斯曼法案的推行却使整个足球运动越来越市场化。它使"豪门"俱乐部可以在市场上肆意以金钱为手段吸引球员的加盟。皇家马德里是典型的例子。它可以支付8000万英镑签下C罗(克里斯蒂亚诺·罗纳尔多),也可以用1亿欧元签下贝尔(加雷斯·弗兰克·贝尔)。足球运动越来越成为金钱的附庸。现代新兴的所谓的"足球豪门"(曼城、切尔西等)的建立,其根基都是大量的金钱投入。

当然,更值得我们关注的是佛柔对商品形式批判话语的分析和态度,正是在这一方面使我们可以看到佛柔摆脱话语与权力之间连带关系的可能。

(二)马克思主义关于商品形式的界定及其对商品形式的批判

对于佛柔而言,商品形式是一种社会关系,商品就是在商品形式管控下的任何东西。也即是说,只是生产出来被使用的物品还不算是商品,只有用于交换,遵守特定的市场交换规则,获取交换价值的物品才算是商品。佛柔对商品的这一界定与马克思的界定没什么不同。马克思认为,一个物品如果被生产出来只是满足生产者的需要,那么,

---

① http://baike.baidu.com/view/211.htm.

这个物品只具有使用价值；一个物品如果想要成为商品，那就必须拿到市场上进行交换。换言之，只有在市场上进行交换的物品才是商品。

马克思本人将关于商品的讨论理论化和历史化。就对商品的广义界定，即商品作为一种交换物品而言，在前资本主义社会也存在商品交换。例如，在原始社会中也存在简单的物物交换。只是这个时候"交换价值还没有取得独立的形式，它还直接和使用价值结合在一起"①。前资本主义社会的商品交换只是一种偶然现象，还没有浸润到社会生活的整个方面。就商品的更复杂的定义而言，"这一概念指示一个交换条件的网络（资本主义的市场），生产的条件（资本投资和雇佣劳动，而雇佣劳动在另一个层面上就是一件商品），和消费条件（私人而不是集体占有物品）"②。在佛柔看来，商品形式不过是指代三个方面的问题：一是它将资本引入生产领域，将生产能力扩展到最大，同时破坏所有的不能商品化的生产，即不能被转化为经济价值的生产；二是它将生产的目标从关注被生产物品的质量转向关注利润的最大化；商品生产只是一个手段，其目的是利润的增值；三是它将先前的或潜在的公共资源（原材料和最终的成品）转变成私人资源，这些资源的分配一般是按照经济标准，也即是谁有能力去支付开发的资金，谁就可以占有这些资源，而不是按照道德标准或考虑公民权利。

资本主义的历史实际上就是商品范围不断扩大、商品形式不断扩张到新的领域的历史。究其原因在于资本不断追逐利润的本性。

随着历史的发展，商品形式不断扩展到新的领域，将非商品的物品纳入商品交换的领域之中。但是，必须注意到，商品形式的每一次扩展都会遭遇到抵制商品化的力量和对商品形式的批判。就总

---

① 《马克思恩格斯全集》第 2 卷，中共中央马克思恩格斯列宁斯大林著作编译局编译，人民出版社 1965 年版，第 39 页。

② John Frow, *Time and Commodity Culture: Essays in Cultural Theory and Postmodernity*, Oxford: Clarendon Press, 1997, p. 132.

体上而言，对商品形式批判最为激烈和深刻的是马克思及其继承者们。

在马克思主义传统中，对商品形式的批判依据两条不同但相关的路径进行。第一条路径依据的是马克思在《1844年经济学哲学手稿》中对于劳动的阐述。马克思在"类"上探讨了人与动物的区别，将人界定为自由自觉的类存在物。这种自由自觉是人的本质力量。在劳动中，人的自由自觉的本质力量得到了展现，并且，在人的有目的的劳动中，人的这种自由自觉的本质力量凝聚到了劳动产品之中。劳动产品成为人的自由自觉的本质力量的最终凝聚物，人在打量劳动产品时确证了自身所具有的自由自觉的本质，同时也确证了自身的完满。马克思对劳动的这种讨论本身带有很强的美学意味。正是对整个劳动过程一体化的讨论和劳动过程整体上体现了人的自由自觉的本质力量的确认使得马克思可以定义商品形式下劳动的异化现象。"在异化劳动当中，对象化本质力量的外化和占有之间的循环被打断了。生产者再也不能从他的产品中得到享受，并同他自身发生了异化，而他本可以在他的产品中重新找到自我。"① 在商品社会（资本主义社会）中，首先，劳动被结合进整个生产流程之中，成为生产流程的一个环节，个人越是抛弃自己的自由自觉的本质，就越能融入流水线生产的整个过程；其次，劳动产品是整个流水线流程的凝聚，体现着标准化流程的伟力，因此，它并不能确证人的自由自觉的本质力量——只能证明标准化劳动过程的优越性；最后，劳动产品被生产的目的是交换价值而非使用价值，其本身并不为工人所占有。人的本质力量确证的最终环节也被打断。并且，劳动产品最终成为工人的对立物。工人生产出劳动产品，但是，工人既不能拥有劳动产品，也不能在劳动产品中获得

---

① ［德］于尔根·哈贝马斯：《现代性的哲学话语》，曹卫东等译，译林出版社2004年版，第74页。

快乐。劳动产品被生产出来并不为工人所占有，而是为资本家所占有。工人生产劳动产品变成资本家压迫和剥削工人阶级的体现。劳动产品是异于工人的存在。在通过劳动来界定和批判异化的理论阐述中，马克思赋予劳动以一种审美的意义。但是，从这种意义上来讨论异化，必然对生产力的发展抱有某种排斥态度。因为，流水线作业、机器生产、商品交换等既是生产力发展的后果，又是促进生产力发展的手段。"把社会劳动和创造性自我实现意义上的'自我活动'模式有机的结合起来，只有根据浪漫主义所美化的手工劳动原型才具有一定的可信度。"[①] 西方马克思主义从审美的角度批判社会现实的观念可以看作马克思这一理论思想的延续。

马克思对商品形式进行批判的第二条路径是对商品拜物教的批判（从另一条路径界定和批判"异化"）。马克思认为："商品形式的奥秘不过在于：商品形式在人们面前把人们本身劳动的社会性质反映成劳动产品本身的物的性质，反映成存在于生产者之外的物与物之间的社会关系。由于这种转换，劳动产品成了商品，成了可感觉而又超感觉的物或社会的物……这只是人们自己的一定的社会关系，但它在人们面前采取了物与物的关系的虚幻形式。"[②] 在商品形式下，劳动产品的使用价值依附于交换价值；在市场经济下，人与物的关系，人与人的关系都受到市场规律和金钱的支配。当然，另一方面，对于马克思主义者来说，商品形式打破了人与商品使用价值之间的直接体验关系，它使人对商品使用价值的体验以商品交换价值为中介。也即是说，人在对商品交换价值的认识中体验着商品的使用价值——"贵的就是好的"。

---

① ［德］于尔根·哈贝马斯：《现代性的哲学话语》，曹卫东等译，译林出版社2004年版，第75页。
② 《资本论》第1卷，中共中央马克思恩格斯列宁斯大林著作编译局编译，人民出版社2004年版，第89—90页。

马克思对商品形式的这两条批判路径在卢卡奇对"物化"的阐释中得到很好的体现。

卢卡奇从客观和主观两个方面揭示了马克思所阐释的商品形式的奥秘。就客观方面而言,在商品形式的统治下,整个社会变成一个由异己的物与物之间的关系构成的社会,商品形式成为统治这一社会的根本形式。人们虽然能够对这一形式的基本规律进行认识,但是却很难对控制着整个社会的商品形式网络进行反抗;就主观方面而言,人的主体性活动在商品形式的统治下越来越客观化。人的行为本身变成一种商品,并且被吸纳进商品形式的统治之中。在商品形式下,人的活动可以像其他消费品一样买卖。在商品形式下,人的劳动及其劳动成果被结合进客观的、异己的和自动化的超越现实的物品和人的主观意志的市场经济之中。当然,在佛柔看来,卢卡奇的论述结合了齐美尔的"抽象化"和韦伯的"理性化"观念。其具体体现在:在商品形式中,一方面,在质上不同的物品被吸纳进商品形式的统治之中,依靠商品形式进行思考和评估。在这一过程中,质上不同的物品依靠相同的形式进行思考。反过来说,只有物品消除了自己质上的特点,才能在商品形式中被思考和进行交换。另一方面,因为劳动过程的合理化,工人被吸纳进劳动过程之中并且附属于劳动过程。在劳动过程中,工人越是消除自身情感、个性等主体性的东西,就能越好地融入劳动过程之中;工人越是变成异己的非人,就越能适应劳动过程的理性筹划,能更好地提高生产效率。在劳动过程中,与合理化的增加相伴随的是工人主体性的削减。生产的合理化趋势使得"劳动过程越来越被分解为一些抽象的局部操作,以至于工人同作为整体的产品的联系被切断,他的工作也被简化为一种机械性重复的专门职能"[1];合理计算

---

[1] [匈]卢卡奇:《历史与阶级意识》,杜章智、任立、燕宏远译,商务印书馆2009年版,第152页。

和专业化被看作资本主义生产过程的两种手段。其结果是劳动产品的有机性被打破而变成不同部件之间的（任意）组合；个人的主体形式也被碎片化地溶解进合理化和专业化的生产过程之中。

佛柔认为，卢卡奇及其后来的法兰克福学派对商品形式的批判都具有一种后浪漫主义的二元对立的回忆结构：真实的与不真实的，有机的与机械的，非反映的经验与抽象的理性化……。在卢卡奇的论述中，商品化的过程掩盖了"一切物的——质的和物质的——直接物性……它消灭了它们原来的、真正的物性"①；同时，它将"自然的""人性化的"关系替代为"更复杂""更缺少直接性"的关系。这种复杂的和高度中介化的系统（商品的交换系统间离了人与商品的直接体验关系，同时，也变成人与人之间的主要关系）在卢卡奇看来是本质上与人的价值不相容的。"只要马克思主义是将商品形式的分析看作是符号价值的分析，就倾向于将使用价值与交换价值相对立，就像物品与再现的对立，直接性与中介性的对立。"② 当然，在佛柔看来，尽管卢卡奇对商品形式进行历史的和关系的界定十分有力，但是，"他的观念基础是存在的神话（myth of presence），这种存在的神话导致将商品形式一方面理解为人的完整性的异化，另一方面看作将使用价值的简单性、透明性和即时性置换为呈现的复杂系统"③。

（三）具体领域对商品化的抵制与价值问题

随着资本主义的发展，商品形式不断地扩展到新的领域。但是，商品形式的扩展并不是直线的和无止境的，总是遭遇到具体领域的抵制。在资本主义原始积累时期，奴隶交易曾是资本积累的重要手段。

---

① ［匈］卢卡奇：《历史与阶级意识》，杜章智、任立、燕宏远译，商务印书馆2009年版，第157—158页。

② John Frow, *Time and Commodity Culture：Essays in Cultural Theory and Postmodernity*, Oxford：Clarendon Press, 1997, p. 142.

③ John Frow, *Time and Commodity Culture：Essays in Cultural Theory and Postmodernity*, Oxford：Clarendon Press, 1997, pp. 142 – 143.

第五章 澳大利亚文化研究的多元性:从约翰·佛柔谈起

但是,在20世纪之前,世界各国已基本禁止将奴隶作为商品进行买卖;按照一般的对资本主义的界定,资本为了追逐利润的目的,应该会尽量延长劳动时间、降低工人工资等,就像资本原始积累时期的工厂那样。但是,伴随资本主义发展的却是关于劳动时间和劳动强度的争论,是关于提高劳动者工资待遇的不断诉求。因此,在佛柔看来:"关键是要记住,商品形式的每一次扩展都已经遭遇抵抗和经常的翻转。"①

就现实的领域而言,抵制商品化的支点无疑是人身领域,包括人的身体和由其所延伸并附属于人的领域,比如,知识等。在社会现实中,包括人的身体器官、人的情感或婚姻、宗教信仰和与人相关的公共领域等都是被看作不可以在市场上进行买卖的。以人体器官的买卖为例,我国的《刑法》(修正案八)明令禁止器官买卖。我国的《器官移植条例》以下简称《条例》规定:"任何组织或者个人不得以任何形式买卖人体器官,不得从事与买卖人体器官有关的活动。"②《刑法》和《条例》中关于禁止器官买卖的规定是禁止将人体器官商品化。但是,《条例》中还规定:"人体器官捐献应当遵循自愿、无偿的原则。公民享有捐献或者不捐献其人体器官的权利;任何组织或者个人不得强迫、欺骗或者利诱他人捐献人体器官。"③ 也即是说,人体器官可以捐献给他人。这里所涉及的问题并非器官的商品化和作为礼品的器官哪一种情况更为有利的问题(相对而言,器官移植的商品化可能更为有利),而是商品与礼品的区分问题。一般而言,控制商品领域的是市场规则,而控制礼品馈赠的则是道德;商品买卖之后,原主人和此商品的连续性被打断,而实施礼品馈赠的人却依旧与馈赠的礼

---

① John Frow, *Time and Commodity Culture: Essays in Cultural Theory and Postmodernity*, Oxford: Clarendon Press, 1997, p. 135.
② http://www.gov.cn/zwgk/2007-04/06/content_574120.htm.
③ http://www.gov.cn/zwgk/2007-04/06/content_574120.htm.

品保持着一种特殊的联系。禁止器官的商品化更多是基于道德的考量。"从法律上的人格观念出发,我们活着的每一个人都享有包括人的身体、生命、健康在内的各种人格权。生物意义上的人身是法律上的人格的载体,不仅不受任何侵害,而且也不受他人利用和支配。"① 但是,在这里,我们需要考虑的一个问题是,器官的捐献是否真的免除了商品化、是否真的尊重了人格、是否真正的以道德为基础?《条例》中规定:"从事人体器官移植的医疗机构实施人体器官移植手术,除向接受人收取下列费用外,不得收取或者变相收取所移植人体器官的费用:(一)摘取和植入人体器官的手术费;(二)保存和运送人体器官的费用;(三)摘取、植入人体器官所发生的药费、检验费、医用耗材费。前款规定费用的收取标准,依照有关法律、行政法规的规定确定并予以公布。"② 在器官移植中,各种费用的收取使在器官捐献中真正受益的只能是那些能支付起这些费用的人。"我国的肾移植手术费用约 10 万元人民币,维持费每年 3 万多元人民币;肝移植手术约 20 多万元人民币,维持费每年 3 万—5 万元。"③ 于是,器官移植的问题又由道德问题变为经济问题,因为金钱决定究竟谁会在器官移植中受益。

人体器官的例子从一个侧面证明了商品与礼品之间界限的模糊性和商品形式的伟力。

另一方面,人体器官之所以能够抵抗商品化是因为它属于人身范畴。人身范畴往往成为抵抗商品化进程的支点,因为它往往被看作自我的核心。但是,在佛柔看来:"'人'(the person)既不是真实自我的核心,也不是在市场上内在的抵抗被转让的先验原则,因为它总是

---

① 余能斌、涂文:《论人体器官移植的现代民法理论基础》,《中国法学》2003 年第 6 期。
② http://www.gov.cn/zwgk/2007-04/06/content_574120.htm。
③ 李江:《关于器官移植费用的经济学分析》,《现代商业》2011 年第 7 期。

通过可让渡财产和不可让渡财产之间的区分所形成的社会关系的产物……人既是商品形式的反面,也是商品形式存在的条件。"① 对于商品形式的抵御来自对"人"的尊重,而商品形式的基础却也是私有财产(属人的物品)的神圣不可侵犯。

随着生产力的不断发展,商品形式逐渐扩展到文化领域。一方面,在20世纪出现了一系列新的文化工业,比如收音机、电影、广播以及因特网等;另一方面,文化生产领域逐渐为大众工业生产所侵蚀和垄断,在大众文化工业下,产生了诸如大众市场平装书、录制的音乐和机械复制的图像等。当然,工业化虽然与商品化密切纠缠但与商品化却并不是一回事。对商品形式侵入文化领域的批判,一方面是基于工业生产的标准化和公式化模式。在批评者看来,这种模式损害了真正的艺术形式所应该具有的唯一性和原创性的特点。另一方面,艺术品作为一种精神文化产品,是不能用金钱来衡量的,否则就会贬低艺术品(内在的精神性及人的创造力)的价值。

但是,其一,在商品形式的扩张中,唯一性和原创性越来越成为商品待价而沽的手段。其二,艺术品进入商品领域是否真的会贬低艺术品的价值呢?贫寒之家在交易手中的一件艺术品时可以使得整个家庭过上富足的生活,我们是否因此就能说这件艺术品被玷污了呢?"商品形式具有促进和生产性的潜能,一如它具有限制和破坏的潜能。历史地来看,它几乎同时具有这两方面的效果,得与失的平衡很难简单地计算。"②

一件艺术品被作为商品在市场上进行买卖并不能影响这件艺术品的所有方面。作为商品的艺术品和探讨艺术品的艺术价值并不属于同

---

① John Frow, *Time and Commodity Culture: Essays in Cultural Theory and Postmodernity*, Oxford: Clarendon Press, 1997, p. 152.
② John Frow, *Time and Commodity Culture: Essays in Cultural Theory and Postmodernity*, Oxford: Clarendon Press, 1997, p. 138.

一个领域，一如"商品化确实对人和物品有特定的影响，但是它并不能影响它们的所有方面：我的劳动力在市场上被购买和销售，但是，我作为一个道德人的价值并不因此而必然降低"①。在佛柔看来："这并不是说物品的社会命运是完全不确定的，或者它们拥有一种内在的力量驱使它们抵抗环境的限制：为特定用途进行的物品生产将会对物品的命运施加特定的限制，它们进入不同的社会语境是特定性的在不同的领域中的增殖和特定性的复杂化问题，而不是特定性的缺失。"②

在对商品形式的扩展的讨论中，佛柔看到了各个不同的社会领域价值标准的相对独立性。而如果以此为突破点，佛柔将不同社会领域的规范看作权力统治方式的观念是成问题的。因为，这种做法实际上完全否认了各社会领域的自主性和独立性。

---

① John Frow, *Time and Commodity Culture: Essays in Cultural Theory and Postmodernity*, Oxford: Clarendon Press, 1997, p.148.
② John Frow, *Time and Commodity Culture: Essays in Cultural Theory and Postmodernity*, Oxford: Clarendon Press, 1997, p.148.

结　语

关于澳大利亚文化研究的贡献有两种不同解读。格雷姆·特纳站在后殖民批评立场上将澳大利亚文化研究看作对英美文化研究霸权的挑战。在特纳看来："澳大利亚文化研究对国际文化研究的贡献首先是挑战了80年代后半期北半球文化研究热中出现的一种不言自明的假设：英美的文化研究是具有普遍性的，可以放之四海而皆准。"① 我国学者徐德林则从文化研究扩张角度谈论澳大利亚文化研究的贡献。他在《文化研究的全球播散与多元性》一文中指出："澳大利亚文化研究学会每年都举办文化研究大会，成功地吸引着澳大利亚乃至亚洲地区的文化研究实践者，有效地发挥了文化研究的播散中继站作用。正因有了在澳大利亚的成功尝试，墨美姬顺利地把文化研究的火种带到了香港、菲斯克轻松地把文化研究的学科化移植到美国。"② 特纳和徐德林谈论的或许都是事实，但也相互对立。特纳强调了澳大利亚文化研究反英美文化研究霸权从而具有反学科化的作用，徐德林则强调澳大利亚文化研究推动了文化研究的学科化。

---

① ［澳］格雷姆·特纳：《大洋洲》，托比·米勒主编《文化研究指南》，王晓路等译，南京大学出版社2009年版，第209页。
② 徐德林：《文化研究的全球播散与多元性》，《外国文学》2010年第1期。

澳大利亚文化研究无疑对促进文化研究的学科化、规范化、标准化作出了重要贡献。《澳大利亚文化研究》是国际性文化研究刊物《文化研究》的前身；菲斯克也是在澳大利亚构建自己的大众文化观点并移居到美国的；澳大利亚一些大学中还开设了文化研究课程；澳大利亚文化研究学者同样积极推动亚洲邻国文化研究的发展。但是，澳大利亚文化研究同样具有也同时实践着反文化研究规范化、标准化的作用。

文化研究一般被追溯到20世纪50年代的英国。约翰·哈特利在《文化研究简史》的中文序言中称其为"西方人的心血"，并将其与美国的霸权联系在一起。"文化研究无疑是西方的文化工业，形成于也致力于明确地把大西洋的紧张状态改造成不断适应美国霸权的经济、政治和文化经验，在全球范围内承载着军事与经济实力，又承载着通俗文化，即好莱坞、摇滚乐、电视，总之除了体育无所不包。"[①] 不过，无论文化研究被赋予什么样的历史传统和学科品格，从20世纪90年代开始，一系列与文化研究相关的事件都在冲击着文化研究的西方赋格，以民族视野为基础构建文化研究的地域差异性。最先对文化研究的西方视野提出挑战，构建文化研究民族视野的是在20世纪90年代初开始的一系列与文化研究相关的国际性学术会议。1990年"文化研究的现在与未来"会议、1991年"拆毁弗里曼特尔"会议、1992年"国际轨迹"会议，1993年"后殖民的形构"会议等核心议题是要摧毁英美文化研究的统治和霸权地位，承认不同地域文化研究的独特性和差异性。它们增强了这样一种意识："来自于，因此与众多和多样的文化和民族语境相联系的文化研究具有理论化实践的多样性。"[②] 毫无疑问，

[①] [澳] 约翰·哈特利：《文化研究简史》中文版前言，季广茂译，金城出版社2008年版，第2页。

[②] Graeme Turner (ed.), *Nation, Culture, Text: Australian Cultural and Media Studies*, London & New York: Routledge, 1993, p. 3.

结　语

最先对英国文化研究传统和霸权、对英美文化研究的统摄性提出挑战的正是作为文化研究"三A"轴心之一的澳大利亚文化研究。这即是格雷姆·特纳强调的澳大利亚文化研究的意义。

澳大利亚文化研究对英美尤其是英国文化研究普适性挑战的核心是凸显自身文化和文化研究的独特性，即对英国文化研究的理论能被直接挪用研究澳大利亚社会文化现实提出质疑。实现这种质疑的方式首先是追认英国文化研究自身的地方化并质疑其叙述中的普遍化倾向。"英国文化研究是非常地方化的。英国文化研究一贯采用英吉利（而不是苏格兰或威尔士）的视角看待问题，没有商量余地。"[①] 英国文化研究"非常地方化"的研究著作却以一种隐匿前命名的形式凸显自身适用的普遍性。关于英国文化的研究著作，如"《大众文化：都市经验》，而不说英国的大众文化；再如，《电视：技术和文化形式》，而不说英国的电视，等等"[②]。对英国独特的文化现象进行研究的著述往往被挪用于对其他地域相同对象进行研究，而不会对理论本身的适用性进行必要反思。这种现象必须慎重对待和审视。

澳大利亚学者马克·吉布森从另一个角度确认了澳大利亚文化研究反文化研究标准化和规范化的作用。如同我们在第一章指出的，在吉布森看来，法国理论介入后的英国文化研究是反英式的：一般化的权力观念取代了初期复数的权力观念。这种一般化权力观念在后殖民研究、女性研究、土著研究、移民研究、阶级研究中得到进一步加强。文化研究的一般推进路径变成从具体文化现象探究隐藏于其后的霸权观念、父权制、白人性、统治阶级意识形态。研究具体文化现象的目标就是揭示其背后的一般化权力。这种研究路径在文化研究

[①] ［澳］格雷姆·特纳：《"为我所用"：英国文化研究、澳大利亚文化研究和澳大利亚电影》，陶东风主编《文化研究精粹读本》，中国人民大学出版社2006年版，第50页。
[②] ［澳］格雷姆·特纳：《"为我所用"：英国文化研究、澳大利亚文化研究和澳大利亚电影》，陶东风主编《文化研究精粹读本》，中国人民大学出版社2006年版，第50页。

中被仪式化。

在吉布森看来，突破一般化权力观念和仪式化研究路径的方式是承认和推动文化研究的多元化。在谈到阿巴斯（Ackbar Abbas）和厄尔尼（John Nguhet Erni）时，吉布森指出：

> 他们认为，现在应该"为不同国家和地区的文化研究和学术传统开辟一个传入的空间，创造一个多元化的氛围"。这种观点广为接受，使文化研究会议主题、出版物和教学计划都发生了重大变化。在这种情况下，我们很容易得出这样的结论，现在不能再让英国、美国和澳大利亚的历史占据中心地位了。[①]

尽管吉布森认为我们不应该"过分夸大差异性"，但他还是承认，文化研究的国际化是值得肯定的。基于这种认识，澳大利亚文化研究学者一系列对外扩张和研究的计划就是值得肯定的。格雷姆·特纳对澳大利亚文化研究价值的论断也获得了新的意义。特纳在《民族、文化、文本》的序言中指出："尽管在澳大利亚和欧洲或美国传统之间共享一些脚注（footnotes），在主题上却有本质不同。进一步讲，不仅论题发生的语境不同，而且理论自身的文化独特性也存在程度上的差异。"[②] 特纳所谓主题的不同正是本书所阐述的澳大利亚文化研究关注的核心问题——民族问题。同时，这种主题的差异也证明澳大利亚文化研究反英国文化研究标准化和规范化的可能。基于这种认识，推动文化研究国际化、多元化，强调文化研究的民族、地域特性，恰恰有助于文化研究的发展和文化研究学科的反思。

---

① ［澳］马克·吉布森：《文化与权力：文化研究史》，王加为译，北京大学出版社 2012 年版，第 219 页。

② Graeme Turner (ed.), *Nation, Culture, Text: Australian Cultural and Media Studies*, London & New York: Routledge, 1993, p. 7.

结　语

在2000年前后，澳大利亚文化研究学者开始一系列与中国有关的研究计划和活动。例如，1998年约翰·哈特利开办《国际文化研究期刊》（*International Journal of Cultural Studies*），并开始中国研究计划；2000年墨美姬担任香港岭南大学文化研究系主任，开始研究亚洲和国际文化研究的发展；墨美姬任总编，与高建平、酒井直树等合作《印迹》（*Traces*）杂志，这一杂志以多种语言出版，原则上，每篇文章都同时有中、日、韩、英四种语言版本；2005年哈特利和中国社会科学院、中国人民大学等机构合作组织了"首届中国创意产业国际论坛"（Creative Industries and Innovation in China），等等。这一系列活动也可以从进一步突破文化研究霸权，反思文化研究规范化、标准化的角度进行理解。

参考文献

一　中文部分

Affrica Taylor：《澳大利亚的女权运动：重要的转变和事件》，徐航译，《妇女研究论丛》2007年第4期。

［澳］阿希克洛夫特等：《逆写帝国：后殖民文学的理论与实践》，任一鸣译，北京大学出版社2014年版。

［德］本雅明：《德国悲剧的起源》，陈永国译，文化艺术出版社2001年版。

曹卫东编选：《霍克海默集：文明批判》，上海远东出版社2004年版。

陈涛：《论旅游文化形态》，《西南民族学院学报》（哲学社会科学版）2000年第9期。

陈彤、刘春、晋永权：《最后的汉族》，中央编译出版社2001年版。

［美］戴维·斯沃茨：《文化与权力：布尔迪厄的社会学》，陶东风译，上海译文出版社2012年版。

邓天颖、张威：《透视澳大利亚电影业》，《北京电影学院学报》2002年第5期。

［美］费斯克：《理解大众文化》，王晓珏、宋伟杰译，中央编译出版

社 2001 年版。

［澳］格雷姆·特纳：《电影作为社会实践》，高红岩译，北京大学出版社 2010 年版。

［澳］格雷姆·特纳：《英国文化研究导论》，唐维敏译，亚太图书出版社 1998 年版。

［美］哈维：《后现代的状况：对文化变迁之缘起的探究》，阎嘉译，商务印书馆 2003 年版。

［德］海德格尔：《林中路》，孙周兴译，上海译文出版社 1997 年版。

［澳］杰夫·刘易斯：《文化研究基础理论》，郭镇之等译，清华大学出版社 2013 年版。

［澳］杰弗里·博尔顿：《澳大利亚历史》，李尧译，北京出版社 1993 年版。

［澳］杰梅茵·格里尔：《女太监》，欧阳昱译，上海文艺出版社 2011 年版。

卡特、王光林编：《澳大利亚文学批评和理论》，中国海洋大学出版社 2010 年版。

［澳］凯萨琳·谢菲：《丛林、性别与澳大利亚历史的重构》，侯书芸、刘宗艳等译，广西师范大学出版社 2010 年版。

［英］雷蒙德·威廉斯：《漫长的革命》，倪伟译，上海人民出版社 2012 年版。

［英］雷蒙·威廉斯：《关键词：文化与社会的词汇》，刘建基译，生活·读书·新知三联书店 2005 年版。

李江：《关于器官移植费用的经济学分析》，《现代商业》2011 年第 7 期。

［澳］里查德·怀特：《创造澳大利亚》，杨岸青译，杨志达校，云南人民出版社 1999 年版。

［加］琳达·哈琴：《后现代主义诗学：历史·理论·小说》，李杨、李

锋译，南京大学出版社2009年版。

［匈］卢卡奇：《历史与阶级意识》，杜章智、任立、燕宏远译，商务印书馆2009年版。

陆扬、王毅：《大众文化与传媒》，上海三联书店2000年版。

罗钢、刘象愚主编：《文化研究读本》，中国社会科学出版社2000年版。

［英］马尔赫恩编：《当代马克思主义文学批评》，马海良译，北京大学出版社2002年版。

［澳］马克·吉布森：《文化与权力：文化研究史》，王加为译，北京大学出版社2012年版。

《马克思恩格斯文集》第1—10卷，人民出版社2009年版。

《马克思恩格斯选集》第1—4卷，人民出版社1995年版。

［德］马克思：《资本论》（第1卷），中共中央马克思恩格斯列宁斯大林著作编译局编译，人民出版社2004年版。

［德］马克斯·韦伯：《新教伦理与资本主义精神》，于晓、陈维纲等译，生活·读书·新知三联书店1987年版。

［法］米歇尔·德·塞托：《日常生活实践1.实践的艺术》，方琳琳、黄春柳译，南京大学出版社2009年版。

［澳］瑞文·康奈尔：《南大洋的海岸——逐步迈向具有现代性特质的世界社会学》，詹俊峰译，载陶东风主编《文化研究》2013年第16辑。

［澳］斯图亚特·麦金泰尔：《澳大利亚史》，潘兴明译，东方出版中心2009年版。

［英］汤普森：《意识形态与现代文化》，高铦等译，译林出版社2012年版。

陶东风主编：《文化研究精粹读本》，中国人民大学出版社2006年版。

［美］托比·米勒编：《文化研究指南》，王晓路等译，南京大学出版

社 2009 年版。

韦比编：《澳大利亚文学（影印本）》，上海外语教育出版社 2003 年版。

［澳］万斯·帕尔默：《澳洲民族形象：25 个卓越人生》，郭著章、郭丽君译，武汉大学出版社 2015 年版。

王光林：《从文化自卑到文化自信：谈澳大利亚的文化研究走向》，《甘肃社会科学》2015 年第 1 期。

王腊宝等：《澳大利亚文学批评史》，中国社会科学出版社 2016 年版。

王晓明、朱善杰编：《从首尔到墨尔本：太平洋西岸文化研究的历史与未来》，上海书店出版社 2012 年版。

王宇博等：《世界现代化历程·大洋洲卷》，江苏人民出版社 2011 年版。

向晓红主编：《澳大利亚妇女小说史》，中国社会科学出版社 2011 年版。

［美］谢丽斯·克拉马雷、［澳］戴尔·斯彭德主编：《路特里奇国际妇女百科全书：精选本·上卷》，高等教育出版社 2007 年版。

徐德林：《澳大利亚文化研究的系谱学考察》，《中国图书评论》2012 年第 8 期。

徐德林：《被屏/蔽的澳大利亚文化研究》，《国外文学》2012 年第 4 期。

［德］于尔根·哈贝马斯：《现代性的哲学话语》，曹卫东等译，译林出版社 2004 年版。

余能斌、涂文：《论人体器官移植的现代民法理论基础》，《中国法学》2003 年第 6 期。

［澳］约翰·多克尔：《后现代与大众文化》，王敬慧、王瑶译，北京大学出版社 2011 年版。

［美］约翰·菲斯克：《关键概念：传播与文化研究辞典》（第二版），李彬译注，新华出版社 2003 年版。

［美］约翰·根室：《澳新内幕》，符良琼译，上海译文出版社 1979 年版。

［澳］约翰·哈特利：《文化研究简史》，季广茂译，金城出版社 2008

年版。

[美]詹姆逊:《文化转向:后现代论文选》,胡亚敏等译,中国社会科学出版社2000年版。

张平功:《文化研究的兴起与发展》,《东南学术》2000年第6期。

周宪、陶东风主编:《文化研究》第13辑,社会科学文献出版社2013年版。

周勇:《时间之痕——南方丝绸之路旅行笔记》,云南人民出版社2001年版。

朱立元总主编,李钧编:《20世纪西方美学经典文本·第3卷·结构与解放》,复旦大学出版社2001年版。

二 英文部分

A. A. phillips,"The Cultural Cringe", *Meanjin*, Vol. 9, No. 4, Summer 1950: 299 - 302.

Aileen Moreton-Robinson, *Talk in' Up to the White Woman: Indigenous Women and Feminism*, St Lucia Queensland: University of Queensland, 2000.

Albert Moran, "Nation Building: The Post-War Documentary in Australia (1945—1953)", *Continuum: Journal of Media & Cultural Studies*, Vol. 1, Issue 1, 1988: 57 - 79.

A. M. Gibbs, "*Meanjin* and the Australian Literary Scene", *The Journal of Commonwealth Literature*, March 1969: 130 - 138.

Andrew Milner, "Cultural Studies and Cultural Hegemony", *Arena Journal*, 9, 1997: 133 - 155.

Andrew Pike and Ross Cooper, *Australian Film 1900—1977: A Guide to Feature Film Production*, Melbourne: Oxford University Press, 1998.

Anna Yeatman, "Voice and Representation in the Politics of Difference", Sneja Gunew and Anna Yeatman (eds.), *Feminism and the Politics of Difference*, St. Leonards: Allen & Unwin, 1993: 228 – 245.

Anne Freadman and Meaghan Morris, "Semiotics in Australia", Thomas A. Sebeok and Jean Umiker-Sebeok (eds.), *The Semiotic Sphere*, New York: Plenum Press, 1986: 1 – 18.

Anne Summers, *Damned Whores and God's Police: the Colonization of Women in Australia*, Ringwood, Victoria: Penguin Books, 1975.

Bob Hodge and Vijay Mishra, *Dark Side of the Dream: Australian Literature and the Postcolonial Mind*, North Sydney, NSW: Allen & Unwin, 1991.

Bruce Moore (ed.), *Who's Centric Now? The Present State of Post-Colonial Englishes*, Oxford: Oxford University Press, 2001.

Chua Siew Keng, "Reel Neighbourly: the Construction of Southeast Asian Subjectivities", *Media Information Australia*, 70 (1993 November): 28 – 33.

David Bordwell, *Making Meaning: Inference and Rhetoric in the Interpretation of Cine*, Cambridge: Harvard University Press, 1989.

David Morley and Ien Ang, "Mayonnaise Culture and Other European Follies", *Cultural Studies*, 1989 (3): 133 – 144.

Delys Bird, "Australian Woman: A National Joke?", *Australian Journal of Cultural Studies*, Vol. 1, No. 1, May 1983: 111 – 114.

Graeme Turner, "Discipline Wars: Australian Studies, Cultural Studies and the Analysis of National Culture", *Journal of Australian Studies*, 1996, No. 50/51: 6 – 17.

Graeme Turner (ed.), *Nation, Culture, Text: Australian Cultural and Media Studies*, London: Rouledge, 1993.

Graeme Turner, *Making It National: Nationalism and Australian Popular Culture*, Sydney: Allen & Unwin, 1995.

Graeme Turner, *National Fictions: Literature, Film, and the Construction of Australian Narrative*, Sydney London Boston: Allen & Unwin, 1986.

Helen Tiffin, "Rev. of *Commonwealth Literature* by William Walsh, *Literatures of the World in English*, ed. by Bruce King, *Among Worlds* by William H. New, and *The Commonwealth Writer Overseas* ed. by Alastair Niven", *Australian Literary Studies*, 8: 4, (October 1978): 512 – 517.

Helen Tiffin, " 'You Can't Go Home Again': The Colonial Dilemma in the Work of Albert Wendt", *Meanjin*, 37.1 (April 1978): 119 – 126.

Ian Ang, *On Not Speaking Chinese: Living between Asia and the West*, London and New York: Routledge, 2001.

Ihab Hassan, *The Right Promethean Fire: Imagination, Science, and Cultural Change*, Urbana: University of Illinois Press, 1980.

John Docker, *In a Critical Condition: Reading Australian Literature*, Harmondsworth: Penguin, 1984.

John Fiske, Bob Hodge and Graeme Turner, *Myths of Oz: Reading Australia Popular Culture*, Sydney: Allen and Unwin, 1987.

John Fiske, "Surfalism and Sandiotics: The Beach in Oz Culture", *Australian Journal of Cultural Studies*, Vol. 1, No. 2, December 1983: 120 – 148.

John Frow and Meaghan Morris (eds.), *Australian Cultural Studies: A Reader*, Sydney: Allen & Unwin, 1993.

John Frow, "Australian Cultural Studies: Theory, Story, History", in *Australian Humanities Review*, Feb. 2007, Vol. 10, No. 1: 59 – 75.

John Frow, *Cultural Studies and Cultural Value*, Oxford: Clarendon Press,

1995.

John Frow, *Marxism and Literary History*, Cambridge (Mass.) and Oxford: Harvard University Press, 1986.

John Frow, *Time and Commodity Culture: Essays in Cultural Theory and Postmodernity*, Oxford: Clarendon Press, 1997.

John Hartley, *The Politics of Pictures*, London and New York: Routledge, 1992.

John Tulloch, *Legends on the Screen*, Sydney: Currency Press, 1981.

Joseph Pugliese, "Race as Category Crisis: Whiteness and the Topical Assignation of Race", *Social Semiotics*, 12.2 (2002): 149–168.

Kay Schaffer, *Women and the Bush: Forces of Desire in the Australian Cultural Tradition*, Cambridge: Cambridge University Press, 1988.

Kerri Watson, "Women's Studies in the University: Some Practical Considerations", *Australian Feminist Studies*, 1987 (4): 123–132.

Mark Gibson, "Myths of Oz Cultural Studies: The Australian Beach and 'English' Ordinariness", *Continuum: Journal of Media & Cultural Studies*, Vol. 15, No. 3, 2001: 275–288.

Meaghan Morris and Anne Freedman, "Import Rhetoric: Semiotics in/and Australia", P. Botsman, C. Burns and P. Hutchings (eds.), *The Foreign Bodies Papers——Semiotics in/and Australia*, Sydney: Local Consumption, 1981: 122–153.

Meaghan Morris, "Ticket to Bundeena——An Interview with Meaghan Morris", in J. Mead (ed.), *Bodyjamming——Sexual Harassment, Feminism and Public Life*, Sydney: Vintage, 1997: 243–266.

Meaghan Morris, *Too Soon Too Late: History in Popular Culture*, Bloomington and Indianapolis: Indiana University Press, 1998.

Mercer Kobena, "1968: Periodizing Politics and Identity", L. Grossberg, C. Nelson and P. Treichler (eds.), *Cultural Studies*, New York and London: Routledge, 1992: 424 - 428.

Miriam Dixson, *The Real Matilda: Women and Identity in Australia*, 1788 to the Present, Sydney: UNSW Press, 1999.

Moria Gatens, *Imaginary Bodies: Ethics Power and Corporeality*, London and New York: Routledge, 1996.

Morris, Meaghan, "Banality in Cultural Studies", in J. Storey (ed.), *What is Cultural Studies? A Reader*, London: Arnold, 1996: 147 - 167.

N. Mackenzie, *Women in Australia*, Melbourne: Cheshire, 1962.

Pam Papadelos, *From Revolution to Deconstruction: Exploring Feminist Theory and Practice in Australia*, Bern, Switzerland: Peter Lang, 2010.

Peter Gale, "Construction of Whiteness in the Australian Media", John Docker and Gerhard Fischer (eds.), *Race, Colour and Identity in Australia and New Zealand*, Sydney: New South Wales University Press, 2000: 256 - 269.

Pierre Bourdieu, *Distinction: A Social Critique of the Judgment of Taste*, Cambridge, Massachusetts: Harvard University Press, 1984.

Raymond Williams, "Culture is Ordinary", in A. Gray and J. Mcguigan (eds.), *Studying Culture: An Introductory Reader*, London: Edward Arnold, 1989: 5 - 14.

Robert Dixon, "Deregulating the Critical Economy: Theory and Literary Criticism in the 1980s", in *Australian Literature and the Public Sphere* (Refereed Proceedings of the 1998 Conference), eds. Alison Bartlett, Robert Dixon and Christopher Lee, 1999: 194 - 201.

Robert J. Stoller, *Sex and Gender: The Development of Masculinity and*

Femininity, London: Hogarth Press, 1968.

Russell Ward, *The Australian Legend*, Melbourne: Oxford University Press, 1966.

Simon During, "Popular Culture on a Global Scale: A Challenge for Cultural Studies?", in Hugh Mackay and Tim O'Sullivan (eds.), *The Media Reader: Continuity and Transformation*, London: SAGE Publications Ltd., 1999: 808 – 833.

Stephen Crofts, "Cross-Cultural Reception: Variant Readings of *Crocodile Dundee*", *Continuum: Journal of Media & Cultural Studies*, Vol. 6, Issue 1, 1992: 213 – 227.

Stephen Crofts, "Re-imaging Australia: Crocodile Dundee Overseas", *Continuum: Journal of Media & Cultural Studies*, Vol. 2, Issue 2, 1989: 129 – 142.

Stuart Cunningham, "Australian Film History and Historiography", *Australian Journal of Cultural Studies*, Vol. 1, No. 1, May 1983: 122 – 127.

Susanne Schech and Jane Haggis, "Migrancy, Whiteness and the Settler Self in Contemporary Australia", John Docker and Gerhard Fischer (eds.), *Race, Colour and Identity in Australia and New Zealand*, Sydney: New South Wales University Press, 2000: 231 – 239.

Suvendrini Perera, "Representation Wars: Malaysia, *Embassy*, and Australia's Corps Diplomatique", John Frow and Meaghan Morris (eds.), *Australian Cultural Studies: A Reader*, Sydney: Allen & Unwin, 1993: 15 – 29.

Tania Lewis, "Intellectual Exchange and Located Transnationalism: Meaghan Morris and the Formation of Australian Cultural Studies", in *Continuum: Journal of Media & Cultural Studies*, Vol. 17, No. 2, 2003:

187 – 206.

Theodor Adorno, *Introduction to the Sociology*, New York: Seabury Press, 1976.

Tom O'Regan, "Australian film in the 1950s", *Continuum: Journal of Media & Cultural Studies*, 1: 1, 1988: 1 – 25.

Tom O'Regan, *Australian National Cinema*, London: Routledge, 1996.

Tony Bennett, Lawrence Grossberg and Meaghan Morris (eds.), *New Keywords: A Revised Vocabulary of Culture and Society*, Oxford: Blackwell Publishing, 2005.

Vijay Mishra, "Aboriginal Representations in Australian Texts", *Continuum*, 2: 1, (1988/1989): 165 – 188.

William Routt, "The Fairest Child of the Motherland: Colonialism and Family in Films of the 1920s and 1930s", in A. Moran and T. O'Regan (eds.), *Australian Screen*, 1989: 28 – 52.

三 网络文献

http://baike.baidu.com/link?url=6GieCTsQX0eoU7kUqk_qt0C_iUIoEIH8W0Pzj2t7kO02MErW3Mt2QrFVohBTRvTP.

http://baike.baidu.com/view/211.htm.

http://zh.wikipedia.org/wiki/%E5%8D%9A%E6%96%AF%E6%9B%BC%E6%B3%95%E6%A1%88.

后　记

　　人的兴趣总是被培养出来的。我对澳大利亚的兴趣正是如此。在做博士毕业论文之前，我对澳大利亚只有泛泛的印象。随着博士毕业论文的选定以及之后博士后出站报告的继续研究，我对澳大利亚的兴趣也越来越浓厚。因此，本书既是基于我的博士后出站报告和博士毕业论文的整理，也是对我专注读书的时光培养的兴趣的回顾。

　　我的大学时光是最快乐和最令我怀念的。或许是因为没什么负累。硕士期间才开始读书，一直到博士和博士后。在那八年中，我的大多数时间都在图书馆中度过。效率不一定很高——否则我可能做得好一些，但这至少给了我一个逃避的空间，可以自在地去做一件不讨厌的事情。

　　非常感谢我的各位老师。从硕士导师傅其林教授到博士导师冯宪光教授再到博士后合作导师朱国华教授，都给予我最大的宽容和最无私的帮助。每次见到各位老师或与各位老师联系都很惭愧。我在想，如果我做得好一些，这种惭愧感会少一些。另外一位让我感觉愧疚的是段吉方院长。一直以来，他总是给我最大的关怀和帮助，但我似乎总不能做得令人满意。

　　特别感谢的是我的父母。父母的默默支持是我能够在读书期间不需要考虑任何事情的最大助力。同时,非常感谢我的爱人,感谢她从上海到广州一直以来的陪伴。

  读书写作至少是一件让我不讨厌又想做好的事情,尽管到目前做得似乎不尽如人意。敬请阅读拙作的专家学者批评指正,让一个想要读书做研究的人做得好一些。

张成华

2021 年 6 月 5 日